『기사계첩』에 실린 75세 녹천공 초상화 © 국립중앙박물관

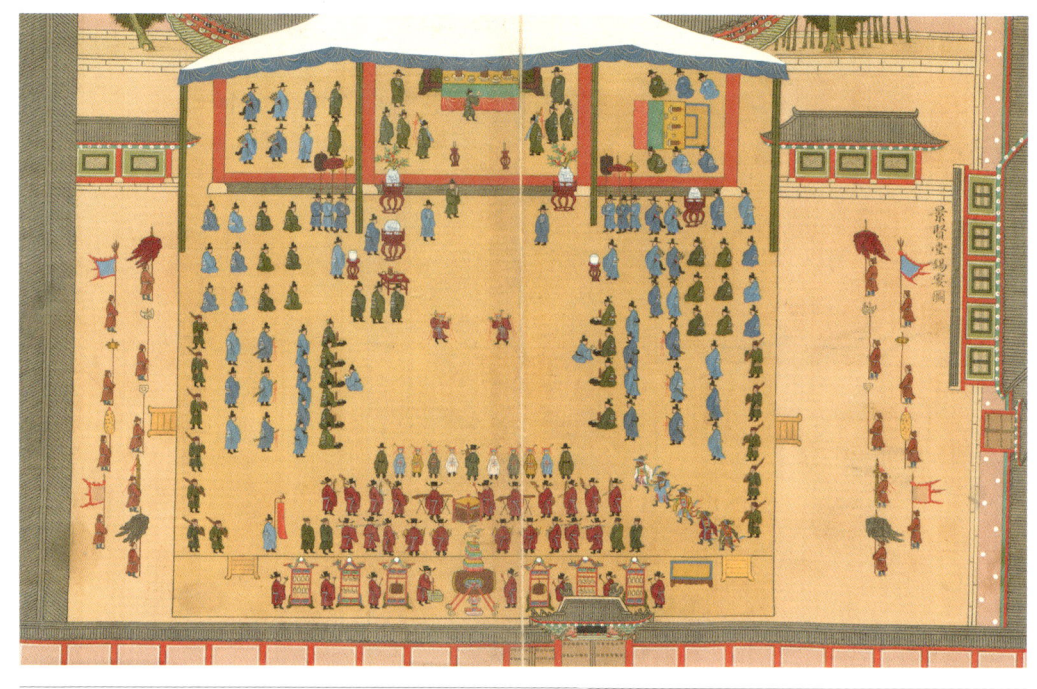

『기사계첩』에 실린 「경현당 석연도」 © 국립중앙박물관

敬次耆社志喜韻
克齡常祝八千秋耆社今逢億
萬休題出銅闈追故事藏來
寶帖起新樓肵庭已獻呼嵩賀
玉體仍聞勿藥瘳何幸身親叩
盛際需雲解澤與同流
　　　　　領中樞府事李濡

謹次任尙書耆老錫宴後韻
春顧眷臣御宴開
先朝盛事此重來
恩光揮遍新裁葯
聖澤斟深別賜杯
近覲天顏知有喜齋歌湛露欲無回
將不盡同歡意長祝千秋萬歲陪
特許移筵帶古今曾有此恩榮方
知善養諸耆老何幸生我聖明一社
風流斯已極兩朝休德詎能名爭言盛
美眞堪繪壽恐丹靑寫不成
　　　　　領中樞府事李濡

『기사계첩』에 실린 녹천공 친필 축시 © 국립중앙박물관

'미완의 산성'인 탕춘대성. 오른쪽 봉우리가 백악산(경복궁 주산)이다.

탕춘대성

서울시 강남구 광수산에 있는 광평대군·영가부부인 신씨 묘(오른쪽 쌍분)와 영순군 묘(왼쪽)

필경재 뒤뜰에 있는 「영의정 이유 신도비」

有明朝鮮國大匡輔國崇祿大夫議政
府領議政無領　經筵弘文館藝文館
春秋館觀象監事　　世子師　贈諡惠
定李公神道碑銘并序
資憲大夫議政府左參贊無知　經筵
事　世子右賓客李　縡　撰　大匡
輔國崇祿大夫原任議政府右議政無

領　經筵事監春秋館事俞拓基　篆
不肖孫通訓大夫行藝文館撿閱無春
秋館記事官　　　　　最中謹書
嗚呼漢廷鴝多賢臣而憂國奉公者獨
祭征虜一人其君哀念之言至令羣臣
懷懇才難不其然乎以余觀於近世其
無愧於此四字者惟鹿川李相國乎公

諱濡字子雨我　世宗大王別子廣平
大君諱璵後也曾祖諱厚載僉樞　贈
吏曹判書即完南相公之兄祖諱迴掌
令　贈左贊成考諱重輝郡守　贈領
議政妣金夫人同知光燦女左議政清
陰先生諱尚憲之孫公以　崇禎乙酉
五月一日生幼而氣度沉遠聰悟絶人

判書公甚愛之期以遠大十二歲丁母
憂執喪如成人及長攻業勤勉文藝夙
顯宗戊申登文科隷槐院薦入翰
苑為撿閱以親嫌移授侍講院說書陞
司書拜司諫院正言司憲府持平間為
文學兵曹佐郎薦玉堂屢為校理修撰
副校理知製　　教獻納吏曹佐郎正

녹천공 신도비를 세우기 위해 도암 이재가 지은 신도비문을 녹천공 손자 위암 이최중 공이 쓴 글씨 일부

필경재 사랑채와 장독대

필경재 뒤뜰에 있는 녹천공 신도비와 별채

탕평의 영의정

이유 평전

All rights reserved.
All the contents in this book are protected by copyright law.
Unlawful use and copy of these are strictly prohibited.
Any of questions regarding above matter, need to contact 나녹那碌.
이 책에 수록된 모든 콘텐츠는 저작권법에 의해 보호받는 저작물이므로
무단전재와 무단복제를 금합니다.
나녹那碌(nanoky@naver.com)으로 문의하기 바랍니다.

탕평의 영의정
이유평전

펴낸곳 | 나녹那碌
펴낸이 | 형난옥
지은이 | 이규봉
기획 | 형난옥
편집 | 김보미
사진 | 박해진
녹천공 종손 소장 유물 | 14, 24, 25, 60, 94, 95, 145, 151, 195, 226, 239, 248, 280
디자인 | 이애란
초판1쇄 인쇄 | 2023년 11월 5일
초판1쇄 발행 | 2023년 11월 9일
등록일 | 제300-2009-69호 2009.06.12.
주소 | 서울시 종로구 평창21길 60번지
전화 | 02-395-1598   팩스 | 02-391-1598

ISBN 9791191406238(03990)

탕평의 영의정

이유 평전

이규봉

나녹
那碌

머리말

오늘 이유 대감을 만나 보는 데에는 이유가 있다. 시호가 '혜정惠定'인 영의정 녹천鹿川 이유李濡 대감은 심한 당쟁과 잦은 자연재해로 백성의 삶이 몹시도 불안하고 힘들었던 조선 현종과 숙종 시대를 올곧게 살다 가신 분이다. 이분의 공덕을 기리는 신도비가 광평대군 묘역이 있는 강남구 수서동 광수산 언저리에 자리한 궁중 한정식 음식점 '필경재必敬齋' 후원에 우뚝 서 있다. 비 전체 크기와 예사롭지 않은 모양의 옥개석 때문에 눈길이 한 번 더 가게 된다.

처음에는 '이유 대감은 어떤 분이셨기에 이런 웅대한 신도비를 세워서 추모하게 된 것일까.'는 호기심이 있었고, 필경재를 여러 번 드나들며 녹천공에 대하여 그동안 잘 몰랐던 사실을 조금씩 알게 되었다. 특히 이곳을 지키고 있는 종손으로부터 조상에 대한 많은 이야기를 들었고, 또 소장하고 있는 교지, 간찰, 문서 등의 유물을 살펴보며 실용과 중도를 꾸준히 견지한 공의 훌륭한 삶을 알게 되었다. 그런데 의외로 공의 삶이나 업적을 종합적이고, 체계적으로 정리한 문집이나 책이 이제까지 없다는 점이 참으로 안타까웠다. 필자가 이 책을 쓰게 된 동기는 무엇보다도 후손을 비롯한 주변 사람들에게 광평대군 후손으로서 유일하게 종묘에 배향된 두터운 명성과 인망의 대신인 공의 이모저모를 잘 알리고 싶어서다.

조선 현종과 숙종 대의 사대부들은 당파가 다른 편에서 조금이라도 실수하거나 틈을 보이면 이들을 비방하거나 배척하는 데 온 힘을 쏟았으며, 그 결과 상대방을 죽음으로까지 몰고 간 사례가 비일비재했다. 조선 시대는 어느 때를 막론하고 가뭄, 홍수, 풍해, 냉해 등과 같은 자연재해가 많아 편할 날이 드물었다. 특히 현종과 숙종 대에는 '경신대기근'과 '을병대기근'이라고 부르는 참혹한 재앙이 전국을 휩쓸어 많은 백성의 목숨을 앗아갔다. 이러한 상황에서 녹천공은 늘 실용과 중도의 관점에서, '어떻게 임금을 도와 세상을 다스리고 백성을 구제〔經世濟民〕할 것인가.'를 고민했고, 그 방책을 제안했다.

필자는 '경세제민'의 길을 찾고자 했던 공의 일생을 나름대로 정리해 보고자 했다. 과거에 급제하고 처음 조정에 출사했을 때는 주로 삼사에서, 언관의 직임에 충실해서 왕의 잘못을 지적하거나 왕이 올바른 정책을 수립하는데 필요한 방안을 건의했다. 양주목사, 강원도·전라도·평안도 관찰사와 한성부 판윤으로 재임할 때는 굶주리는 백성의 구호에 온 힘을 다했다. 병조·이조 판서로 있는 동안에는 당시 백성의 원성이 높았던 '백골징포'와 '인족침징'이라는 군역의 병폐를 개혁하기 위하여 이정청釐正廳의 책임자로서 구체적인 대책을 제시했다.

대청 외교에서도 자주적이고 실용적이며 합리적인 자세를 견지했다. 평안도 백성을 구제하기 위하여 청나라로부터 쌀 구매를 추진하다가 뜻하지 않은 암초에 부딪혀 곤욕을 치렀으며, '백두산정계비'를 세우는 과정에서도 합리적인 대안을 제시했다. 임진왜란이나 병자호란과 같은 환란이 다시 일어날 수도 있다는 염려에 그 대비책으로 '북한산성'과 '탕춘대성'을 쌓고 그 안에 많은 창고를 지어서 식량을 비축할 것을 주장했다. 이러한 점을 실록에서는 "두루 상밀하고 신중하여 삼갔으며, 강개하여 시무를 말하기를 좋아했다."고 평했다. 조정에서는 어려운 백성들에게 베풀고 그들의 짐을 덜어주어 나라를 평안하게 하고자 노력한 점을 기리고자 '혜정'이라는 시호를 내렸다.

실용과 중도에 바탕을 둔 녹천공의 언행은 당파보다는 백성을 먼저 생각하는 마음에서 우러나온 것이었다. 이러한 인품은 당신과 가문의 명예와 안위를 지키는 데에도 일조하여 53년의 긴 관직 생활 중에 한순간이라도 도성 밖으로 추방되는 '문외출송'이나 벼슬과 품계를 빼앗기는 '삭탈관작' 등의 불명예를 받은 일이 없었다. 돌아가신 뒤에는 많은 후학이 애도하며 공의 빈 자리를 안타까워했다.

이 책을 쓰는데 필자는 주로 『조선왕조실록』 기사를 참고했으며, 부족한 부분을 위해서는 『승정원일기』를 살폈다. 하지만 『승정원일기』에서 숙종 대의 기사는 아직 번역되어 있지 않아서 스스로 번역하며 내용을 이해하는데 많은 시간을 보냈다. 원래 이 책을 공께서 돌아가신 지 300년이 되는 2021년에 출판할 계획이었으나, 여러 사정으로 늦어져서 오늘에 이르게 되었다. 북한산성에 올라 녹천공을 가슴으로 느껴 보았다. 너무도 벅찼다. 하지만 이 책이 공의 고매한 인품과 훌륭한 업적을 제대로 잘 드러내고 기술했는지 다소 걱정이 된다. 오늘을 살아가는 사람들이, 후손이든 아니든 간에 이 책을 통하여 선조의 지혜를 배우고 처세하는 방도를 찾을 수 있다면 더 바랄 것이 없다.

부족한 필자를 믿고 지켜본 아내를 비롯하여 딸과 아들의 격려와 후원이 원고를 무사히 마치는 데 큰 힘이 되었다. 많은 소장 자료를 기꺼이 보여주고 사용하도록 허락한 녹천공의 종손 이병무 님께도 깊이 감사드린다. 좋은 책을 만드는 데 도움을 준 박해진 작가와 출판을 기꺼이 맡아준 나녹의 형난옥 대표께도 감사드린다.

2023년 여름에서 가을 사이
우청 이규봉 又聽 李揆奉

차례

머리말 __ 5

1. 광평대군 10대손으로 태어나다　11

광평대군 증손자, 정안부정공 종손으로 태어나다　13 / 벼슬에 나간 선조들 선정을 베풀다　17

2. 과거에 급제하고 현종의 조정에 출사하다　21

별시 문과에 급제하다　23 / 대간의 소임에 힘쓰다　34 / 현종이 승하하고 서인 정권에 불안한 조짐이 보이다　44

3. 환국의 정국에서도 승정원과 삼사의 직임을 다하다　49

숙종, 조선 제19대 왕으로 즉위하다　51 / 부모님이 별세하여 한동안 조정에 나가지 못하다　59 / 경신환국으로 서인이 조정을 다시 장악하다　62 / 승지에 임명되고 경연 참찬관으로도 활동하다　69 / 다시 승지에 임명되고 진휼 정책을 건의하다　76 / 기사환국으로 조정을 떠나다　81

4. 굶주리는 백성의 구호에 온 힘을 다하다　89

양주목사로서 백성 구호에 힘쓰다　91 / 강양도 감사로서 조세 감면을 위해 애쓰다　94 / 전라도 감사로서 공물 진상의 어려움을 겪다　98 / 평안도 감사 재임 중 역사적인 대기근이 발생하다　102 / 도승지를 거쳐 한성부 판윤에 오르다　114 / 소나무 벌목을 엄히 다스려 남산을 푸르게 하다　122 / 정승 자리에 있을 때나 물러나서나 백성을 걱정하다　125

5. 양역 변통을 통하여 경세제민의 길을 찾다　133

병조판서에 오르고 군제 개혁을 시도하다　135 / 군제 변통을 위하여 우선 군문의 정원을 정하다　147 / 이정청이 설치되고 양역 변통을 주도하다　162

6. 청나라 외교에서도 민생과 실리를 우선하다　171

고부사로 청나라에 다녀오다　173 / 최악의 대기근으로 청나라 쌀 구매 문제가 거론되다　175 / 중강 개시에서 청나라 쌀 매매가 이루어지다　178 / 조선 백성이 불법으로 국경을 넘어 야인을 살해하다　191 / 백두산에 조선과 청의 국경선을 명시한 정계비를 세우다　197 / 청나라 사신 응대 문제로 영의정에서 물러나다　203

7. 북한산성을 완성하고 탕춘대 축성을 주장하다　209

우의정 신완, 북한산 아래에 축성할 것을 주장하다　211 / 한양 도성을 개축하다　220 / 북한산성 축성을 다시 논의하다　228 / 영의정 겸 경리청 도제조로서 북한산성 관리를 총괄하다　233 / 영중추부사에 오르고 탕춘대 축성을 강조하다　242

8. 많은 후학이 공의 별세를 애도하고 추모하다　257

숙종 승하하고, 이듬해 공도 별세하다　259 / 친지와 후학이 추모의 만사를 쓰다　269 / 묘 앞에 신도비가 세워지다　282 / 녹천 마을의 수호신이 되다　286

주　288

부록　329

녹천공 연보　331 / 참고 문헌　337 / 인명 찾아보기　339

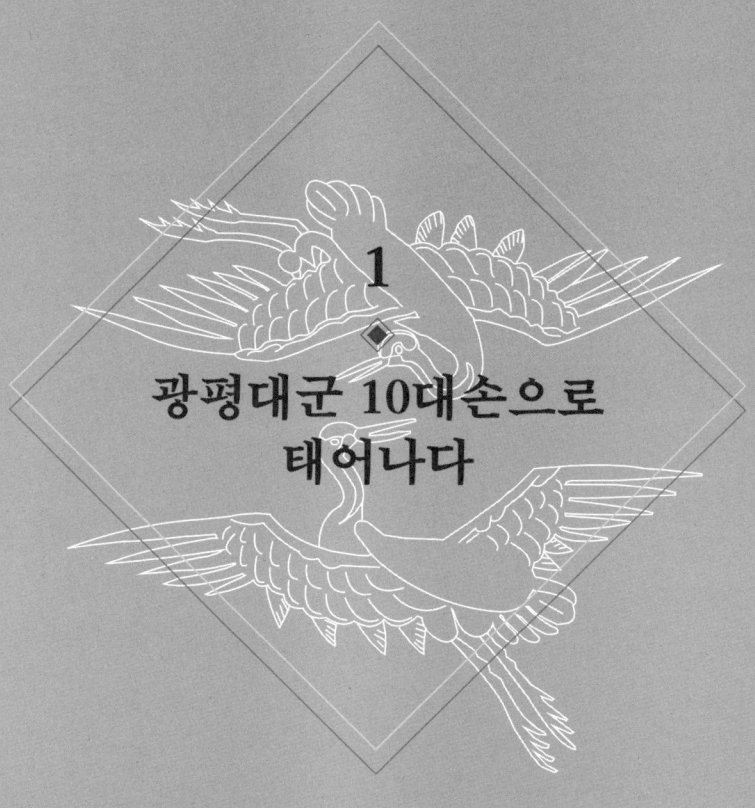

1
광평대군 10대손으로 태어나다

광평대군 증손자, 정안부정공 종손으로 태어나다

이유李濡(1645~1721) 대감의 자는 자우子雨, 호는 녹천鹿川, 시호는 혜정惠定이다. 녹천공은 이중휘李重輝(1622~1678) 공과 안동김씨安東金氏(1620~1656) 사이에서 장남으로 태어났다. 1666년(현종 7)에 작성된 녹천공 부친의 호구장[1]을 보면 당시 주소는 지금의 서울 종로구 조계사 옆 율곡로 4길 부근인 한성부漢城府 중부中部 수진방壽進坊 간동계間洞契로 되어 있어 이곳에서 태어난 것으로 추정된다. 1717년(숙종 43)과 1720년(숙종 46)에 작성된 녹천공의 호구장에도 주소가 같게 나오는 점으로 보아 50년 넘게 한집에서 살았음을 알 수 있다.

공은 24세가 되는 1668년(현종 9) 12월 1일 별시 문과에 병과 제8인으로 급제했다. 이듬해 1월 5일 첫 관직으로 사변가주서[2]에 임명

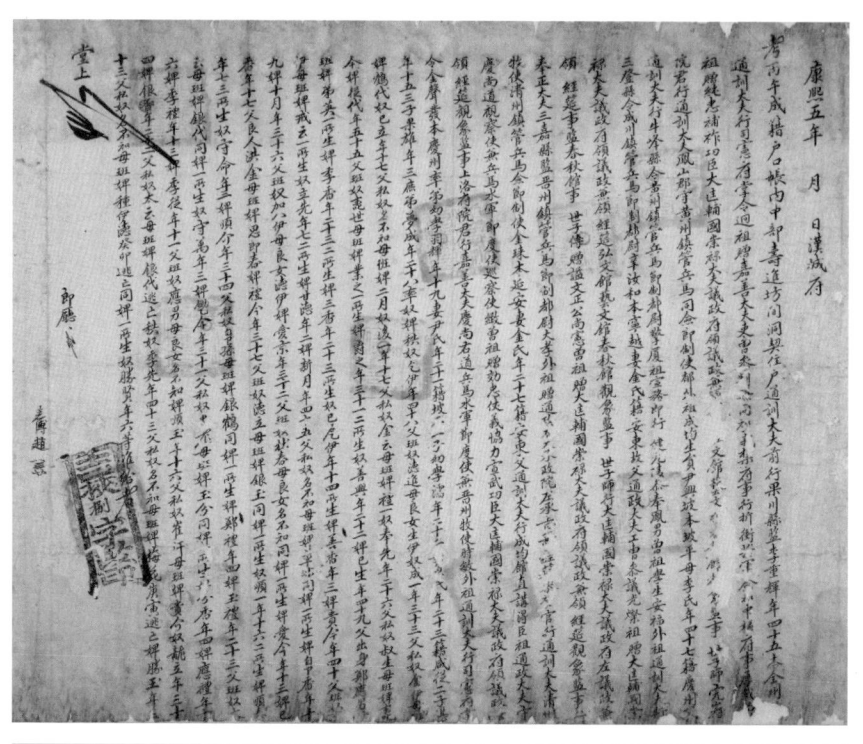

녹천공 부친의 호구장/1666년(현종 7) 작성

되었다. 이후 설서說書 · 정언正言 · 헌납獻納 · 지평持平 · 교리校理 · 수찬修撰 · 응교應敎 등에 임명되고, 1680년(숙종 6) 승지로 발탁되었다. 양주목사楊州牧使 · 강양도江襄道 관찰사 · 평안도 관찰사 · 도승지 · 대사헌 등을 역임했다. 1697년(숙종 23) 한성판윤 · 호조판서에 임명되었다. 병조판서 · 이조판서를 역임하고, 1704년(숙종 30) 우의정, 1707년(숙종 33) 좌의정에 이어 1712년(숙종 38) 영의정에 올랐다. 1713년(숙종 39) 영의정에서 물러난 뒤 곧바로 판중추부사判中樞府事에 임명되었고, 1718년(숙종 44) 영중추부사領中樞府事에 임명되었다. 이듬해 4월 경현당에서 열린 기로신耆老臣 잔치에 최고의 원로대신으로서 참석했다.

공의 가계도를 10대조 광평대군 이여廣平大君李璵(1425~1444)부터 살펴보면 다음 면의 그림과 같다. 세종대왕의 다섯째 아들인 광평 대군은 12세에 동지중추부사同知中樞府事 신자수申自守의 따님인 영 가부부인 평산신씨³를 부인으로 맞았다. 신자수의 외조부가 개국 1 등 공신 김사형金士衡이라는 점이 이 혼인을 가능하게 했을 것으로 보인다.⁴ 1433년(세종 15)에 신자수 누이의 딸이 세종대왕의 4남 임 영대군 이구臨瀛大君李璆(1420~1469)와 혼인한 점도 영향을 주었을 것으로 생각된다.⁵

광평대군은 20세에 아드님 영순군 이부永順君李溥(1444~1470)를 얻었으나 영순군이 태어난 지 6개월 만에 요절했다. 영순군은 12 세에 김제군부인 전주최씨⁶를 부인으로 맞이하여 세 아들을 두었 다. 남천군南川君(1458~1519), 청안군淸安君(1462~1495), 회원군會原 君(1464~1493)이다. 김제군부인의 증조부 우찬성右贊成 최사강崔士康 은 두 딸이 각각 태종의 아들 함녕군諴寧君(1402~1467)과 세종대왕 의 여섯째 아들인 금성대군 이유錦城大君李瑜(1426~1457)의 부인이 되며 큰 권세를 누렸다. 그래서 최사강의 아들 최승녕의 딸이 임영 대군의 부인이 되고, 최승녕의 손녀가 영순군의 부인이 될 수 있었 던 것으로 보인다.

청안군은 장성현부인 교하노씨⁷ 사이에 5남 1녀를 두었다. 아 들 다섯은 공성부정功城副正, 임정부정臨汀副正, 정안부정定安副正 (1487~1519), 태안부정泰安副正, 고양부정高陽副正이다. 정안부정 공

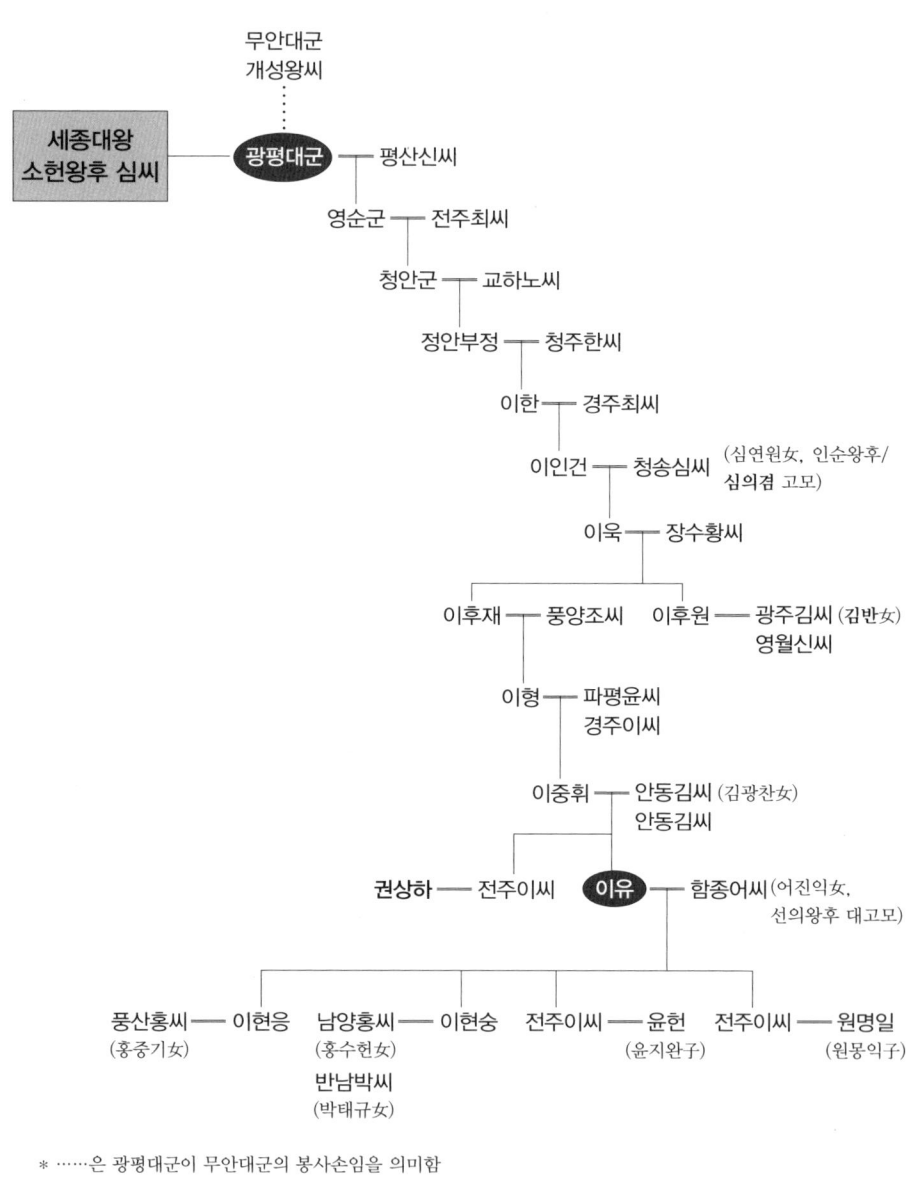

녹천공 가계도

은 신인 청주한씨[8]를 부인으로 맞아 아들 한 명 배천공 이한白川公李漢(1503~1552)과 딸 하나를 두었다.

벼슬에 나간 선조들 선정을 베풀다

녹천공의 6대조인 배천공은 과거 시험을 거치지 않고 조상의 덕으로 관직을 얻는 음직蔭職으로 벼슬에 나아가 정산현감定山縣監, 배천군수를 지내고 이조판서에 추증되었다. 증정부인 경주최씨[9]를 부인으로 맞아 두 아들, 아산공 이인건牙山公李仁健(1525~1563)과 동은공 이의건[10]을 두었다. 아산공은 음직으로 관직에 나아가 아산현감에 이르렀고 좌찬성에 추증되었다. 증정경부인 청송심씨[11]를 통하여 아들 한 명 봉산공 이욱鳳山公李郁(1558~1619)을 두었다.

광평대군이 돌아가신 지 131년이 지난 1575년(선조 8) 묘 앞에 신도비를 세웠다. 비문은 당시 대사헌 심의겸沈義謙이 지었고, 글씨는 동은공이 썼다. 동은공은 아산공의 처조카인 심의겸과는 동년배로서 친구 사이였다. 봉산공도 음직으로 벼슬에 나아가 처음에는 봉선전 참봉奉先殿 參奉에 임명되었다. 임진왜란이 일어나자 숙부 동은공을 모시고 함경도 경성으로 갔다. 그곳 백성들이 왜적과 내통하여 피난을 온 많은 사대부를 포박하여 왜적에게 넘겼으나, 봉산공은 주변 사람들과의 관계가 좋아서 화를 면할 수 있었다. 1593년(선조 26) 임진왜란으로 임금이 피난하며 세자가 거느리는 조정인 분조分朝를 두었는데, 여기서 호조의 일을 맡아보던 임시 관청인 분호

서울시 강남구 광수산에 있는 광평대군과 영가부부인 신씨 묘

조 좌랑分戶曹 佐郞에 임명되어 평안도 가산嘉山 지역의 군량미 보급을 담당했다. 공은 군량미를 아껴서 굶주린 백성들에게 나누어 주니 모두 감격하며 눈물을 흘렸다고 한다. 1596년(선조 29) 한양으로 돌아왔으나, 옛 터전이 불타고 민심이 어지러운 것을 보고 강원도 양구현 방산方山에 터를 잡고 밭을 일구며 생계를 꾸려갔다. 가산에서 봉산공의 덕을 흠모했던 일부 백성은 강원도로 따라오기까지 했다.

왜적이 물러간 뒤 1606년(선조 39) 함흥부 통판通判에 임명되었다. 임지에서 청렴하고 신중하게 관직을 수행하는 바람에 당시 함경도 감사 이시발李時發이 임금에게 봉산공을 칭찬하는 장계를 올렸다. 1608년 광해군이 즉위하며 선혜청[12]이 설치되었다. 이를 주관한 영의정 이원익李元翼에 의해 봉산공이 실무자에 해당하는 낭청[13]으로 임명되었다. 이후 봉산군수를 역임하고 영의정에 추증되었다. 증 정경부인 장수황씨[14] 사이에서 네 아들을 두었다. 첨지공 이후재僉知公李厚載(1580~1661), 평산공 이후배平山公李厚培, 완남부원군 이후원[15], 사과공 이후근司果公李厚根이다. 완남부원군은 인조반정에 가담한 공으로 정사공신靖社功臣이 되었다. 뒤에 우의정까지 지내게 되자, 추증 제도에 따라 부모, 조부모, 증조부모에게 높은 관직이 내려졌다. 증조부 배천공에게는 이조판서, 조부 아산공에게는 좌찬성, 부친 봉산공에게는 영의정이 추증되었다. 증조모에게는 정부인, 조모와 모친에게는 정경부인이 추증되었다.

첨지공이 44세 때인 1623년(인조 1) 인조반정이 일어났다. 첨지공 형제와 아들도 거사에 직접 가담하여 공을 세웠다. 첨지중추부사僉知中樞府事를 역임했고, 이조판서에 추증되었다. 증정부인 풍양조씨[16]를 맞아 장령공 이형掌令公李泂(1603~1655)을 두었다. 장령공은 1630년(인조 8) 사마시에 합격했다. 1650년(효종 1) 증광增廣 문과에 급제하고 사간원 정언, 헌납, 사헌부 장령 등을 역임했다. 의정부 좌찬성에 추증되었다. 초취初娶 증정경부인 파평윤씨[17] 사이에서 6남 3녀를 두고, 재취再娶 증정경부인 경주이씨 사이에서 1남 1녀를 두었다. 맏아들 금산공錦山公 이중휘는 1654년(효종 5) 식년시[18] 생원에 합격, 고령현감, 금산군수를 역임하고 훗날 영의정에 추증되었다. 초취 증정경부인 안동김씨[19] 사이에서 장남 녹천공, 둘째 아들 군수 이담李湛과 딸[20], 재취 증정경부인 안동김씨[21] 사이에서 셋째 아들 증이조참의 이염李濂을 두었다. 완남부원군의 경우와 마찬가지로 녹천공의 벼슬이 영의정에 이르게 되면서 증조부 첨지공에게는 이조판서, 조부 장령공에게는 좌찬성, 부친 금산공에게는 영의정이 추증되었다. 증조모에게는 정부인, 조모와 모친에게는 정경부인이 추증되었다.

녹천공은 정경부인 함종어씨[22]를 맞이하여 슬하에 2남 2녀를 두었다. 1남은 남평공南坪公 이현응李顯應, 2남은 서윤공庶尹公 이현숭李顯崇이다. 1녀는 윤헌尹憲에게 출가했으며, 2녀는 참군參軍 원명일元命一에게 출가했다. 녹천공의 사돈은 첨정僉正 홍중기洪重箕(이현응 빙부), 이조판서 홍수헌洪受瀗(이현숭 초취 빙부), 서윤 박태규朴泰逵(이현숭 재취 빙부), 우의정 윤지완尹趾完(윤헌의 부친), 현감 원몽익元夢翼(원명일의 부친)이다. 녹천공과 매형, 이종사촌과 사돈들은 대부분 송시열[23]의 문하생이었다. 당파로는 서인에 속했다. 특히 소론을 이끌었던 윤지완을 제외하고 대부분 노론 계열이었다.

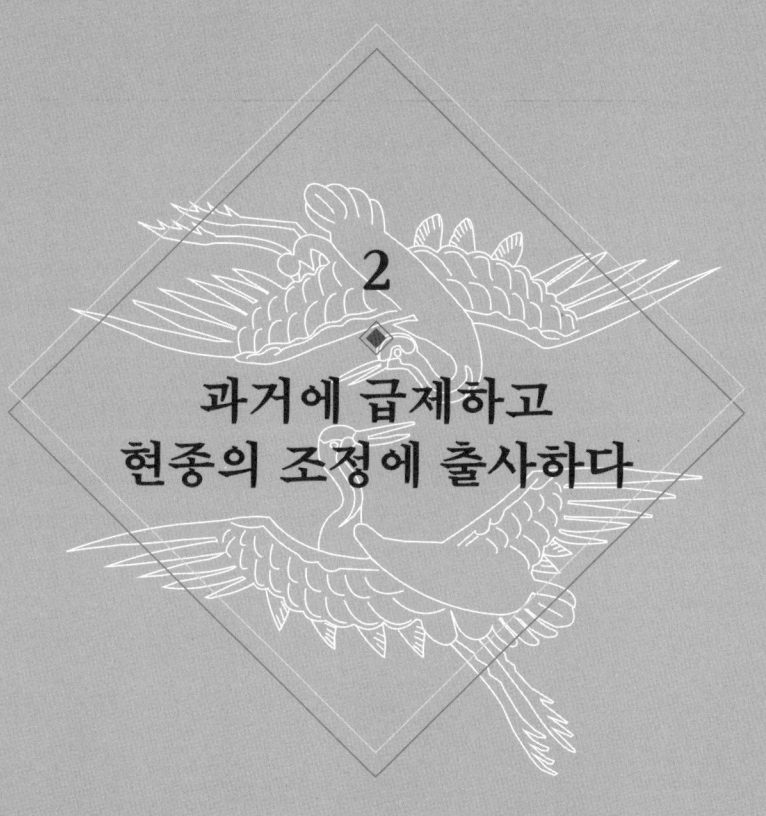

2
과거에 급제하고 현종의 조정에 출사하다

별시 문과에 급제하다

　　녹천공은 18세에 관찰사 어진익의 따님을 맞아 혼례를 올렸다. 처가에서 지낼 때 빙부 앞에서 공부한 내용을 암송했다.[24] 한 자도 틀리지 않고 막힘 없이 암송하는 것을 지켜본 빙부는 대단히 기뻐했다. 빙부는 녹천공에게 머지않아 과거가 있을 것이라고 하며, 절에 올라가 공부하도록 했다. 1667년(현종 8) 1월 22일 임금은 일곱 살의 왕자를 왕세자로 책봉했다. 조정에서는 이를 기념하여 특별 과거 시험인 별시를 치르고자 했으나 흉년으로 연기했다. 3년마다 정기적으로 치러지는 과거 시험인 식년시에서는 1차 시험 초시, 2차 시험 복시, 3차 시험 전시를 통하여 합격자 33명을 선발하고 그 순위를 정했다. 하지만 별시에서는 2차 시험을 생략하고 합격자 수도 일정하지 않았다.

"빙부가 녹천공의 공부에 관심을 보였다."는 내용이 있는 『가장』의 앞부분. 이 책은 288쪽 45,000여 자이며, 『조선왕조실록』이나 『승정원일기』 등에 없는 녹천공의 일상을 소상히 기록하고 있다.

녹천공은 24세 되던 1668년(현종 9) 10월 8일 세자 책봉을 축하하는 별시의 1차 시험을 치렀다. 마지막 시험은 11월 12일에 있었다. 당시 시험관은 판중추부사 정치화鄭致和, 시험 문제 책문策問은 '마음을 다스리기 위하여 삼대(중국 하夏·상商·주周 세 왕조)를 본받음(위치심법삼대爲治心法三代)'이었다. 12월 1일 결과가 발표되었다. 급제자는 갑과 1위 장원인 민홍도[25]를 포함하여 모두 13명이었다. 을과 1위 아원亞元은 민암, 을과 2위 탐화랑探花郞은 이효원李孝源, 을과 3위는 이익태李益泰였다. 병과에는 이당규李堂揆, 조위명趙威明, 이덕주李德周, 허협許俠, 권환權瑍, 이률李嵂, 박치도朴致道, 녹천공,

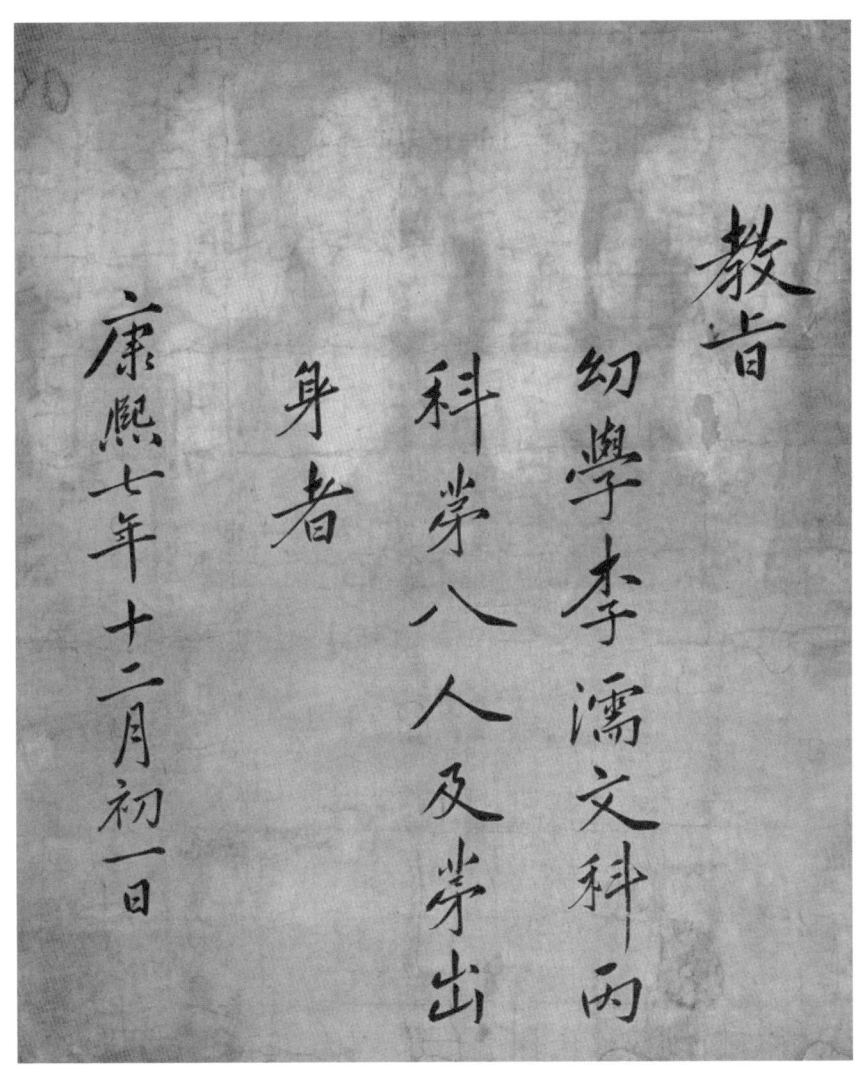

녹천공 1668년(현종 9) 별시 문과 급제 교지

서문상徐文尙 등 모두 9명이었다. 최고령 합격자는 이덕주로 52세, 최연소 합격자는 24세인 공이었다. 급제자 13명 중 훗날 가장 높은 관직에 오른 관료는 영의정을 역임한 공이었다. 이듬해 1월 5일 공은 사변가주서에 임명되어 처음으로 벼슬길에 나가게 되었다.

1669년(현종 10) 8월 5일 녹천공은 임금을 보필하는 비서인 근시近侍로서 충청도 회덕에 내려갔다. 송시열과 송준길에게 세자가 성균관에 입학할 무렵 한양 도성으로 올라오라고 왕의 특명을 전했다. 하지만 두 신하는 지병을 이유로 올라갈 수 없다고 하며 왕명을 거절했다.[26]

행판중추부사 송시열

신에게는 오랜 병이 있고 6월 이후로 불볕더위가 더해지고 형세가 매우 위태로워 사람들은 반드시 죽을 것이라고 했습니다. 하지만 다행히 성상聖上께서 외람되이 근심하고 의원을 보내 진찰하고 좋은 약을 보내 주시는 자애로움을 받아 마치 늙은 나무에 싹이 나듯이 오늘까지 연명하고 있습니다. 망극한 은혜를 뼈가 가루가 되더라도 어찌 갚을 수 있겠습니까마는 번번이 자신을 어루만지며 분수를 헤아려 볼 때 그저 감격하여 목이 메어올 뿐입니다. 다만 신은 나이가 60이 넘어서 노쇠함이 특히 심하여 밥을 못 먹고 약에만 의존한 지 이미 3년이 넘었습니다. 지금 큰 병을 앓은 뒤로 숨이 붙어 있어 끊어지지 않는 것이 가는 실과 같으며, 또 쓰는 약은 모두 막힌 곳을 뚫고 통하게 하는 약제입니다. 당장 눈앞의 고식적인 효과는 있지만, 기혈이 허한 것이 갈수록 심해지기에 목숨이 끊어질 시기가 아침이 아니면 저녁입니다. 뜻밖에 이번에 근시가 멀리서 와서 성상의 명을 전했습니다. 아, 신이 비록 몸을 깨끗이 하고자 영영 떠나는 자라고 하더라도 성상의 은혜가 이에 이르렀으니 오히려 지키는 바를 바꾸어야 할 것입니다. 하물며 신이 전부터 어리석음을 무릅쓰고 망령되게 다 말씀드렸지만, 지금 세자가 치양齒讓(특별한 신분을 잊고 차별 없이 같이 섞임) 하는 날을 맞이하여 어찌 외람되이 다리에 둘러서서 보는[27] 반열에 끼어 미리 보는 즐거움을 만끽하고 아울러 지난여름 길을 나섰다가 중지한 뜻을 설명하고자 하지 않겠습니까. 오직 이 기력이 불행히 이 지경에 이르러 실로 일어나 길을 떠날 가망이 없고 명을 어기고 게을리한 죄를 거듭 지었으므로 그저 두려운 마음으로 삼가 조정의 처벌을 기다릴 뿐입니다.

의정부 좌참찬 송준길

신이 막 한 통의 상소를 올려 사정을 자세히 아뢰었으나 아직 전달되지 못한 것으로 생각됩니다. 천만뜻밖에 근시가 또 와서 특별한 말을 전했는데 성상의 말씀이 지극히 간절하여 귀신도 감읍시킬 만했습니다. 신이 비록 어리석고 완고하지만 타고난 떳떳한 본성이 있으니 어찌 슬퍼하며 마음에 감동하지 않겠습니까. 돌아보건대 신의 정신과 기력은 실로 이전의 상소에서 말한 것과 같습니다. 힘을 다해 반열에 나아가는 것은 더는 가망이 없고, 나라의 큰 경사가 한 가지에 그치지 않으나, 모든 이들이 춤추는 반열에 나아갈 방도가 없으니, 대궐을 바라보며 그저 눈물만 흘릴 뿐입니다.

녹천공이 충청도 회덕에 머물고 있을 때 조정에서는 공을 세자시강원 설서에 임명했다. 시강원은 임금에게 녹천공이 지체하지 말고 세자가 공부하는 서연書筵에 참석하도록 속히 올라오라고 명할 것을 간청했다.[28] 공이 8월 14일에 새로운 관직을 받은 것에 대하여 감사하다고 인사한 것을 보아, 전날 서울에 올라온 것으로 추정된다. 한편 1668년 5월 공조좌랑工曹佐郞으로 있던 공의 부친이 경상도 고령현감에 임명되어 그곳으로 떠났다. 1670년(현종 11) 3월 부친이 크게 병이 났다고 하여 공도 급히 고령으로 내려갔다. 마침 왕세자가 성인이 되었음을 알리는 관례가 예정되어 있었으며 여기에는 시강원의 모든 관원이 참석하게 되어 있었다.

이에 시강원에서는 임금께 공의 부친의 병이 오랫동안 낫지 않아 결코 기일에 맞추어 올라오기 어려우니 별도 조치를 하도록 간청했다.[29] 3월 6일 관직이 부사정副司正으로 변경되었다. 같은 해 12월 좌의정 허적許積이 임금께 공이 부친 병 때문에 지방으로 내려갔다가 정기 인사고과인 포폄[30]에서 '하下'를 맞았기에 새로운 관직에 임용되지 못한다고 아뢰었다. 아울러 전부터 이런 경우에는 달리 처리하는 사례도 많다고 했다.[31] 임금은 고과를 다시 실시하여 '하'를 벗어나는 탕척蕩滌(누명이나 죄명을 없애 깨끗하게 함)을 시행하라고 했다. 12월 12일 의정부에서 『춘추좌전春秋左傳』으로 다시 평가하여 '약'[32] 판정을 내렸다. 12월 14일 예문관 검열檢閱에 임명되었다.

1670년(현종 11)과 1671년에는 조선 역사에 있어 유례를 찾기 힘들 정도로 심한 흉년이 들어 많은 백성이 굶주림과 병으로 죽는 참혹한 일이 벌어졌다. 역사에서는 이를 '경신대기근庚辛大飢饉'이라

부른다. 1670년 봄에는 심한 가뭄으로 모내기가 어려웠고, 여름에는 우박과 서리가 내리는 냉해와 태풍과 집중 호우가 겹치는 수해가 반복되었다. 메뚜깃과의 곤충이 크게 번져 그나마 자라고 있었던 곡식을 먹어 치웠다. 조선 팔도에서 형편이 나은 곳은 하나도 없었다. 『현종실록』에서 1670년의 재해에 관한 일부 기사를 살펴본다.

○ 경기의 양주 등 여덟 고을에 4월 6일 우박이 내려, 밀과 보리가 손상을 입었다. 평안도 위원渭源에서 3월 26일에 이틀 밤을 연이어 서리가 내렸다. 영원寧遠에서 4월 6일에 서리가 내리고 눈이 왔다. 평양· 은산殷山· 성천成川· 중화中和· 순천順川 등의 고을에서 7일에 우박이 내려 싹이 튼 각종 곡식과 삼· 목화 등이 모두 손상을 입었다. 〔4월 14일〕

○ 경상도 의성義城· 의흥義興 등지에서 4월 8일에 서리가 내렸다. 의흥에는 9일에 우박이 내렸다. 전라도는 가뭄의 참상이 갈수록 더 심해져서 보리가 마르고 모가 누렇게 탔다. 6일에는 금산錦山에 서리가 내려 기장과 목화밭이 많은 손상을 입었다. 〔4월 19일〕

○ 큰비가 내렸다. 이때 크게 가물어 곡식들이 자라지 못했는데, 팔도가 마찬가지였다. 이제 비로소 비가 내렸으나 절기가 이미 늦어 농사가 마침내 큰 흉작이 되었다. 〔5월 24일〕

○ 경상도에 수재가 매우 참혹하다고 감사가 보고했다. 〔6월 8일〕

○ 함경도에 수재가 매우 참혹하며, 삼수三水에 6월 5일 우박이 내렸다. 크기가 비둘기알 정도 크기였다. 메뚜깃과의 곤충이 온 들판에 퍼져 각종 곡식을 먹고 물밑으로 들어가 끊임없이 해를

끼치며, 또 누런 참새 천만 마리가 무리를 지어 들판을 덮고 먹이를 쪼아 먹어서 심지어 도토리와 밤도 열매를 맺지 못한다고, 감사가 보고했다. 〔7월 11일〕

○ 황해도에 소의 전염병이 크게 번져 한 달 동안에 죽은 소가 8천여 마리였다. 또 된서리가 연달아 내렸고 큰바람에 나무가 부러지고 뽑혔다. 곡식도 하나도 남은 것이 없어 백성들이 곳곳에서 울부짖었다. 감사가 보고했다. 〔8월 28일〕

○ 지방에서 곡식을 바칠 백성을 모집하여 영직影職(실제로 근무는 하지 않고 이름만 빌려 가는 벼슬)·노직老職(노인에게 특별히 내려 주는 이름뿐인 벼슬)·증직贈職(죽은 사람에게 높여 주는 벼슬) 주는 일을 시행했다. 전라도와 경상도 양남兩南 감사의 요청을 따른 것이다. 이때 민간에 크게 기근이 들었다. 그 대가를 감하여 모집했으나 응하는 자가 아주 적었다. 〔9월 10일〕

○ 모든 도의 임기가 만료된 수령을 내년 보리 추수 때까지 유임시킬 것을 명했다. 이때 팔도에 큰 흉년이 들었다. 수령을 맞이하고 전송하는 일이 고을 백성들의 큰 폐단인데다 진휼을 처리하는 정사를 솜씨가 서툰 자에게 맡길 수 없었기에 이 명이 있었다. 〔9월 29일〕

한해旱害, 수해, 냉해, 병충해, 전염병 등이 연이어 전국을 휩쓸어 힘없는 많은 백성이 죽어 나갔으나, 조정에서는 손쓸 도리가 없었다. 곡식을 받고 관직을 팔고자 했으며, 임기가 만료된 수령을 그대로 유임시키는 전례 없는 조처를 내렸으나 워낙 전국의 곡식

창고가 텅 비는 바람에 이것도 효과는 별로 없었다. 녹천공의 부친도 이와 같은 상황에서 고을 백성을 구호하는데 진력하느라 큰 병이 난 것으로 추정된다. 1671년(현종 12) 상황은 더욱 악화했다. 전국 어디에서나 굶주림과 전염병으로 죽는 자가 속출했다.

○ 경상도의 굶주리는 백성이 5천 1백여 인이었다. 열이 심하게 나는 돌림병이 또 뒤를 이어 번져 죽은 자가 2백여 인이었고, 소의 돌림병도 줄곧 치열하게 만연했다. 〔1월 3일〕

○ 충청도에서 돌림병으로 죽은 자가 5백 54인이었다. 〔1월 30일〕

○ 대사헌 이정기李廷夔, 지평 윤계尹堦가 백성을 구호할 방책을 아뢰었다. 전세를 탕감하여 민정을 위로하고 어사를 보내어 진휼의 정사를 살피고 마른 양식을 헤아려 지급하여 농사를 폐지하지 않게 하기를 청한 것이었다. 임금이 말했다. "아, 지난해와 같은 흉년은 실로 예전에도 없었다. 불쌍한 우리 백성을 장차 어찌한단 말인가. 여기까지 말하다 보면 절로 기가 막히고 가슴이 아프다. 묘당廟堂(의정부와 비변사[33]를 달리 부르는 말)과 의논하여 처치하라."〔2월 7일〕

○ 진휼청에서 2월에 돌본 굶주린 백성이 2만 인이었고 죽은 자가 60인이었다. 이때 굶주린 백성 2만 인에게 먹이려고 서른이나 마흔 가마의 쌀로 죽을 쒔다. 닭이 울 때 시작하여 한낮에 이르러 끝나고 한낮부터 다시 쑤어서 밤이 깊어서야 마쳤다. 마지막에는 너무나도 붐벼서 혹 먹지 못하는 자도 있는가 하면 거듭 먹는 자도 있었다. 〔2월 29일〕

○ 경상도에 굶주리는 백성이 9만 8천 3백 60여 인이었고 죽은 자가 140여 인이었다. 〔3월 4일〕

○ 사람들에게 버려진 아이를 거두어 기르게 했다. 이때 굶주린 백성이 쪼들린 나머지 그들의 골육을 보전하지 못하고 길에 버리거나 도랑에 던진 일이 빈번했다. 어느 날 임금 앞에서 이 일을 말한 자가 있었다. 임금이 듣고 한참 동안 슬퍼하다가 드디어 이 영을 내렸다. 한성부에 아뢰고 공문을 받아서 거두어 기르되 아들을 삼든지, 종으로 삼든 그들이 하는 대로 하게 했다. 〔3월 18일〕

○ 정치화가 아뢰었다. "오늘날 나라의 형세가 이미 매우 위태로운 지경에 이르렀습니다. 강화도·남한산성에 저축된 것이 하나도 없이 바닥이 났습니다. 삼남三南(충청도·전라도·경상도)은 본디 국가의 근본이라 하는데 사망하는 우환이 다른 도보다 더욱 심한데다가 밀보리도 여물지 않아서 실로 구제할 방책이 없으니, 간신히 살아남은 가엾은 백성도 모두 구덩이에 빠지게 되었습니다." 임금이 일렀다. "오늘날 흉년의 참혹함은 삼남이 더 심한데 앞날의 일을 어떻게 꾸려 나가야 할지 정말 모르겠다." 〔5월 9일〕

○ 이달에 도성 안에서 굶고 병을 앓아 죽은 자는 1,460여 인이었고 각도에서 죽은 자는 1만 7,490여 인이었다. 그 밖에 불에 타고 물에 빠지고 범에게 물렸다는 보고가 잇따랐으며 도둑이 살해하고 약탈하는 우환이 없는 지역이 없었다. 호남·영남이 가장 심했고, 두 도에서 돌림병으로 죽은 소도 이루 헤아릴 수 없

었다. [6월 30일]

『비변사등록備邊司謄錄』에도 그 참상이 상세히 기록되어 있다. 1671년 7월 20일 승정원에서, "현재는 가을철이 멀지 않았고 기장과 조가 점점 익어서 산비탈의 건조한 곳이라도 기장과 조를 심은 곳이면 이삭과 낟알을 따서 죽을 끓일 수 있는 형편입니다. 하지만 바닷가의 여러 고을로서 토지가 낮고 습한 곳에는 이미 기장과 조가 없어졌고 메벼는 아직 시기가 일러 모든 사람이 굶주리고 마을에는 밥 짓는 집이 없어 하루를 연명하는 것이 일 년을 넘기는 것과 같습니다. 소문으로 듣건대 호조에는 남은 콩이 아직도 여러 천 석이라고 합니다. 진휼청에서 빨리 대상자를 가려 뽑아 날수를 헤아려 나누어 주게 하여, 다 죽게 된 우리 백성들이 목숨을 연장할 길을 얻게 하소서."라고 아뢰었다.[34]

9월 10일 비변사에서는 사헌부의 말을 빌어, 가을 추수철이 되어 봄에 방출한 곡식을 지금 일시에 받아들이려고 하고 있으나 도성 안의 힘없는 백성들은 굶주리는 가운데 이를 준비하는 일이 어려울 것이라고 했다. 시장에서는 쌀값이 올라서 백성들은 어찌할 바를 모르고 있으니, 국록을 먹는 관리의 집 외에는 모두 경기의 환곡還穀을 받아들이던 전례대로 반만 쌀로 받고 나머지 반은 은이나 베로 값을 환산하여 받도록 할 것을 건의했다. 또 방출한 곡식을 제때 모두 쌀로 받아들이려고 하는 진휼청의 입장도 이해하지만, 은과 베로 값을 환산하여 대신 받아들이는 문제를 일찍이 임금 앞에서 말씀드린 바가 있으니, 백성의 형편을 살펴서 그들이 원하는 대로 처리하는 것이 마땅하다고 했다.³⁵ 비변사에서 이런 임시방편의 대책을 내놓았으나, 양식이 턱없이 부족하여 굶주림에 허덕이는 백성들에게 별로 도움이 되지 않았다.

전국 곳곳에서 기아와 전염병으로 많은 사람이 죽다 보니, 아이를 몰래 버리거나 길거리에서 그대로 쓰러져 죽는 경우가 부지기수였으나, 쌓여 있는 시신을 수습하는 일도 어려울 지경이었다. 임금은 그저 한탄만 했다. 조정 신료도 어찌할 바를 모르고 임금께서 두렵게 여겨 덕을 닦고 허물을 살펴 분발하여 천심을 돌려서 하늘의 명령을 잇기를 바란다고 할 뿐이었다.³⁶ 지옥과 아귀가 따로 없었다. 경상감사 민시중閔蓍重은 하늘에서 부여받은 인간의 윤리가 완전히 끊겼으니, 실로 작은 걱정이 아니라고 했다.³⁷

대간의 소임에 힘쓰다

녹천공이 예문관 검열에 임명된 1670년 12월 당시 외숙인 김수항³⁸의 관직은 지춘추관사知春秋館事였다. 이에 김수항과 상피相避(인연이나 지연 등의 관계로 공정한 일 처리가 허용되지 않을 때 그 자리에 부임하지 않음) 관계에 있다는 혐의가 있으니, 규례를 살펴 조치하도록 해 줄 것을 상소했다.³⁹ 이 상소 때문인지 관직이 설서, 사서司書에 이어 부호군副護軍을 거쳐, 1672년(현종 13) 여름에는 사간원 정언에 이르게 되었다.⁴⁰ 이에 앞서 같은 해 4월 송준길과 송시열이 허적을 탄핵하는 상소를 올렸고, 이로 인해 허적은 영의정 자리에서 물러났다.⁴¹ 지평 오정창吳挺昌이 송준길과 송시열을 비난하는 상소를 올렸다. 사헌부·사간원 양사兩司가 임금에게 그의 관직을 삭탈하고 도성 밖으로 내쫓을 것을 청했으나, 임금은 윤허하지 않았다. 녹천공도 오정창의 관직을 삭탈하고 도성 밖으로 내보내기를 청하고, 집의執義 이상李翔을 다른 사람으로 갈아치우라는 인사 명령의 환수 등을 청하는 상소를 올렸다.⁴²

본원이 오정창의 잘못을 자세하게 주장한 지 이미 오래인데, 아직도 윤허를 아끼고 계시니, 삼가 성상의 뜻이 어디에 있는지 모르겠습니다. 정창이 기회를 틈타 상소를 올렸는데 말의 뜻이 바르지 않아 터무니없이 속이고 말을 함부로 하여 반복하여 어지럽히는 태도를 가릴 수 없는 점이 있으니, 성상께서도 틀림없이 그 정상을 통촉했을 것입니다. 오늘날 입이 닳도록 다투는 일이 그칠 줄을 모르고 있으니 많은 사람의 의견이 더욱 격렬해지고 있음을 볼 수 있습니다. 유학을 따르는 신하들이 올린 시국을 걱정하고 임금을 사랑하는 글은 대개 숨김이 없는 충심에서 나온 것입니다. 정창은 사사로운 마음에 끌려 반드시 공격하고자 하여, 겉으로 화평한 말로 꾸미고 안으로 엿볼 생각을 품고서 장황하게 억누르고 찬양하는 말을 늘어놓아 스스로 사람들이 알아차릴 수 없게 했습니다. 하지만 자신도 모르는 사이에 그 진짜 형태가 모두 드러나고 말았습니다. 한 구절, 한 글자도 틈을 노리고 기회를 엿보는 마음에서 나오지 않은 바가 없습니다. 대각臺閣(사헌부·사간원)에 있는 몸으로 무엇을 꺼려서 명백히 변론하지 않고 단지 묘당에 물어 시비를 가리라고 말하며 도리어 다른 사람이 분명하게 깨닫지 못한다고 책망한단 말입니까. 공론을 위협하고 가슴속에 품은 생각을 제멋대로 행하여 국시國是를 거꾸로 뒤집고 성상을 현혹한 죄를 통렬히 징계하지 않을 수 없습니다. 지평 오정창의 관직을 삭탈하고 도성 밖으로 내보내소서.

근래 집의 이상을 파직하고 다른 사람으로 교체하라는 명을 도로 거두어 달라는 일로 여러 날 주장했으나, 매번 윤허하지 않는다는 비답批答(상소에 대하여 임금이 내리는 답)을 내려서 오히려 답답하게 여겼습니다. 뜻밖에 성상의 말뜻이 지극히 엄하고 또 준엄하며 실정과 다른 하교를 억지로 내리고 심지어 삭탈하라는 명을 내리기까지 했습니다. 더욱 지극히 놀랍고 당혹스러운 마음을 금할 수 없습니다. 이상은 산림의 선비로서 언관言官의 책임을 맡았다가 마침 특별한 말씀이 있었던 날에 전하께서 처음의 뜻을 계승하지 못함을 개탄하며 망하고 흥하는 기미를 염려했으니, 이것만 보더라도 판가름이 났습니다. 상소를 올려 의견을 나타낸 것은 실로 숨김이 없어야 한다는 정성에서 나온 것입니다. 성상께서는 헤아려 주지 않고 갑자기 진노하시어 당론으로 의심하고, 바쁘다고 배척하며, 인용하여 비유한 바가 중도를 지나치게 벗어났다고 벌을 주기 위한 실마리로 삼기까지 했습니다. 아, 초야에 있는 신하가 말 때문에 죄를 얻는 것은 결코 세상을 다스리는 일이 아니고 임금의 덕에 잘못하는 것이 이보다 큰 것이 없습니다. 신이 이렇게까지 애써 주장하는 것은 이상을 위해서가 아니라 언로가 막히고 사기가 꺾여 끝내 나라가 나라답지 못한 지경에 이른 것 때문입니다. 재삼 숙고

하시어 집의 이상의 관작을 삭탈하라는 명을 환수하소서. 당론에 급급하여 사적인 일을 앞세우고 공적인 일을 뒤로하는 것은 바로 신하의 큰 죄이지만, 어찌 이것을 바른말을 하는 대각의 신하에게 가하여 이처럼 억눌러 버린단 말입니까. 본심을 헤아리지 않고 억지로 나무라고 징계를 가하니 조치가 정당하지 못하여 세상이 놀라고 탄식하고 있습니다. 행대사헌 장선징張善澂, 장령 정재희鄭載禧, 지평 유상운柳尙運을 바꾸라는 명을 도로 거두어들이기를 청합니다.

이후에도 많은 사람이 오정창을 탄핵하는 상소를 올렸으나 임금은 이의 파직을 계속 윤허하지 않았다. 얼마 뒤 오정창이 모친상을 당하여 스스로 관직에서 물러남에 따라 그에 대한 탄핵 상소도 잦아들었다. 이상은 오정창에 대한 탄핵 상소로 현종의 미움을 받아 파직되었으며, 거의 8년이 지난 숙종 대에 김수항의 천거로 조정에 다시 등용되었다. 윤경교尹敬敎는 헌납으로 있을 때 임금에게 올린 쓴소리로 미움을 받아 의령현감으로 좌천되었다. 녹천공을 비롯한 많은 신료가 이러한 외직 발령의 부당함을 상소했다. 이것이 오히려 임금을 더 화나게 했는지 모르겠으나, 임금은 의령현감 발령을 취소하고 윤경교를 갑산으로 유배를 보내라고 명했다. 임금은 다시 유배지로 가고 있는 그를 잡아 와서 심문하라고 했다. 이에 많은 신하가 상소를 올려 명을 거두라고 간청했다. 관직이 지평으로 바뀐 녹천공도 울분이 가득한 심정으로 비장한 글을 올렸다.[43]

윤경교의 관직을 빼앗고 의금부로 잡아다 신문하라는 명을 도로 거두어들이라는 청을 연일 주장했으나 성상께서는 줄곧 들어주시지 않으니, 성상의 뜻이 어디에 있는지 신은 이해하지 못하겠습니다. 경교는 임금에게 쓴소리하는 신하로서 거듭 성상의 위엄을 손상하여 처음에는 외직에 보임했다가 나중에는 유배 보냈다가 마지막에는 관직을 빼앗고 지금 또 잡아다 신문하니, 신은 이후로 다시 어떻게 그 법을 더 적용할 것인지 모르겠습니다. 가령 참으로 그에게 죄가 있어 먼 곳으로 유배 보내는 것도 이미 무거운 형벌인데, 또 어찌 반드시 기한을 정하여 독촉하여 고꾸라지게 한 뒤에야 통쾌하겠습니까. 더구나 유배지에 도착하는 것이 비록 조금 늦기는 하지만 이치와 형세로 헤아려 볼 때 피할 수 없었습니다. 어찌 이 작은 허물을 지적하며, 반드시 깊이 생각한 뒤에야 그만둘 수 있는 일이란 말입니까. 임금이 아랫사람을 대하는 체모는 관대함을 귀하게 여깁니다. 형벌을 쓰는 도리는 반드시 화평해야 하고, 미세한 연유로 문득 심각한 법을 가해서는 안 됩니다. 아, 송나라 인종仁宗은 당개唐介가 길에서 죽을까 염려하여 중사中使(왕의 명령을 전하던 내시)에게 명하여 호송하도록 했습니다. 지금 전하께서는 경교가 길에서 지체했다고 노하시며 나졸까지 아울러 잡아다가 심문했습니다. 어찌 전하의 성덕으로 요량하건대, 쓴소리하는 신하를 대우하는 도리가 도리어 송나라 황제보다 부족하단 말입니까. 신은 삼가 밝은 성상을 위하여 애석하게 여깁니다. 심사숙고해서 전 의령 현감 윤경교의 관직을 빼앗고 다시 잡아다 신문, 조사한 뒤 처리하라는 명을 거두시기 바랍니다.

1672년 9월에는 윤경교 문제로 왕과 왕의 잘못을 고치도록 쓴소리하는 대간臺諫의 관계는 최악으로 치닫고 있었다. 서로 조금도 양보할 수 없는 치킨 게임을 벌이고 있는 듯했다. 녹천공도 단독 혹은 공동으로 윤경교 처벌의 중지를 간청하는 상소를 하루가 멀다 않고 올렸지만, 임금의 입장은 전혀 바뀌지 않았다. 윤경교는 숙종이 즉위하고 나서야 유배지에서 풀려날 수 있었다. 공은 부친의 병이 깊어지던 상황에서 당시 승지로부터 배척을 받게 되자, 임금에 대한 실망까지 겹쳐 거듭 사직을 청하는 글을 올렸다.

부친의 병을 구호할 수 있도록 해직을 청하는 상소

엎드려 아뢰건대 신의 부모가 모두 고질병이 있어 심하게 앓거나 가볍게 앓는 것을 서로 번갈아 하며 쾌차할 기약이 없습니다. 이러한 사정으로 볼 때 실로 직임을 수행할 형편이 못 되므로 감히 번번이 사사로운 심정을 가지고 외람되이 성상을 번거롭게 해 드릴 수 없습니다. 지금 아비의 병이 다시 심해져 심한 가래에 풍기風氣도 있어 정신이 혼미하고 현기증까지 있어 자리에 누워 거의 인사불성이 되어 침과 약을 잡다하게 써서 겨우 위험한 지경을 면했습니다. 하지만 이 증세는 병의 뿌리가 깊어서 열흘이나 보름 사이에 회복될 수 있는 것이 아닙니다. 부득이 죽음을 무릅쓰고 천지 부모와 같은 성상께 간절한 마음을 아룁니다. 삼가 바라건대 자애로운 성상께서는 절박한 심정을 굽어살펴 속히 신이 관직에서 물러나 편히 간호하게 한다면 정말 다행이겠습니다. 신은 지극히 두렵고 간절한 마음 금할 수 없습니다.[44]

승지의 배척을 받았으므로 해직을 청하는 글

신이 어제 해당 승지를 엄하게 추궁하도록 주장하여 윤허를 받았습니다. 방금 관련된 일로 양사의 신하들이 임금에게 할 말이 있어서 모이던 곳에 와서 승지 이지익李之翼 등의 상소 내용을 보았습니다. 전례를 끌어다가 성상께 여쭙고 의논하여 정한 것과 성상께 아뢰고 청한 것이 차이가 있다고 말하기까지 했으니, 신은 삼가 의아하게 여깁니다. 무릇 임금 앞에서 여쭙고 의논하여 정할 일이 있으면, 성상께 올리는 글로 곧바로 청하는 것과 승정원의 주서注書가 여러 후보안을 올리는 대신 하나의 안을 올려 재가를 받는 것이 이미 파격적으로 시행되고 있습니다. 임금 앞에서 여쭈어 정한 것도 한때의 부득이한 일이어서 마침내 하나의 예로 삼아, 마치 대수롭지 않게 성상께 아뢰고 청한 것처럼 했으니 어찌 차이가 없다고 할 수 있겠습니까. (승지 이지익이 상소한 것과 같은) 이 일이 그치지 않는다면 주서의 직임으로 갖추어 올리는 규정이 폐해질 것이니, 어찌 이런 이치가 있겠습니까. 신이 논한 바는 단지 청하는 한 가지 일에 있는데, 승지의 상소는 비난하는 말에 해당합니다. 신이 어떻게 감히 편안한 마음으로 그대로 자리를 차지하고 있을 수 있겠습니까. 신의 직임을 거두라고 명하소서.[45]

송준길과 송시열이 허적을 탄핵하는 상소로 시작된 임금과 조정 신료들 간의 깊은 갈등은 현종 재임 후반부 내내 계속되어 그렇지 않아도 극심한 흉년으로 하루하루 먹고사는 일이 힘들었던 백성들을 더욱 지치게 했다. 1673년(현종 14) 초에 녹천공을 다시 정언에 임명했다. 곧이어 충청도 회덕에 있던 송규렴宋奎濂을 헌납에 임명했다. 하지만 그는 공의 이모부여서 잠시라도 같이 사간원에서 근무할 수 없는 상황이라, 새로운 관직에서 물러나겠다고 간청했다.[46] 임금은 사직을 윤허하지 않았으나 뜻하지 않은 일이 발생하여 잠시 사간원을 떠나게 되었다.

  4월 22일 이원정李元禎을 도승지에 제수했다. 양주목사로 있던 이원정을 한성부 우윤으로 삼은 지 불과 3개월 만에 다시 특별히 도승지에 임명했다. 다음 날 바로 정언 정유악鄭維岳은 이원정을 탄핵했다.[47] 이원정은 홍문관 등의 관직처럼 학식이나 문벌이 높은 사람에게 시키던 벼슬인 소위 청현淸顯에 선발되는 일을 아직 거치지 못했는데, 뜻밖에도 제대로 된 심사 절차를 거치지 않고 중비中批(전형銓衡을 거치지 않고 임금의 특별 지시로 관원을 임명함)로 갑자기 임명했다는 것이 주요 탄핵 사유였다. 탄핵을 받은 이원정은 사직 상소를 올렸으나 임금은 경박한 논쟁에 신경을 쓸 필요가 없다고 했다. 이에 녹천공은 사간원 관리로서 공동 책임을 느끼고 사직 상소를 올렸다.

> **이원정에 대하여 논쟁하는 글의 내용을 고치지도 않고 정지하지도 않아 엄한 하교를 받았으므로 파직을 청하는 글**
>
> 삼가 들으니, 오늘 임금 앞에서 본원에서 이전부터 올린 상소 가운데 이원정의 일에 대해 말을 고치지 않고 즉시 정지하지 않아 주상의 엄한 하교가 있었다고 합니다. 그 자리에서 있었던 이야기의 자세한 내용을 알 수 없으나 신은 놀랍고 부끄러워 몸 둘 바를 모르

겠습니다. 무릇 양사의 공론이라는 것은 가벼이 정지할 수 없는 것이 본래 규례입니다. 말을 만드는 사이에 그 큰 뜻을 관찰하고 고치거나 혹은 고치지 않는 것은 정해진 규례가 없습니다. 이번에 도승지 이원정을 특별히 제수하는 명이 전주銓注(인물을 심사하여 마땅한 벼슬자리에 추천하여 올림) 밖에서 나왔으므로 여론이 놀랍게 여겼습니다. 당초에 임명을 취소하기를 청한 글은 실로 공론을 따랐으니 진실로 한 사람이 갑자기 정지할 수 있는 것이 아닙니다. 또한 쓴 글에 유쾌하지 못한 뜻이 있다는 것을 알 수 있으니 다른 말을 덧붙일 필요가 없어서 전과 같이 연달아 아뢰었으며 또 고치지 않았습니다. 성상께서는 한 글자도 가감하지 않았기에 근거가 없다고 하교했습니다. 신이 이에 실로 그 죄를 피할 수가 없으며 어찌 감히 한순간이라도 얼굴을 들고 그대로 있을 수 있겠습니까. 신을 파직하도록 명하소서.[48]

정세와 병세를 이유로 파직을 청하는 글

신이 비록 보잘것없지만, "임금이 명하여 부르면 탈 것을 기다리지 않는다."는 의리를 대략 알고 있습니다. 지난번 엄한 분부가 내려왔을 무렵 형편이 불안했으나, 신을 부르는 명령이 문에 이르렀으니 감히 달려와 공경히 나아가지 않을 수 없었던 것은 조정에 나아갈 수 있는 형편이어서가 아니라 대개 신하로서 해야 할 도리를 헤아려 그런 것입니다. 다만 임금에게 쓴소리하는 대간의 거취도 구차해서는 안 되는데, 엄한 하교를 재차 받은 뒤에도 오히려 뻔뻔하게 얼굴을 들고 염치없이 나아간다면, 올바른 성품에 손상이 있을 뿐만 아니라 양사에 수치를 끼치지 않겠습니까. 어제는 소명을 받들고는 방황하며 주저하다가 끝내 달려가지 못했습니다. 이렇게 딱하고 위축된 정세를 보인 점은 강제로 낫게 하기 어려운 질병 때문만이 아니었습니다. 신에게 이미 염치없이 나가기 어려운 혐의가 있고 또 신은 책임을 회피하며 태만한 짓을 하는 죄를 범했습니다. 이로 보나 저로 보나 잠시도 대간의 자리에 편안히 있을 수 없으니, 신을 파직하도록 명하소서.[49]

이번에는 녹천공은 사직을 허락받아 사간원을 떠나게 되었다. 사간원 관직에서 물러나 있는 동안에도 정언, 부사과副司果, 병조좌랑, 교리 등에 임명되었다. 계속 관직을 물리치다가 같은 해 10월 홍문관 수찬에 임명된 뒤 조정에 나갔다.[50] 이전에 헌납에 임명된 송규렴은 병이 깊어 바로 서울로 올라오지 못한 상태에서 8월에 다시 서천군수에 임명되어 임지로 떠났다. 녹천공에 부담이 되던 인척 임용의 문제는 당연히 사라지게 되었다.

녹천공이 홍문관에 처음 나간 날, 임금은 홍문관 관리들을 접견했다. 부교리 윤지선尹趾善은 농사가 경신년庚辛年(1670~1671)과 마찬가지로 좋지 않아서 받지 못한 묵은 환곡에 대하여 이미 3분의 1을 줄이라고 지시했으나 백성들은 이것도 마련할 길이 없으니 돌려받는 기한을 더 늦출 것을 제안했다. 공도 농사가 흉작이고 돌림병이 돌아 백성들의 형편이 더욱 어려우니 환곡을 갚는 기한을 늦출 것을 거듭 주장했다. 식량이 절대적으로 부족한 상황에서 산릉을 조성하는 큰 역사[51]까지 겹쳐서 백성을 구호하는 일이 더욱 어려울까 염려된다고 했다. 또 하늘에서 내리는 재난이 갈수록 심하게 일어나고 있는데도, 임금의 행동이 전과 다르지 않아서 앞으로 일어날 나라의 불행을 말로 표현할 수 없을 정도라고 하며, 더욱 위기의식을 갖고 비상한 각오로 어려운 사태를 헤쳐나가야 한다는 점을 강조했다.

현종이 승하하고 서인 정권에 불안한 조짐이 보이다

1673년 12월 녹천공의 계모 안동김씨의 건강이 몹시 나빠졌다. 계모는 무슨 연유인지는 모르겠으나 경기도 지평에 머물고 있었다. 당시 부친은 금산군수로 임지에 있었다. 생모 안동김씨는 공이 12살 때인 1656년(효종 7) 37세의 젊은 나이에 돌아가셨기에, 평소 어머님에 대한 그리움은 매우 컸다. 계모의 병간호를 위하여 사직 상소를 올리고 부랴부랴 지평으로 내려갔다. 사직하지 말고 모친의 병을 구호한 뒤 속히 올라오라고 했으나, 내려가 있는 기간이 의외로 길어졌다. 이 때문으로 추정되는데, 이듬해 1674년(현종 15) 4월 4일 임금은 녹천공의 관직을 수찬보다 품계가 하나 낮은 부수찬으로 변경했다. 공은 4월 9일 조정에 다시 나왔다. 지평에 가 있는 동안 효종의 정비 인선왕후 장씨仁宣王后張氏(1618~1674)가 2월 24일 경덕궁 회상전에서 승하했다. 같은 해 6월 4일 경기도 여주 영릉寧陵, 효종이 묻힌 곳에 안장했다. 왕실의 여인들은 인선왕후의 극락왕생을 위하여 송도의 화장사華藏寺에서 수륙재水陸齋를 열기 위해 준비하고 있었다. 이 소식을 들은 유생이나 삼사를 비롯한 조정의 신료들이 수륙재의 중지 상소를 올렸다. 녹천공은 부교리 이인환李寅煥과 조근趙根, 수찬 홍만종洪萬鍾과 함께 절에서 재를 베푸는 일을 중지할 것을 청하는 글을 올렸다.[52]

세월이 멈추지 않아 혼령魂靈을 태운 수레가 이미 출발하여 장사를 지내 흙을 덮고 장차 혼령으로 통하는 길이 닫히려 하니, 하늘에 사무치는 슬픔이 어찌 끝이 있겠습니까. 생각건대 우리 성상께서는 효성이 타고나시어 정성과 예의에 유감이 없으니, 모든 신민이 누구인들 흠모하고 기뻐하지 않겠습니까. 하지만 삼가 듣건대 경기도 장단에 사는 선비 정탁鄭鐸의 상소에서 궁궐 내명부에서 불공을 드릴 자금을 갖추어 보내 이달 5일에 자애로운 모후를 위해 절에서 천도재를 연다고 합니다. 내명부에서 과연 이런 일이 있었는지 모르겠습니다. 신들은 갑자기 놀랍고 당혹스러운 마음을 들고 지극히 개탄스러운 마음을 금할 수 없습니다. 불교는 오랑캐들이나 믿는 법으로 윤회輪回 응보應報한다는 말은 오히려 천박하고 비루한 것이며, 복을 구하고 상서로운 것을 기원한다는 말이 허망하게 혹세무민하여 해악이 더욱 심해지니 시원하게 물리쳐야 하는데, 밝으신 성상께서 위에 계시며 또 이러한 일을 믿으십니까. 공자께서는 "예로써 장사 지내고, 예로써 제사 지낸다."고 했습니다. 어버이에게 효도하고 죽은 이를 섬기는 도리는 이렇게 하면 그만인데, 이것을 버리고 다시 무엇을 구하겠습니까. (중략) 지난 선묘조宣廟朝에 여승이 내명부의 명을 받아 금강산에 가서 불공을 올리니 관리가 이를 밝히고 유신들이 상소하자 선조께서 은혜로운 답을 내렸습니다. 인순대비仁順大妃께서 편찮을 때 요사한 무당이 궁궐 안에서 기도하니 삼사가 죄를 다스릴 것을 청하여 선조께서 마침내 허락했습니다. 궁궐 안의 이와 같은 일은 모두 임금이 알 수 있는 바는 아닙니다. 설혹 임금의 명에 따라 나아가서 정情 때문에 예禮를 그르치게 했으나, 전환轉圜(임금이 신하의 간언을 순순히 받아들임)이 이와 같았습니다. 우리 성조聖祖의 성대한 덕이 어찌 오늘날 본받아야 할 것이 아니겠습니까. 군자는 천하 때문에 그 부모에게 검소하게 하지 않는다고 했습니다. 진실로 추모하는 도리에서는 마땅히 해야 할 일이라면 필요한 비용은 논할 바가 아닙니다. 지금 백성이 곤궁하고 재정이 고갈되어 위기가 닥쳐오고 있고, 우러러 살펴보아 근심이 만 가지가 되고 있습니다. 이는 바로 전하께서 근심하고 두려워하면서 단속하고 덕을 쌓는 일에 힘쓰고 쓸데없는 비용을 줄여서 국운이 영원하도록 하늘에 빌어야 하거늘, 도리어 많은 쌀과 베를 허비하고 승도에게 음식을 공급하여, 이처럼 무익한 일로서 원근의 사람들의 이목을 놀라게 하니, 어찌 매우 개탄스러운 일이 아니겠습니까. 삼가 바라건대 성상께서는 밝으신 명령을 속히 내려 산사에서 재를 올리는 일을 빨리 중지해 준다면 이보다 더 다행한 일이 없겠습니다. 처분을 바랍니다.

상소를 읽고 임금은 처음에는 윤허하지 않고 그대로 물리쳤으나, 신료들이 계속해 상소를 올리니 사흘 뒤에 비로소 이를 받아들였다. 수륙재를 올리지 말라는 왕명을 전하러 파발마가 내달렸다.

막상 도착했을 때는 재가 이미 끝난 뒤였다.[53]

6월 29일 녹천공의 관직이 부수찬에서 품계가 2단계 높은 부교리로 변경되었다. 얼마 뒤 소위 2차 예송禮訟으로 조정에는 한바탕 회오리바람이 몰아쳤다. 2월 인선왕후가 승하했을 때 예조에서는 처음에는 시어머니 되는 인조의 계비 장렬왕후 조씨莊烈王后趙氏(1624~1688)의 상복을 1년간 입는 기년복朞年服으로 정했으나, 바로 다시 수정하여 9개월 동안 입는 대공복大功服을 주장했다. 임금은 어머니의 상복을 입는 문제에서 예의를 제대로 갖추지 못한 데 대해 불만이었다. 임금은 혼란을 조장한 예조에 대하여 크게 화를 내며 판서, 참판 등을 교체했다.

국장이 끝난 뒤인 7월에 대구의 유생 도신징都慎徵이 상소를 올려 기년복을 강하게 주장했다.[54] 임금은 속으로는 대공복보다는 기년복을 바라고 있었다. 다시 대신들에게 바로 이 문제를 논의하도록 지시했다. 하지만 영의정 김수흥金壽興 등은 맏아들을 제외한 아들인 중자衆子의 처는 대공으로 해야 한다고 주장함으로써 오히려 임금의 화를 돋웠다. 이에 임금은 대공을 주장하는 것은 효종을 '체이부정'[55]이라고 말하는 것과 다름없으며 이는 사리에 어긋나는 말이라며 대신들을 공격했고, 김수흥을 춘천에 유배 보내는 중도부처中道付處하라고 지시했다.[56] 또 대왕대비 복제를 기년으로 할 것을 명했다. 허적을 영의정으로, 김수흥 동생 김수항을 좌의정으로 삼아 조정을 서인과 남인으로 균형을 맞추고자 노력하며 대왕대비의 복제 문제를 마무리 지었다.[57]

당시 녹천공의 관직은 높지 않아서 대신들이 대왕대비의 복제 문제를 논의할 때 참여할 수가 없었고, 2차 예송의 회오리를 비껴갈 수 있었다. 복제 문제가 어느 정도 마무리되어 갈 무렵 임금에게 백성을 편하게 할 수 있는 정치를 주문했다. 부교리 조근, 부수찬 권유權愈와 같이 일정한 격식을 갖추지 않고 사실만을 간략히 적어 올린 상소문인 차자箚子를 올렸다. 이 글에서 나라 형세가 달걀을 쌓아 올리고 바둑알을 쌓아 올린 것보다 더욱 위태하다고 했다. 그 이유로 수재·한재가 이어지고 있어 백성의 원망은 이미 극에 달했고, 밖으로의 근심도 현재 점점 깊어가고 있음을 지적했다. 하지만 임금은 금방 무너질 것 같은 형세를 눈으로 보면서도, 밤낮으로 두려워하고 일으켜 세우는 데 힘써 이를 만회할 대책은 생각지 않고 하는 일들이 태연하고 느슨하기 평일과 다를 바 없으며, 바른 말을 듣기 싫어하는 것도 여전하다고 하며 각성을 촉구하는 쓴소리를 서슴지 않았다.[58]

국왕의 리더십 부재, 실속 없는 끈질긴 당쟁, 극심한 자연재해가 한꺼번에 나타날 때 백성이 겪는 고통이 얼마나 처참한가를 여실히 보여준 현종 시대는 1674년(현종 15) 8월 18일 임금이 34세를 일기로 창덕궁에서 승하하며 막을 내렸다. 2월 인선왕후의 국상에 이어 반년 만에 또 국상을 치르게 된 나라의 침통한 분위기를 말하듯 이날은 가을답지 않게 흐렸다.

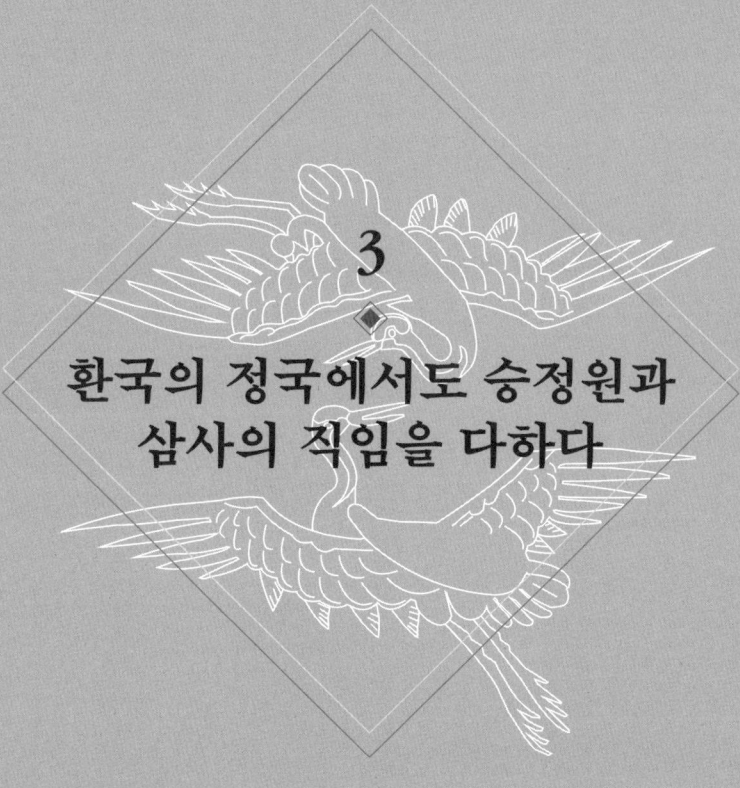

3
환국의 정국에서도 승정원과 삼사의 직임을 다하다

숙종, 조선 제19대 왕으로 즉위하다

1674년 8월 18일 현종이 승하했다. 8월 23일 14세의 왕세자가 창덕궁 인정문에서 조선 제19대 왕으로 즉위하고, 교서를 발표했다.[59]

왕은 말한다. 하늘이 우리 가문에 재앙을 내리어 갑자기 큰 슬픔을 만났으므로, 소자가 그 명령을 새로 받게 되니, 여러 신하의 마음 씀을 힘써 좇아서 이에 진심을 펴게 되나 더욱 기가 꺾이고 마음이 허물어지는 듯하다. 나라의 시조께서 왕통을 전함은 당우唐虞(요순堯舜 임금)와 융성隆盛을 견줄 만했다. 종宗은 덕으로서, 조祖는 공으로서 성현聖賢이 6대 7대나 일어났으며, 문으로 다스리고 무로써 공을 세워 자손에게 억만년을 물려주셨다. (중략) 하지만 종묘·사직의 큰 책임은 실로 뒷사람에게 있다고, 종친·백관들이 같은 말을 하니 많은 사람의 소망을 막기가 어려웠다. 왕대비의 자상한 가르침을 우러러 본받아 성주成周(주공周公이 낙읍洛邑에 제2의 도읍을 정했던 주나라 성왕 시대)의 예전 법도를 따랐다. 이에 올해 8월 23일에 인정문에서 즉위하여 왕비를 높여서 왕대비로 삼고, 빈 김씨를 왕비로 삼는다. 욕의縟儀(상복의 의식과 절차)를 대하매 슬퍼서 부르짖게 되고, 왕위를 주관하매 두려워서 마음이 편안하지 못하다. (중략) 이달 23일 어둑새벽 이전부터 사형에 처할 중범죄가 아닌 가벼운 죄를 범한 자를 모두 용서해 주고, 관직에 있는 사람은 각기 한 자급資級을 올리되 자궁資窮(당하 최고의 품계인 정3품 하계下階, 곧 동반의 통훈대부通訓大夫, 서반의 어모장군禦侮將軍에 해당)한 자는 대가代加(품계에 오를 사람이 자기 대신 아들·사위·동생이나 조카 등이 그 품계를 받게 하는 일) 한다. 아! 공을 도모하여 일을 마쳐서 시종 쇠퇴하지 않기를 원하고, 잘못을 고치고 흠을 씻어버려 자라는 만물에까지 모두 용서되기를 바란다.

9월 2일 임금은 당시 수원에 머물고 있던 송시열에게 선왕 현종의 행적을 기록하여 능에 묻을 능지陵誌를 지어 올리도록 명했다. 송시열은 선왕에게 죄를 지은 몸이라 명을 받들 수 없다고 했다. 그런데 진주의 유생 곽세건郭世楗이 상소를 올려 예법을 무너뜨리고 한 갈래로 이어온 계통을 어지럽힌 죄를 지은 사람에게 지문을 지어 올리게 할 수 없다며 송시열을 통렬하게 비난했다.[60] 사헌부, 승정원, 사간원 등에서 곽세건을 엄히 심문하여 죄 주기를 청했으나, 오히려 곽세건을 두둔하는 듯한 말을 하며 윤허하지 않았다. 이로 인해 곽세건에게 죄 주기를 청한 신료 중 많은 이가 사직 상소를 올렸다.

숙종이 즉위한 지 한 달이 지난 9월 27일 녹천공을 헌납에 임명했다. 11월 2일에는 영중추부사 정치화를 좌의정으로 삼았다. 정치화는 곧바로 전에 곽세건에게 죄주기를 청한 바가 있다며 차자를 올려 사직을 청했다.[61] 이후에도 신병 등을 이유로 여러 번 사직 상소를 올렸다. 녹천공은 임금이 신하에게 내리는 글을 짓는 지제교知製敎로서 임금의 '불윤不允 비답'을 다음과 같이 작성했다.[62]

좌의정 정치화가 세 번째 올린 사직 상소에 대한 불윤 비답

왕은 말하노라. 나라는 장차 위태로워져 어찌할 바를 모르겠다고 했는데, 경은 어찌 멀리 떠나갈 생각을 하는가. 다시는 사직한다고 하지 말라. 깊이 생각하지 않아도 이렇게 거듭 말할 수 있다. 생각건대 경은 기둥이나 주춧돌과 같은 원로로서 나라를 위한 교목세신[63]이다. 재주와 계책을 논하면 영리하고 세련되고 통달했다는 칭찬이 자자했고, 지조를 말하면 곧고 꿋꿋하며 강직하고 바른 것이 내재하여 있었다. 여러 벼슬을 지내며 부지런히 일한 공적에 대해서는 다시 말할 필요가 없다. 우선 위급 존망의 때에 다시 이렇게 간절하게 타이르노라. 소자가 새로 즉위한 것은 마치 개울을 건널 때 나루가 없는 것과 같고, 선왕의 장례가 이제 막 끝나니 슬픔으로 백성을 부리는 것이 이미 극에 달했다. 더욱이 지금은 변방의 근심이 한창 절실하고, 조정이 편안하지 못하다. 비록 군신 상하가 마음을 같이 하더라도 오히려 구제하기 어려울까 두렵다. 좌우의 대신인 보상輔相이 물러가고자 한다면 누구와 더불어 나라를 다스리겠는가. 주나라 성왕 시대에는 소공召公이 돌아가 쉬었다는 말을 듣지 못했으며, 한나라 소열제昭烈帝(촉한의 유비)는 명철했음에도 중책을 맡은 훌륭한 신하의 너른 보필을 받았다. (중략) 아, 몸과 마음을 다 바쳐 나랏일에 힘쓰고, 선대 왕의 은혜를 생각하여 충성스러운 마음을 내어서 잘못을 바로잡아 그대 조상의 공덕을 돈독히 하라. 모쪼록 전에 내린 유지를 따라 속히 상소를 중단하라. 당연히 사직은 윤허할 수 없으므로 이에 교시한다. 잘 알았으리라 생각한다.

이즈음 조정은 계속 곽세건에게 엄하게 죄를 물어야 한다고 주장했다. 송시열의 대의를 따르고자 하는 서인 세력과 반대로 곽세건을 두둔하며 송시열을 중죄인으로 몰아붙이는 남인 세력으로 갈라져 있었다. 하지만 선왕의 능지를 지어 올리라는 명을 끝내 받들지 않은 송시열을 지지한 서인들은 임금의 미움을 받아 서서히 조정을 떠났다. 12월 27일 숙종이 즉위한 뒤 처음으로 경연이 열렸다.[64] 창덕궁 선정전 서쪽의 야대청夜對廳에서 낮 경연이 있었다. 여기서 『논어』를 강론했다. 강론이 끝난 뒤 그 업무를 담당한 정5품 관리인 시독관侍讀官 윤지완이 요즈음 여러 신하가 시비를 말한다고 번번이 처벌하는 것은 잘못이라고 했다. 송시열을 깊이 죄주려는 것은 의례議禮의 시비를 가리고자 하는 것 같으나 그렇지 못하며, 오히려 양사 관리들의 글이 위험의 도를 점점 더해 가고 있어 개탄스럽다고 했다. 임금은 크게 화를 내며 송시열을 두둔하는 윤지완을 해임하라고 명했다. 지사의 보좌역을 맡은 종2품 관리인 동지사同知事 남구만南九萬은 처음으로 열린 경연에서 신하가 말 때문에 배척당한 일에 대하여 몹시 안타까워했다. 당시 경연에 강론과 토론 업무를 담당한 정6품 관리인 검토관檢討官으로 참석한 녹천공은 임금에게 평정심을 유지하라고 간곡하게 아뢰었다.

최근 성상께서 기뻐하고 성내실 때 말씀과 기운을 지나치게 드러내고 행동거지도 중용의 도를 지나친 듯합니다. 지난번 성균관에서 지내는 유생들의 상소에서도 벌을 주어야 할 일이 있으면 그 죄목을 들어서 죄주면 될 것인데, 이에 '어린 임금'이라는 말을 했다고 합니다. 이는 신하로서 차마 들을 바가 아니며, 심지어 유생을 변방 먼 곳으로 유배 보내도록 하고 상소에 같이 서명한 백 명에 가까운 사람들에게 모두 일정 기간 과거를 응시하지 못하도록 하는 정거停擧 명령을 내렸습니다. 이는 실로 일찍이 듣지 못한 바입니다. 마땅히 마음을 평안하게 가지고 조용히 깊이 생각하셔야 합니다.

영의정 허적을 비롯하여 사간 김빈金賓, 장령 남천한南天漢 · 오정창 등이 앞장서서 송시열을 성토했다. 1675년(숙종 1) 1월 송시열은 함경도 덕원으로 귀양을 가게 되었다. 좌의정 정치화, 우의정 김수항, 대사간 홍만용洪萬容, 부제학 김석주[65] 등이 적극 송시열을 구명했으나, 어린 임금의 마음을 돌릴 수가 없었다. 계속 사직 상소를 올렸던 정치화는 2월 11일 사직이 받아들여져 해임되었고, 2년 반이 지난 1677년 9월 세상을 뜨고 말았다. 5월 16일 임금은 이상진李尙眞·민유중閔維重·민정중66·남구만 등과 같은 송시열의 제자들이 시골에 있으면서 왕의 부름에 응하지 않아 매우 한심스러우니, 이들을 중죄로 다스리라고 명했다. 윤 5월 15일 대사헌 윤휴尹鑴, 장령 조사기趙嗣基 등의 요청을 받아들여 송시열의 유배지를 경상도 웅천으로 변경했고, 민정중과 이단하67의 관작을 삭탈하고 성문 밖으로 내쫓았다. 7월 16일에는 좌의정에서 물러난 김수항을 원주로 유배 보냈다. 이로써 조정은 서인이 배제되고 남인 중심에 외척이 가담하는 형국으로 전환되었다.

녹천공은 1675년 1월 7일 정5품 홍문관 교리에 임명되었다. 1월 19일 야대청 경연에서 임금이 전에 공부한 『논어』「자한子罕」편의 '자재천상子在川上(공자께서 냇가에 계시며)'부터 '귀자면야貴自勉也(스스로 힘씀을 귀하게 여기네)'까지 한 번 읽었다. 시독관인 공이, '자왈 후생가외子曰後生可畏(공자가 말씀하시길, 뒤에 태어난 사람은 두려우니)'부터 '격이진지激而進之(격려하여 나아가게 한 것이다)'까지 한 번 읽은 뒤, 임금도 이를 한 번 읽었고 다시 공이 한 번 읽고 해석했다.68

다음 날 경연에서는 '세한연후歲寒然後(날씨가 추워진 뒤에)'부터 '미지사야 부하원지유未之思也 夫何遠之有(진실로 그리워하지도 않으며 어찌 멀리 있다고만 하느냐)'까지 읽고 해석했다.69 이어서 『자치통감강목資治通鑑綱目』 제1권 중에서 '계묘 24년70'부터 '계해 11년71'까지 강의했다. 그리고 임금께 상앙商鞅이 위나라에서는 등용되지 못했지만 진나라에서는 강한 권력을 휘둘렀고, 한신韓信의 재주도 항우에게는 쓰이지 못했지만 한나라는 잘 썼음을 말했다. 또 송나라 신종神宗은 비록 왕안석王安石을 등용했으나 거의 나라를 망하게 할 뻔했으니, 반드시 사리를 밝게 살핀 연후에야 좋은 인재를 얻을 수 있다고 했다. 1월 22일 경연에서는 '입공문국궁여야入公門鞠躬如也(궁궐 문을 들어갈 때는 몸을 숙이고)'부터 '사적유유여야私覿愉愉如也(사적으로 만날 때는 더욱 화락했고)'까지 강의하고, 송시열을 변명하는 유생들의 상소 문제에 대해 말했다.[72]

> 지난번에 흰 무지개가 해를 꿰뚫는 변고에 성상으로부터 자신을 책망하고 의견을 구한다는 하교가 있었습니다. 누구인들 감동하지 않았으며, 어찌 천심을 돌리지 못했을까마는, 그 뒤에도 재앙이 계속 있으니 무슨 일이 있었는지 모르겠습니다. 상하가 모름지기 한 마음으로 정신을 모은 뒤에야 비로소 천심을 감동하게 할 수 있고 또 비상시에 대비할 수 있습니다. 언로는 국가의 존망이 달린 것으로 언로를 여는 방도는 다른 것이 아닙니다. 글 중에 쓸 만한 말은 비록 채용하더라도 쓸 수 없는 것에 대하여 또 그에 따라 죄준다면 의견을 구한다는 뜻이 어디에 있겠습니까. 그 가운데 비록 망령되게 이치에 맞지 않는 말이 있더라도 용납하여 받아들이는 것이 마땅합니다. 그러므로 덕이 높고 지혜가 밝은 임금은 비록 과격한 말이 있더라도 모두 받아들였던 것입니다. 지난번에 상소한 일로 인해 유생들이 벌을 받은 자가 100명에 가깝고 또 유배를 보내기까지 했습니다. 설령 그 말이 성상의 마음에 들지 않더라도 그 기상의 참담함이 이보다 심한 것이 없습니다. 어찌 좋은 분위기를 손상

하지 않겠습니까. 유생의 상소를 두고 송시열의 기세가 지극히 무겁다고 했습니다. 하지만 유생들이 마음으로 송시열이 어진 줄 알아서 이렇게 아뢰어 변명하고 있습니다. 송시열에게 무슨 기세가 있기에 사람을 시켜 이렇게까지 하겠습니까. 이 하교가 온당치 못한 듯합니다.

나라와 백성을 걱정하는 마음에서 임금에게 충심 어린 쓴소리를 서슴지 않았다. 3월 12일 자리를 사간원 헌납으로 옮겼다. 이즈음 인조의 아들 인평대군麟坪大君(1622~1658)의 아들 복창군福昌君 이정李楨과 복평군福平君 이연李㮒 형제가 궁녀와 간통한 사건이 일어나 조정이 발칵 뒤집혔다.[73] 금부에서 복창군, 복평군 형제와 궁녀를 잡아다 심문했으나 모두 죄를 승복하지 않았다. 임금은 이들을 풀어 주라고 명했으나, 현종의 왕비이며 숙종의 어머니인 명성왕후 김씨明聖王后金氏(1642~1683)가 여러 신하 앞에서 사건의 진상을 이야기하고 복창군, 복평군 형제를 엄하게 벌할 것을 요구하여 두 형제를 더는 감싸지 못하게 되었다.[74] 결국 복창군을 전라도 영암, 복평군을 무안으로 유배 보냈다. 사헌부와 사간원에서는 법에 따라 더 엄하게 처단할 것을 간청했다. 당시 공도 이정과 이연은 왕실의 종친으로 선왕으로부터 융숭한 보살핌을 받았으나 스스로 용서받을 수 없는 죄를 범했으나, 마지 못하는 마음으로 형벌을 가볍게 시행하고 있다며 더욱 엄한 처벌의 필요성을 역설했다.[75]

부모님이 별세하여 한동안 조정에 나가지 못하다

　　　　임금은 복창군, 복평군 형제에게 유배 이상의 더 큰 죄를 가할 마음이 없었다. 오히려 여름 가뭄이 오래 계속된 어느 날, 임금이 여러 신하를 만나보는 자리에서 재해를 물리칠 방도를 물었다. 이때 우의정 허목許穆이 복창군, 복평군 형제의 석방을 간청했다.[76] 임금은 흔쾌히 이를 받아들여 두 사람의 석방을 명했다. 이후 헌납으로서의 녹천공 활동에 대한 기록이 한동안 없는 점으로 보아 공은 이즈음 사간원을 떠난 것으로 보인다. 1676년(숙종 2) 6월 23일 이조정랑, 8월 1일 홍문관 부응교에 임명되었다.

8월 18일은 현종이 승하한 지 2년이 되는 기일이었다. 무슨 연유인지는 모르겠으나 궐내 신하들이 추도하는 자리인 곡반哭班에는 참여하지 않고 대신 궐 밖에서 백성들이 곡을 하는 자리에만 참여했다. 사헌부에서는 이를 문제 삼아 공을 탄핵해야 한다는 의견과 그럴 필요까지는 없다는 의견이 있었다. 하지만 결국 사헌부에서는 임금을 보필하는 가까운 신하이면서 궐내의 곡반에는 나오지 않고 단지 문밖 일반 백성들의 자리에만 참석한 이치가 참으로 놀랍다며 공의 파직을 청했고, 임금은 이를 받아들였다.[77] 같은 해 10월 23일 직첩을 돌려받았다. 10월 26일 왕실의 계보를 편집, 기록하고 종친의 잘못을 조사하는 종부시宗簿寺 정正에, 그리고 12월 11일 임금이 타는 수레·말·목축 등에 관한 업무를 보던 사복시司僕寺 정에 임명되었다. 그동안 주로 삼사에서 직무를 맡았던 공에게 종부시정이나 사복시정 같은 관직은 다소 낯설게 느껴졌을 것 같다.

1677년(숙종 3) 1월 녹천공은 당하관의 문신으로서 군직을 가진 사람에게 매월 초하루마다 실시한 활쏘기 시험인 문신삭시사文臣朔試射에 나가지 않아 파직되었다.[78] 참석하지 못한 이유는 계모의 병세가 위중해서였다. 결국 계모 안동김씨는 1월 22일 향년 39세의 이른 나이에 세상을 뜨고 말았다. 향년 37세에 세상을 뜬 생모에 이어 계모도 젊은 나이에 별세하니 공의 애통함은 극에 달했다. 조정에는 나갈 수가 없었으며, 부친이 살아 계셨기에 기년복을 입었다. 이즈음 전자篆字 글씨를 쓰고 매화를 그렸으며, 이를 한 권의 책으로 남겼다.[79]

녹천공의 「매화도」, 『가보家寶』

불행은 계속 이어졌다. 계모의 기복을 벗은 지 4개월 뒤 1678년(숙종 4) 5월 16일 부친께서 향년 57세로 별세했다. 연이어 부모님이 돌아가셔서 큰 슬픔에 빠졌으며, 심신도 많이 지쳤으나 정성을 다해 예법에 따라 장례를 치렀다. 매부 권상하[80]가 제문을 지었다.[81]

빙부 군수 이공李公에게 올린 제문

무오년 8월 10일에 사위 권상하는 삼가 맑은 술과 닭을 갖추어, 빙부 통훈대부 행금산군수 이공의 영전에 재배하고 삼가 전을 드립니다. 아, 소자가 상투를 짜고 공의 집안에 장가들었는데, 지금은 양쪽 귀밑이 하애지고 슬하에는 두 손자를 두었습니다. 깊고 도타운 은덕을 말하자면 목이 멥니다. 아, 저는 하늘의 도움을 받지 못하여 온갖 해독을 두루 겪고 인간에 휩쓸려 살면서 이 몸 외롭기 그지없었는데, 다행히 빙부가 계시어 영광전靈光殿(신령스러운 빛이 비치는 궁궐)처럼 우뚝하므로 백 년이 다하도록 우러러 받드는 것을 운명으로 삼으려고 기대했었으나, 지금은 돌아가셨으니 장차 어디에 의지하겠습니까. 아, 슬프다. 지난해 공이 병석에 누워 계셨으므로 가서 문안을 드리니, 공이 한숨을 쉬며 이르기를 "내가 늙고 병들어서 이별의 회포가 참으로 고통스러운데, 너는 끝내 서울로 돌아올 수 없겠느냐."고 했습니다. (중략) 아, 하늘이여, 지금이 어느 때이기에 탐욕스럽고 어리석은 자는 머리털이 노래지도록 오래 살고, 음험하고 성품이 삐뚤어진 자는 붉은 수레를 타고서 성대히 세상을 진동하여 광휘를 발하고 온갖 복록을 갖춰 누리는데, 착한 사람은 무슨 죄가 있어 하늘이 유독 그를 원수로 여기고, 군자는 무슨 죄가 있어 귀신이 그를 원수로 여긴단 말입니까. 공은 효성스럽고 우애가 깊으며 인자한 행실이 안에 갖추어졌으나 수는 짧았고, 청렴하며 공평하고 충실하며 근면한 성품이 늘 밖으로 드러났으나 지위는 높지 못했습니다. 마침내 덕이 높고 인정이 두터운 사람이 늘그막의 복을 누리지 못하고 적막하게 묻혀 버리는 것으로써 끝을 맺게 되었으니, 이것이 시운입니까, 운명입니까. 누가 그 권한을 맡았단 말입니까. 하늘을 우러러 부르짖어 보아도 하늘은 말이 없습니다. 아, 이제는 그만이니, 만사가 한바탕의 짧은 꿈일 뿐입니다. 시골 전원은 참담하고 궤석几席(방석과 돗자리)은 쓸쓸하기만 합니다. 맑은 한강 아래 봉긋한 곳에 묏자리가 있어, 공이 여기로 돌아가서 영원히 그 빛이 묻힐 것이니 천지는 장구하건만, 이 이별은 아득하기만 합니다. 지극한 슬픔을 글로 쓸 수 없으니 말이 문장을 이루지 못합니다. 가을 산에 피눈물을 뿌리노니, 술 한 잔에 슬픈 정 넘칩니다. 아, 흠향하소서.

경신환국으로 서인이 조정을 다시 장악하다

1680년(숙종 6) 4월 영의정 허적의 서자 허견許堅이 복선군福善君 이남李柟을 왕으로 옹립하려는 역모를 꾀한다는 서인의 고변으로 처형되었다. 허적은 영의정에서 물러나 고향 충주로 내려갔으나 5월 조정에서 내려온 사약을 마시고 죽었다. 복선군과 복창군은 처형되었고, 윤휴 등을 비롯한 남인들도 죽거나 귀양을 갔다. 임금은 귀양 보낸 김수항을 다시 불러들여 영의정에 임명하고, 정지화鄭知和를 좌의정, 남구만을 도승지로 삼는 등 조정의 주요 요직을 남인에서 서인으로 대폭 교체했다.[82] 5월 24일 송시열을 방면했다. 10월 12일에는 송시열을 마주하고 경연 교재, 자연재해를 물리칠 방도, 군신 관계 등에 관하여 대화를 나누었다. 10월 14일에는 송시열이 『태극도설太極圖說』을 강론했다. 이러한 일련의 일들은 서인이 남인을 몰아내고 조정을 완전히 장악했음을 알리는 사건이었다.

7월 18일 녹천공은 음악에 관한 일을 맡아 보던 장악원掌樂院 정에 임명되었다. 이로써 연이은 친상으로 조정을 떠난 지 거의 3년 반 만에 다시 출사했다. 조정에서는 장악원 일을 제대로 보기도 전인 8월 6일 강원도 회양부사淮陽府使에 임명했고, 아직 임지로 떠나지 못하고 경기도 광주 집에 있을 때 다시 홍문관 부응교에 임명했다. 8월 26일 홍문관에서는 임금에게 경연에 들어가는 일이 급하니 빨리 올라오도록 명할 것을 간청했지만, 병이 위중하여 올라갈 수 없으며 사직을 청한다는 상소를 올렸다. 이 상소가 받아들여져 부응교 임명은 없었던 일이 됐다.[83]

9월 1일 녹천공은 평안도 성천부사成川府使에 임명되었다. 부사로 있는 동안 중전 인경왕후 김씨仁敬王后金氏(1661~1680)가 20세에 천연두를 앓다가 회복하지 못하고 경덕궁에서 승하했다. 왕실은 이듬해 1681년 2월 인경왕후를 익릉에 장사지냈다. 곧바로 새 중전을 맞이하는 절차를 총괄하기 위한 가례도감이 설치되었다.[84] 3월에 병조판서 민유중의 딸이 새 중전으로 간택되었으며, 5월에 숙종은 새 중전 인현왕후 민씨仁顯王后閔氏(1667~1701)를 맞이했다. 공은 가

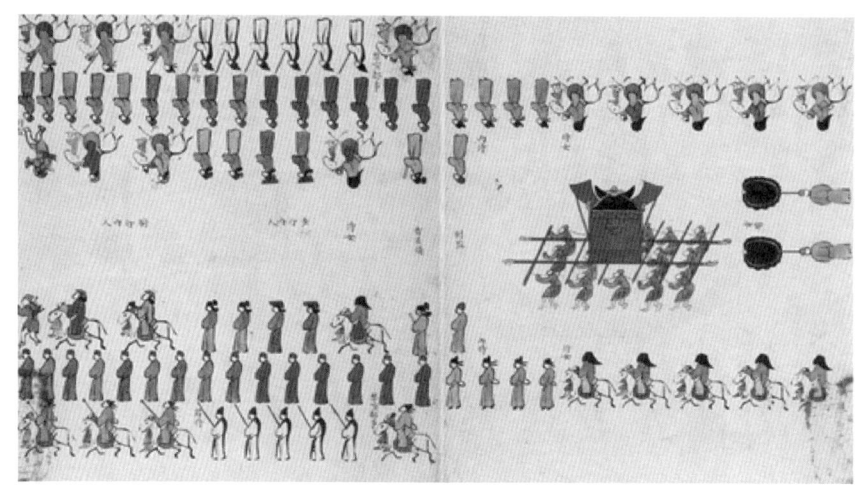

『숙종인현후가례도감도청의궤』에 있는 「친영반차도親迎班次圖」 일부 - 인현왕후가 타고 있는 가마가 보인다. ⓒ 규장각 한국학연구원(奎13084)

례도감 실무를 총괄하는 도청都廳에 임명되어 약 7개월 동안의 짧은 성천부사 생활을 접고 서울로 돌아오게 되었다. 가례도감 도청 업무를 보는 동안 다시 부응교에 임명되었다.[85]

4월 28일 임금은 창경궁에 머물렀다. 녹천공은 성수침成守琛에게 시호를 내려줄 것을 간청했다.[86] 성수침은 문간공文簡公 성혼成渾의 부친이고 문정공文正公 조광조趙光祖의 제자다. 성수침이 벼슬을 버리고 세상을 등지고 살며 조정에 나가지 않았는데, 인품과 덕행이 높아 당대의 선비들이 우러르고 따랐으며, 죽은 뒤에는 명종이 특별히 판서를 추증했으나, 시호를 내리지 않았기에 사림에서 이를 흠으로 여기고 있다고 했다. 이처럼 도덕이 탁월한 사람에게 조정에서 특별히 시호를 내려주어 사림을 크게 고무시키는 것이 마땅하다고 했다. 영의정 김수항과 좌의정 민정중도 적극 동조했다. 임금이 윤허했다. 이러한 논의가 있은 지 2년이 더 지난 1683년 6월 24일 성수침에게 문정文貞이라는 시호를 내렸다.

1681년(숙종 7) 5월 14일 숙종과 인현왕후의 혼례가 이루어짐을 기념하여 임금이 내리는 글이 반포되고 대사면이 이루어졌다. 5월 18일 가례가 거행되고 그동안 가례도감 일을 맡아 수고한 신료들에게 상이 내려졌다. 녹천공에게는 품계를 올려주는 '가자加資'가 내려졌다. 『숙종인현후가례도감도청의궤肅宗仁顯后嘉禮都監都廳儀軌』 (1681년) 끝부분에 관계자들이 수결을 한 서압署押을 보면 공의 품계는 종3품 중훈대부中訓大夫였다. 종3품 중직대부中直大夫와 정3품 당하관 통훈대부를 뛰어넘어 무려 3단계 더 높아진 정3품 당상관 통정대부通政大夫로 올랐던 것 같다.

다음날 몇몇 신료들이 임금에게 준직[87]을 거치지 않았다는 이유로 '가자'를 환수할 것을 간청했다.[88] 비록 준직을 거치지 않았더라도 특별히 당상에 올리는 것은 근래에도 사례가 있으니 번거롭게 하지 말라며 신료들의 의견을 물리쳤다. 부응교로서 홍문관에 더 머물다가 7월 4일 동부승지[89]로 발탁되었다. 보통은 후손이 조상의 시호를 요청할 때 조상의 행적을 자세히 기록한 글인 시장諡狀을 올리는데, 송준길에 대해서는 이를 기다리지 말고 시호를 내릴 것을 간청했다.[90] 우의정 이상진의 사직 상소에 대한 '불윤 비답'을 작성했다.[91]

우의정 이상진이 두 번째 올린 사직소에 대한 불윤 비답
왕은 말하노라. 평안하고 위태로움이 보상에게 달려 있으니 진실

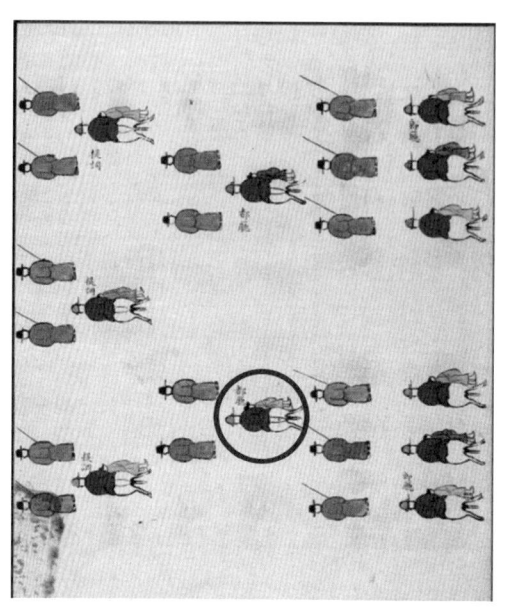

『숙종인현후가례도감도청의궤』에 있는 「친영반차도」 일부 - 원 안의 도청이 녹천공이다.

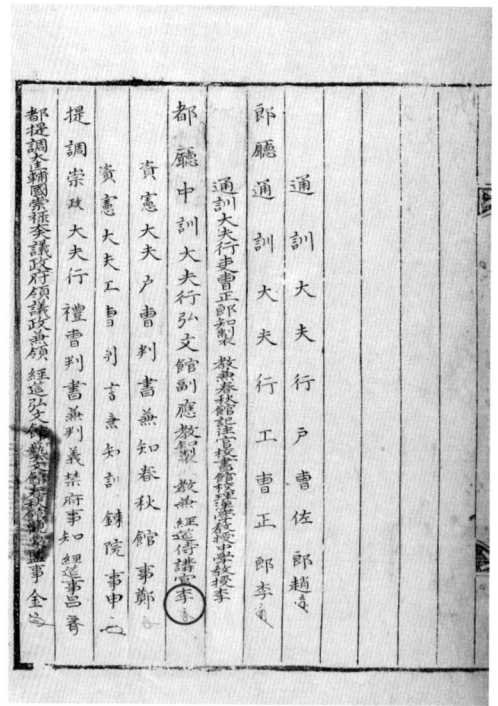

『숙종인현후가례도감도청의궤』에 있는 도감 관계자 품계, 관직과 서압. 원 안에 녹천공의 수결手決이 보인다.

로 의지하고 믿는 정성이 간절하고, 예로부터 내려오는 법들은 노련하고 익숙한 사람에게 있으니 진퇴의 도리를 살피어야 한다. 이전의 뜻을 헤아려 본다면 다시 어찌 이렇게 상소를 올리겠는가. 나라에 근심거리가 많은 것을 살펴보건대, 어찌 정승 자리가 잠시라도 비게 되는 것을 용납할 수 있겠는가. (중략) 더구나 천재지변이 몰려들어 가뭄과 장마가 계속 이어졌다. 앞일을 생각하면 거의 경신년(1670~1671)보다 심하지 않을까 마음속으로 근심을 품고 있으니, 어찌 감히 을병년(1675~1676)보다 편안할 수 있겠는가. 지금의 계책으로는 모름지기 어진 이를 얻어 함께 구제해야 한다. 당연히 이럴 때 경에게 바라는 바가 더욱 깊어진다. 생각건대, 경은 네 조정의 오랜 신하로 나의 훌륭한 보필이 되었다. 당나라 육지陸贄처럼 임금께 아뢰는 바가 간절하고 나라를 사랑하고 충성스러운 마음이 떳떳한 본성에 근본을 두었으며, 송나라 문언박文彦博처럼 그릇과 도량이 엄하여 조정과 백성이 이를 의지하고 중히 여겼다. 지금 힘을 합하고 도와야 하는 책임을 맡겨야 하는데 어찌 갑자기 사양하여 사직한다고 말하는가. 나이가 많으나 정력이 아직 왕성한 것은 참으로 기쁘며, 하늘과 땅의 신령님들이 도우니 어찌 영위榮衛(몸을 보양하는 혈기)가 조금 잘못될까 걱정하겠는가. (중략) 대개 옛사람은 벼슬에 나아가고 물러나는 것이 오직 의로움에 따랐는데, 하물며 오늘날에는 거취를 가벼이 할 수 있다는 말인가. 아, 도덕을 논하고 나라를 경영하는 것은 오로지 간절하게 충심이 가득한 말을 하는 데에 달려 있다. 부축하여 궁전에 오를 때 어찌 걸음을 재촉하는 어려움을 꺼리겠는가. 멀리 떠나려는 마음을 속히 돌려 나의 지극한 뜻에 부응하도록 힘쓰도록 하라. 사직은 당연히 윤허할 수 없다. 이에 교시하니 잘 알았으리라 생각한다.

우의정 이상진은 뜻을 굽히지 않았다. 관리가 집으로 녹봉을 싣고 갔으나 사양하고 받지 않았다. 이에 임금은 녹천공을 우의정 집으로 보내 사직하지 말고 조정에 다시 나오라는 명을 전하게 했다. 하지만 이상진은 현재의 병세로는 소생할 가망이 전혀 없을 듯하여 오직 직임을 떠나고 눈을 감을 생각에 어쩔 수 없이 사직을 고하고 애처롭게 호소했으나, 윤허를 받지 못했으니 황공하여 몸 둘 바를 모르겠다고 했다. 만약 잠깐이라도 스스로 힘을 낼 수 있는 형편이라면 어찌 차마 줄곧 병을 말하여 책임을 회피하고 태만한 죄를 자초하겠느냐며 조정에 다시 나갈 수 없음을 완곡하게 말했다.[92]

이상진이 사직을 고집한 이유는 병 때문이기도 하지만 다른 사연도 있었다. 1680년(숙종 6) 경신환국이 있고 난 뒤, 이 환국에 공이 많은 김석주를 비롯한 몇 명을 보사공신保社功臣으로 선정했다.[93] 몇 달이 지나 김석주가 공신을 추가할 것을 주장하고 임금이 이를 허락하여 김익훈金益勳 등이 공신으로 추가 선정되었다. 당시 영의정 김수항과 이조판서 김석주가 추가 대상자를 심의했다.[94] 이상진은 공신 추가를 반대하여 이 심의에 참여하지 않았으며, 자신의 사직을 허락해 줄 것을 청했다. 1681년(숙종 7) 7월과 8월에도 이상진은 20번 넘게 사직 상소를 올렸으나 번번이 불윤 비답을 내렸다. 결국 이상진은 명을 받들어 조정에 다시 나오게 되었다. 조정에 다시 나온 날 임금은 이상진에게 병이 거의 몇 달에 이르러 염려가 많았으며, 다시 보게 되니 참으로 기쁘고 다행스럽다며 이제는 완전히 회복되었는가를 물었다. 이상진은 불행히도 죽을병에 걸려 거의 위태로운 지경에 이르렀으나 임금의 은혜를 입어 살길을 얻게 되었다고 했다. 몸이 극도로 쇠약해져 도저히 수습하기 어려울 지경이지만, 임금의 간절한 마음 때문에 용안을 뵙고자 억지로 일어나 움직여 어렵게 나왔다고 했다.[95]

승지에 임명되고 경연 참찬관으로도 활동하다

경신환국 이후 숙종은 신료들의 절대적 지지를 받아 왕실 추숭追崇(묘호를 받지 못한 왕에게 묘호를 올림)과 옛 충신의 복권을 추진했다. 이러한 일들은 임진왜란과 병자호란으로 크게 훼손된 왕실의 권위를 높이고 왕의 정치적 위상을 강화하는 계기가 되었다.[96] 여기에 맨 처음 불을 지핀 사람은 강화유수江華留守 이선[97] 공이었다. 완남부원군 이후원 공의 아들로 녹천공 조부의 사촌 동생이므로 재종조부再從祖父가 된다. 그는 1680년(숙종 6) 12월 상소를 올려 김종서, 성삼문 등이 억울하게 죽었음을 주장했다.[98]

우리 세조대왕께서 천명을 받을 당시 황보인 · 김종서 같은 신하는 일찍 스스로 복종하지 못했고, 성삼문 · 박팽년 같은 신하는 망령되게 옛날 나라의 큰선비를 본받으려고 하다가 그 자신들이 극형을 면하지 못하고 아직도 죄인의 명단에 실려 있습니다. 저 신하들이 어찌 옛 임금에게 천명이 이미 끊어졌고, 참다운 분에게 하늘의 이치가 이미 돌아간 것을 몰랐겠습니까. 하지만 끝내 본래의 뜻을 지키다가 죽으면서도 후회하지 않았던 것은 신하는 각각 그 임금을 위한 것으로서 군신의 큰 의리를 스스로 허물어버릴 수 없다고 여긴 데에 지나지 않습니다. (중략) 세조께서 병환 중일 때 예종이 동궁으로 있으며 모든 사무를 결정하며 맨 먼저 1453년(단종 즉위년)과 1456년(세조 2)에 죄를 입었던 여러 신하를 모두 석방하라고 명했는데, 연좌된 사람이 무릇 200여 명이었습니다. 그러니 용서해 주는 은전이 이미 세조가 계실 때 시행되었던 것입니다. 생각건대 선왕조 때의 유신 송준길이 성삼문 등의 일을 말씀드리니 선왕께서 극히 감탄하며 말씀하기를, '성삼문은 곧 명나라 방효유方孝孺와 같다.'고 했습니다. 거기에서도 더욱 역대 여러 임금께서 김종서 등을 죄인으로 대하지 않았음을 알 수 있습니다. 삼가 선조의 남긴 뜻을 받들어 여러 신하의 죄명을 씻어주는 것은 성상께서 그 뜻을 계승하는 데에 있지 않겠습니까.

이후 이선 공의 주장에 동조하는 논의가 계속 있었다. 결국 11년 뒤에 성삼문, 박팽년 등을 포함한 사육신 6명의 벼슬을 돌려주었다.[99] 황보인과 김종서에 대해서는 40여 년이 지난 1719년(숙종 45) 그 후손을 임용하여 억울함을 위로하도록 했으며,[100] 1746년(영조 22) 관작이 회복되었다.[101] 1681년(숙종 7) 7월 임금은 낮 경연에서 노산군魯山君을 노산대군으로 부르도록 명했다.[102]

1681년 5월 18일『선원계보璿源系譜』교정청校正廳에서 조선의 두 번째 임금인 공정대왕恭靖大王의 묘호가 빠져 있음을 아뢰었다. 7월 23일 조정의 역대 임금에게는 모두 묘호가 있는데 유독 공정대왕만이 빠져 있으니 매우 미안한 일이라고 했다. 7월 27일 선정전에서 열린 경연에서 왕에게 경서를 강론하는 참찬관參贊官으로 참석한 녹천공은 경연이 끝난 뒤 공정대왕에 대한 묘호 문제를 빨리 의논하도록 할 것을 간청했다.[103]

> 지난번 경연에서 신하가 아뢴 바대로, 해당 부서에 공정대왕의 묘호를 대신과 의논하여 주상께 여쭈어 처리하게 하라는 명이 있었습니다. 이는 여러 조정의 흠이 되는 일이었는데, 늦었지만 이제 지금이라도 거행한다면 어찌 크고 훌륭한 덕이 아니겠습니까. 다만 생각건대 묘호를 의논하는 일은 그 성격이 막중하여 왕자가 죽었을 때 나중에 대군으로 올리는 일과 같지 않습니다. 한 신하의 말 때문에 규례대로 대신과 의논하는 것으로 그치게 해서는 안 되고, 공경公卿(삼정승과 육조 판서·좌참찬·우참찬·한성판윤의 아홉 대신)이 한 자리에 모여 의논해야 할 듯합니다.

녹천공의 말이 옳다며 승정원에서 별다른 일이 없는 날에 여러 대신과 육조 판서, 삼사의 장관 등을 모두 불러 같이 의논하라고 했다. 명에 따라 영의정 김수항, 우의정 이상진, 행판중추부사 김수흥과 정지화, 2품 이상의 홍문관과 예문관의 당상인 관각당상館閣堂上이 모여서 협의하고, 공정대왕의 묘호를 '정종定宗'으로 결정했다.[104]

8월 16일 월식이 있었다. 8월 20일 녹천공은 개성부에서 올린 월식 기록에 문제가 있다고 했다.[105] 처음 달이 일그러지는 모양은 심하고, 다시 둥그렇게 돌아오는 과정이 분명하지 않으며 월식 전체를 그린 것이 한양에서 올린 내용과 같지 않아 이를 이상하게 여겼다. 그런데 경기감사는 모든 고을에서 달이 크게 일그러진 일이 없었다고 보고했다. 공은 개성에서 보고한 내용은 주의를 기울여 월식 과정을 관측한 것이 아니라, 어림짐작으로 추산한 것에 지나지 않다고 판단했다. 이것은 담당자가 열심히 관측하지 않아서 발생한 문제이기도 하지만, 조정에 보고하는 중요한 내용을 자세히 살피지 못한 개성유수에게도 잘못이 있다고 했다. 월식 현상에 대한 기록을 꼼꼼하게 살펴 그 잘못을 지적한 예리한 관찰력에 대하여 감탄하지 않을 수 없다. 농사를 중시하는 조선 시대에 일식이나 월식은 중요한 사건이었다. 옛날 세종대왕도 신하들에게 전심전력하여 천문을 계산해야 그 오묘한 이치를 구할 수 있다고 했다. 서운관에서 일식·월식의 시각과 해나 달이 일그러지고 회복되는 휴복虧復의 진행 과정을 모두 기록하고 바치게 하여 뒷날 고찰에 대비토록 하라고 명한 적이 있었다.[106]

서울과 지방 관아에서는 월식 현상에 대한 관련 보고를 승정원에 올렸다. 승지로서는 이 부분을 엄밀하게 살피는 것이 당연한 직무였다. 공홍도公洪道(충청도) 감사가 올린 월식 관련 서류에서도 월식 과정을 그린 내용이 개성부에서 올린 것과 거의 같았다. 녹천공은 공홍도의 감사가 올린 보고 내용이 비록 개성에서 올린 바와 똑같다고는 하나, 달이 일그러지고 회복되는 절차를 기록하지 않았기에, 월식이 과연 어느 시각에 있었는지를 알 수 없다고 했다. 그렇지만 곧장 거짓이라고 하며 지레 먼저 잘못을 추궁하는 것은 난처하므로, 서류를 잠깐 받아 두고 해당 부처에서 그 시각을 다시 더 조사한 뒤 거짓 보고 여부를 처리하도록 하겠다고 해서 윤허를 받았다.[107] 아쉽게도 다시 조사한 결과에 대한 기록은 없어 개성유수와 공홍감사의 월식 보고 사건의 결말이 어떠했는지를 알 수가 없다. 승지 업무를 계속 보았던 점으로 보아 이들의 보고에 문제가 있었음이 밝혀졌을 것으로 추정된다.

10월 28일 녹천공은 지금의 경기도 이천시 장호원에 해당하는 음죽에 머물고 있던 영중추부사 송시열에게 왕명을 전하고 돌아와 송시열의 병세가 염려스러울 정도라고 아뢰었다.[108] 11월 9일에는 병을 이유로 집에 머물며 사직을 청하고 있는 좌의정 민정중에게 왕명으로 다녀왔다. 민정중은 깊은 병으로 오랫동안 직임을 비웠으나, 뜻밖에 임금께서 가엽게 여기시어 지나치게 융숭한 은혜를 베풀고, 근시를 보내 간곡하게 위로하니 참으로 황공하고 감격스러워 눈물이 흐른다고 했다. 또 아무리 어리석다 하더라도 편안함과 근심을 함께 하고 평탄함과 험준함을 가리지 않는다는 의리를 충분히 알고 있으나, 오직 병에 걸려 폐인이 되었으므로 사직을 청하는 것은 정말로 만부득이한 일이라고 했다.[109]

11월 녹천공의 이종사촌 홍만조[110]의 동생 홍만동洪萬東이 세상을 떠났다. 홍만동은 아직 벼슬을 하지 못한 유생이었다. 우승지 이세익李世翊이 사촌 동생이 죽어 우부승지가 상가에 내려간 지 이미 4일이 지났으니 출사하도록 독촉할 것을 간청했다.[111] 녹천공은 11

월 25일 5월에 있었던 가례와 관련하여 소위 '가례의嘉禮儀 계병契屛 (나라에 경사가 있을 때 도감의 관원들이 일이 끝나고 기념으로 그 일과 관련된 내용을 그려 만든 병풍)' 문제로 다음과 같이 파직을 청했다.[112]

삼가 아룁니다. 신이 이번 여름에 외람되이 가례도감 도청의 직임을 맡았다가 일이 끝난 뒤 옛 규례를 따라 병풍을 만들어 나누어 보냈는데 신도 포함되었습니다. 대개 담당 관청을 설치하여 일을 감독한 뒤 사람들의 성명을 기록하여 그 일의 처음과 끝을 서술하고 후일에 전하고자 한 것은 그 뜻이 진실로 우연한 것이 아니며 그 유래도 오래되었습니다. 다만 그 예산이 달리 나올 곳이 없어 각 부서의 쓰고 남은 것을 거두어 모으고 즉시 대응하여 요량껏 만들도록 했습니다. 이것도 옛날의 사례가 그러하기 때문입니다. 당초에 예산으로 마련한 수량이 본래 지나치게 많지 않았는데, 이른바 쓰고 남은 것이 어찌 수백 금이나 될 만큼 많았겠습니까. 사람들이 진실로 사치한 점이 있다고 의심하겠지만, 역시 전해지는 말들의 지나친 점이 없을 수 없습니다. 삼가 바라건대 밝으신 성상께서는 신이 전에 사치하는 습속을 범한 것을 살피시고, 뒤에 직임을 제대로 수행하지 못한 잘못이 있으니 속히 파직하고, 신의 죄를 다스린다면 매우 다행이겠습니다.

영의정 김수항, 예조판서 여성제呂聖齊, 공조판서 신여철申汝哲, 호조판서 정재숭, 병조판서 이숙李䎘도 같은 문제로 사직을 청하는 상소를 올렸다. 임금은 모두 허락하지 않고 맡은 직임을 잘 살피라고 했다.

　가례도감에서는 숙종과 인현왕후 가례의 병풍을 10개 남짓 만들어서 도감 업무를 맡았던 관리들이 소장하게 되었는데, 현재 그중의 하나라도 남아 있는지는 알려지지 않았다. 1682년(숙종 8) 1월 영의정 김수항이 병이 깊어 조정에 나갈 수 없다며 사직을 청했다. 녹천공은 왕명으로 김수항 집에 들렀다. 김수항은 이제 막 차자를 올려 간절한 심정을 외람되이 폈는데, 뜻밖에 근시가 방문하여 성상의 하교를 내려서 지극히 놀랍고 감격스러운 마음을 금할 수 없다고 했다. 또 분수에 맞는 도리를 전혀 모르는 지경에는 이르지 않았으니, 요즈음 같이 위기가 극도로 심할 때 어찌 감히 나랏일을 염려하지 않고 사직하고 물러날 생각만을 하겠냐고 했다. 김수항은 마지막으로 병이 조금이라도 차도가 있으면 대궐에 나아가 진심을 아뢰겠다고 했다.[113]

　1682년 초 녹천공의 건강도 나빠졌다. 1월 4일 공은 조정에 나가지 못했다. 도승지 김우석金禹錫은 우승지가 신병으로 조리하고 있는데 우부승지도 신병으로 나오지 않아 승정원 인원이 제대로 갖추어지지 않고 있으니 우부승지를 불러서 직임을 살피도록 하는 것이 어떻겠냐고 했다. 임금은 이를 윤허했다. 1월 5일 다시 조정에 나왔으나 며칠 뒤 사직 상소를 올렸다.[114]

　　삼가 신이 외람되게 이열邇列(임금의 자리에서 가까운 관직 혹은 품계)에 나간 지 7개월이 지났습니다. 변변하지 못한 자질로 결코 승지의 직임을 감당할 수 없는데 성상의 은혜에 감격하여 어리석음을 무릅쓰고 명을 받들어 오직 분주히 직무를 수행하는 것을 조금이나마 은혜에 보답하는 바탕으로 삼았습니다. 일전에 대신에게 성상의 말씀을 전하고 밤이 깊도록 일을 처리한 뒤 갑자기 머리가 아프다는 것을 느꼈습니다. 마치 침으로 찌르는 듯하고 고통에 시달려 신음하느라 마음을 안정하지 못하고 움직이려 해도 되지 않았습니다. 병세가 이와 같아 자력으로 직임을 살필 수 없습니다. 일마다 구차하기가 이보다 심한 바가 없으며 공적으로나 사적으로나 낭패스럽고 황공하여 몸 둘 바를 모르겠습니다. 삼가 바라건대 자애로운 성상께서는 불쌍히 굽어살펴 속히 신의 직명을 해촉하여 여러모로 편안하게 해 주신다면 다행이겠습니다.

다시 승지에 임명되고 진휼 정책을 건의하다

임금은 녹천공의 상소에서 절박함을 느꼈는지 바로 우부승지 사직을 허락했다. 보름 정도가 지나 공을 양주목사에 임명했다. 1년 10개월이 지난 1683년(숙종 9) 12월 임금의 모후인 명성왕후 고부사로 지명되어 목사를 그만두고 청나라에 다녀왔다. 1684년 6월 13일 대신과 비국 당상을 인견했을 때 좌의정 민정중은 좌참찬 이단하의 말을 인용하여 공을 진휼청의 당상으로 차출하여 사창의 일을 함께 살펴보도록 할 것을 간청했다.[115] 일찍이 이단하는 공이 행정에 밝고 사창의 일을 자세히 알고 있으므로 백성을 구호하는 일을 같이했으면 좋겠다고 했다. 민정중은 공이 명을 받들고 청나라에 갔다가 이제 돌아왔으니 진휼청 당상 부제조로 임명할 것을 제안한 것이다. 임금은 이를 윤허하여 진휼청 당상에 임명했다. 하지만 6월 18일 청나라에서 돌아온 공은 진휼청 부제조의 직임은 전혀 걸맞지 않아 결코 감당할 도리가 없으니 임명을 철회하여 공적으로나 사적으로나 편안하게 해 줄 것을 간청했다.[116] 임금은 간청을 받아들이지 않았다. 7월 27일 좌부승지에도 임명되어 승정원 업무를 보게 되었다. 기록이 없는 것으로 보아 진휼청 업무에는 거의 관여하지 않은 것 같다.

9월 9일 녹천공은 병으로 직임을 수행하기 어려우니 사직을 허락해 줄 것을 간청하는 상소를 올렸다. 이에 임금은 좌부승지에서 해임했으나, 얼마 뒤 예조참의에 임명했다. 이 무렵 우의정 남구만이 공이 진휼청 업무를 맡아 볼 수 있도록 분부해 줄 것을 간청했다.[117]

> 우의정 남구만 : 내년 진휼 정책을 모름지기 지금부터 헤아려야 합니다. 진휼청 당상 세 사람 중 박신규朴信圭는 본래 맡은 관직의 사무가 번다하여 겨를이 없을 때가 많으며, 이단하는 질병이 많아 힘든 업무를 감당할 수 없고, 이유만이 유일하게 일을 보살필 수 있는데 현재 직무를 수행하지 않고 있습니다. 이러한 까닭으로 사무가 적체되어 있으니 참으로 염려스럽습니다.
> 영의정 김수항 : 이유가 진휼청 당상이 된 것은 이단하의 요청으로 이루어진 것입니다. 이유가 맡은 일은 다만 사창에 관한 일일 뿐이며, 진휼 정책에 대해서는 애당초 관리하라는 명이 없었습니다. 그

의 처지에서는 감히 간여할 수 없었을 것입니다.

남구만 : 당초에 차출한 것이 사창의 일 때문이더라도 기왕 진휼청 당상이 되었으니 어떻게 진휼 정책을 살피지 않을 수 있겠습니까. 진휼에 관한 일을 관리하라고 지금 다시 분부한다면 사양할 도리가 없을 것입니다. 진휼청 당상은 반드시 비국당상을 겸해야 모든 일을 상의할 수 있으니, 이유를 비국당상으로 차출하는 것이 마땅할 듯합니다.

임금 : 이유가 진휼에 관한 일을 관리하라고 다시 분부하여 속히 직무를 수행하게 하는 것이 좋겠다. 이유를 부제조에 임명하라.

영의정과 우의정의 간청을 받아들여 녹천공이 비국당상을 겸하며 진휼청 업무를 보도록 했다. 1684년 10월과 11월 비변사 좌목座目에 공의 이름이 올라오게 되었다. 이의현[118]은 공의 시호를 요청하는 시장에서 정3품 통정대부로서 비변사의 관직을 겸하게 된 것은 정밀하게 잘 골라 뽑은 극선極選이라고 했다.[119] 어찌 된 영문인지는 정확히 모르겠는데, 이해 12월 호조참의에 임명되고 비변사 좌목에서 다시 이름이 빠졌다. 1685년(숙종 11) 2월 다시 승정원 우부승지에 임명되었다. 7월 초 병조참의에 임명됐으나, 곧바로 병조참의와 당시까지 겸직하고 있던 진휼청 당상에 대한 사직 상소를 올렸다.[120]

삼가 아룁니다. 신이 근래에 감기에 걸려 고통으로 신음한 지 오래되었습니다. 억지로 몸을 일으켜 분주히 움직이니 증세가 더욱 심해져 평소 앓던 화병이 이때를 틈타 함께 발병하고, 가슴이 답답하며 머리와 눈이 어지럽고 아파 병석에 누워 있습니다. 이러한 병세로는 회복되기가 쉽지 않을 듯합니다. 신이 겸임하고 있는 진휼청의 직임은 결코 감당할 수 있는 바가 아님을 스스로 알고 있으므로 당초에 간절한 마음으로 호소한 것이 진실로 여러 번이었습니다. 하지만 엄명에 쫓겨 감당하지 못하면서도 한결같이 버티며 입 다물고, 말을 못하고 지금에 이르렀습니다. 늘 부끄럽고 위축된 마음을 품어 용서받을 수가 없는 듯하니 시종 염치를 무릅쓰고 자리를 차지하고 있는 것이 어찌 신의 본뜻이겠습니까. 삼가 바라건대 자애로운 성상께서는 신의 병세와 정세를 살펴 신의 본직과 겸임하고 있는 진휼청의 직임을 속히 해촉하여 공적으로나 사적으로나 편안하게 해 주신다면 매우 다행이겠습니다.

임금은 이 상소에 대하여 바로 사직하지 말고 계속 직무를 수행하라는 비답을 내렸다. 공도 당분간 승지 업무를 더 수행했다. 좌부승지로서 임금에게 지방 수령의 임명과 면직 문제, 굶주린 백성의 구호를 위한 식량과 환상還上(각 고을의 사창에서 백성들에게 꾸어 주었던 곡식을 가을에 이자를 부쳐 받아들이는 일. 환곡이라고도 함)의 문제 등을 건의했다.[121]

근래 수령이 명예를 구하는 습성이 도리어 백성을 가혹하게 하는 정사보다 심하여 오직 삭감해 주고 임시방편인 것만을 일삼아 점차 후일의 폐단을 초래하여 마침내 수습할 수 없는 지경에 이르게 된 것이 많습니다. 이와 같은 부류는 설사 한때 칭송하는 소리를 듣더라도 실은 해만 있고 보탬은 없는 것입니다. 칭찬하는 말을 듣는 자가 번번이 포상의 은전을 입게 되고, 원망을 받으며 공무를 봉행하여 백성이 헐뜯는 경우가 있으면 대부분 낭패를 당하는 근심을 면치 못합니다. 이 때문에 원망을 감당하면서 직분을 다하는 사람은 없고 도를 어기고 명예를 구하는 것이 풍습이 되었습니다. 작년에는 대동세大同稅와 전세田稅를 모두 면제해 주고 환곡을 거두지 못한 것도 탕감하여 더는 시행할 만한 일이 없었고, 올봄에 조정에서 진휼 정책을 다 했으므로 나라에 남은 저축이 없습니다. 지금 걱정하는 바는 오직 나라의 비축이 고갈되었다는 것입니다. 강화도의 군량이 10여만 섬인데 남아 있는 것은 겨우 8만 섬이고, 남한산성과 강화도의 군량이 남은 것이 이처럼 보잘것없으니 장차 어떻게 백성을 진휼하겠습니까. 강화도의 환곡은 민간에 3만여 섬이 흩어져 있습니다. 유수 윤계가 지난가을에 거두어들인 것이 거의 2만여 섬에 이릅니다. 이로써 백성의 원망을 초래하고 일의 낭패가 반드시 여기에서 비롯되지 않았다고 할 수 없습니다.

임금은 녹천공의 말이 모두 절실하다며 이러한 폐단을 고칠 방책을 상소로 적어 올리라고 했다. 앞에서 내주는 수량만큼을 거둘 길이 없어 남은 것이 얼마 되지 않으니 앞으로의 일이 참으로 걱정스럽다고 한탄했다. 얼마 뒤 모든 중앙 관직에서 물러나고, 강양도 감사로 임명되어 임지로 떠나게 되었다.

기사환국으로 조정을 떠나다

1686년(숙종 12) 12월 정언 한성우韓聖佑가 궁인 장씨張氏를 숙원으로 삼은 것을 염려하여 올린 상소에서 임금이 미모 때문에 장씨를 총애하고 새로 봉했으니, 오늘날 백성들의 근심이 이보다 더 큰 것이 없다고 했다.[122] 이에 임금은 장씨를 숙원으로 삼은 일은 옛날에도 비슷한 예가 있으며, 일찍이 그 뜻을 자세하게 설명했는데도 신하들로부터 모욕을 당하는 일까지 발생하고 말았다고 한탄했다. 미모를 좋아하고 총애함 때문이라는 말은 억측이 너무 심하여 진정 개탄할 일이라며 한성우의 해임을 지시했다.

9월에 직임을 마치고 강원도에서 서울로 돌아온 녹천공은 좌승지 홍만종洪萬鍾, 우승지 이언강李彥綱, 동부승지 이사영李思永 등과 함께 정언 한성우 해임의 명령을 거두어 달라고 간청했다. 이들은 상소에서 한성우의 말이 정도에 지나친 것은 있으나, 그 본래의 실정을 살펴보면 나라를 근심하고 임금을 위하는 정성에서 나왔다고 주장했다. 또 예로부터 신하가 비록 망령된 말을 하더라도 임금을 경멸하고 모욕했다는 죄를 씌운 적은 없으며, 신하가 나랏일을 말하다가 해임을 당하면 앞으로 언로가 크게 방해된다고 했다. 이후에도 영의정, 우의정 등이 한성우의 상소를 두둔하는 뜻으로 말했다. 임금도 한 발 뒤로 물러서 한성우를 병조정랑에 임명했다.[123]

1688년(숙종 14) 10월 전라감사에서 물러나 서울로 올라온 녹천공은 사간원 수장인 대사간에 임명되었다. 공은 사직을 허락해 줄 것을 간청했다.[124]

얼마 전 막 남쪽 지방을 떠날 때 갑자기 새로운 관직을 받았으나 스스로 형편없다는 점을 알고 있는데, 사람들이 무엇이라고 하겠습니까. 신이 작년에 기이한 질병을 심하게 앓아 올라오는 길에 몸이 상한 나머지 고통이 더욱 깊어져 사직을 청하는 글을 급히 올린 것은 대개는 여기에서 나왔습니다. 어제 신을 부르는 명령이 내려왔을 때 마침 한창 고통스러운 중에 있어 끝내 공경히 달려가지 못했으며 삼가 어전에서 온당치 못하다는 하교가 있었음을 들었습니다. 신은 지극히 두려운 마음을 금할 수 없습니다. 신이 비록 형편없으나 임금의 명령에 수레를 기다리지 않고 뛰어가야 한다는 의리를 대략 알고 있는데, 또 일찍이 병으로 근래 부름을 어기는 폐단을 저지르고 말았습니다. 다만 질병 때문에 억지로 나아가기 어려워 왕명을 게을리한 죄를 자초했으니 신의 죄가 더욱 큽니다. 신의 직임을 물리도록 명하소서.

임금이 사직을 허락하지 않아 사간원에 나갔다. 대사간 직무를 본 지 얼마 안 되어 소의昭儀 장씨가 훗날 경종景宗(1688~1724)이 되는 왕자를 낳았다. 이 과정에서 궁궐에 회오리바람이 불어닥쳤다. 왕자가 태어난 지 2주 정도 지난 어느 날, 장씨의 어머니가 산모를 돌보기 위하여 입궐했다. 보통 대군 부인인 부부인들이나 타는 옥교屋轎를 타고 들어오다 사헌부의 낮은 벼슬아치인 금리禁吏와 조례125로부터 제지를 당하고 가마를 빼앗겼다. 이를 전해 들은 임금은 전부터 후궁의 출산에 즈음해서는 본가에서 들어와 보는 일이 한두 번이 아니었으며, 이같이 모욕을 준 것은 반드시 관리가 남의 사주를 받은 행위라고 크게 화를 냈다. 특별히 엄한 형벌로 캐물어서 반드시 실정을 알아내라며 사헌부 두 관리의 죄를 다스리게 했다.[126] 두 사람에게는 유배가 결정되었으나 감옥에서 나오자마자 죽었다. 죽은 두 사람의 죄를 조사한 사헌부 관리가 작성한 두 사람의 진술서에 교리 유득일兪得一의 이름이 들어 있었다. 유득일은 이를 변명하는 상소를 올렸다. 이 상소에서 녹천공을 비롯한 대관들이 문제의 잘못을 바로잡고자 힘쓰지 않은 실수를 했다고 주장했다. 공은 다시 사직을 간청했다.[127]

삼가 듣건대 교리 유득일이 상소에서 신이 상투적이고 정성스럽지 못하다고 배척했으니, 어찌 천심을 감격하게 하기를 바랍니까. 신은 이에 부끄러움을 금할 수 없습니다. 삼가 수찬 박태만朴泰萬의 상소를 보니, 이상을 탄핵하지 않았다는 이유로 사헌부·사간원 양사가 입 다물고 있는 것을 비판하고 있습니다. 이상은 종전에 예로 대우하던 신하입니다. 신이 아직 그 일의 앞뒤를 자세히 알지 못했으니, 남의 말만 믿고 가볍게 탄핵할 수 없습니다. 하물며 신의 직임은 전혀 걸맞지 않다는 점을 스스로 알고 반드시 사직하겠다는 것이 신의 본의인데, 아직도 이처럼 그대로 구차하게 자리를 차지하고 있습니다. 근심과 부끄러움이 쌓여 몸 둘 바를 모르겠으니 어느 겨를에 다른 사람의 시비를 논하겠습니까. 이로 보나 저로 보나 결코 잠시도 얼굴을 들고 쓴소리를 하는 자리에 있을 수 없습니다. 신의 직임을 변경하도록 명하소서.

임금은 대사간 사직을 윤허하지 않았다. 12월 7일 병조참의에 임명되었다. 이후 한 달 보름 동안 계속 관직이 새롭게 변경되다가 결국 다시 대사간에 임명되었다.[128] 공을 비롯한 서인에게는 무척이나 혹독했던 기사년(1689년 숙종 15) 새해가 밝아왔다. 1월 15일 임금은 태어난 지 백일이 채 되지 않은 왕자를 마치 왕후가 낳은 맏아들로 인정하는 듯 원자元子로 책봉하고, 소의 장씨를 희빈禧嬪으로 봉했다. 2월 1일 봉조하 송시열이 임금에게 장문의 상소를 올렸다.[129]

임진년의 왜변이 있은 뒤로 성혼이 나라가 위급·존망의 기틀이 숨 한 번 쉴 사이에 결판남을 보고는 중국 장수의 말을 따라 임시방편인 권의權宜로 일을 처리하는 도리를 따르기를 청했다가 크게 선묘宣廟의 책망을 받았습니다. 신의 스승 문원공文元公 김장생도 "변變은 쉽게 처리할 수 없고 권權은 성인이 아니면 쓸 수가 없는데, 성혼은 쉽게 말을 올렸다. 만약 율곡 이이가 맡게 했다면 이런 일은 없었을 것이다."고 했습니다. 이이를 존숭하는 지극한 뜻이요, 성혼을 헐뜯은 말이 아니었으나, 성혼 자손의 문인들은 신의 스승의 말뜻을 알지 못하고 깊이 불평했던 것입니다. 또 신의 스승이 그 자손과 문인들의 말을 깎아 내리고 배척했다고 노하여 갈수록 서로 격동하여, 윤선거尹宣擧에 이르러서는 함부로 신의 스승에게 불손한 말을 했습니다. 이것이 대개 두 문중이 서로 좋지 못하게 된 근원입니다. 신이 일찍이 윤선거가 의리를 잊고 몸을 욕되게 한 것이 애석하다고 말했으므로 그 무리가 절개와 의리의 일을 듣는 걸 싫어하여 그렇게 한 것이 아니었겠습니까. 주자가 말하기를, "건안建安(후한 마지막 황제인 헌제獻帝 때인 196년부터 220년까지 사용된 연호) 이후 중국의 사대부들이 조씨曹氏가 있는 것만 알고 한나라가 있는 것을 몰랐으며, 순숙荀淑은 양씨梁氏가 권세를 부리던 때에 바른말을 했으나, 그의 아들 순상荀爽은 이미 동탁董卓이 전횡을 휘두르는 조정에 빠졌으며, 그의 손자 순욱荀彧에 이르러서는 마침내 당형唐衡의 사위가 되고 조조曹操의 신하가 되었으나 그르게 여길 줄을 몰랐다."고 했습니다. 오늘날 세도가 무너지고 낭패됨이 이 지경에 이르렀습니다. 장차 순욱과 같은 무리가 안팎으로 가득히 퍼져 있어서 조종祖宗·종사宗社가 어느 땅으로 돌아갈지 알지 못하므로, 유식한 선비는 남모르게 근심하고 크게 탄식하지만 구해낼 방법을 알지 못합니다. 바라건대 전하께서 더욱 성학聖學에 힘쓰고 성도聖道를 밝혀 대일통130을 요체로 삼는다면 저 그릇된 말을 퍼뜨리는 자는 자연히 마치 높은 하늘에 떠 있는 해를 보고 사라지는 도깨비와 같을 것입니다. 지난해 11월 초에 지금의 영상 김수흥이 글을 급히 신에게 보내어 알리기를, "후궁에 왕자의 경사가 있다."고 했습니다. 그것은 대개 과거에 늘 같이 근심하던 일이므로 온 백성에게 속히 알리려고 한 것이었습니다. 신이 쇠약하여 정신이 혼몽하고 귀가 어두운 가운데서도 저절로 기쁨에 넘쳐 입이 벌어졌습니다. 오늘날에 이르러 조심해서 듣건대 모든 신하 중에서 원자 책봉이 너무 이르다는 말이 있다고 합니다. 대개 철종은 열 살인데도 번왕藩王의 지위에 있다가 신종이 병이 들자 비로소 책봉하여 태자로 삼았습니다. 이같이 천천히 한 것은 제왕의 큰 조치는 항상 여유 있게 천천히 하는 점을 귀하게 여겨서입니다. 엎드려 바라건대 전하께서는 오늘날 모든 신하의 마음이 기묘년[131] 화의 근거가 되었던 마음과 다르다고 여긴다면 종사에 다행한 일이겠습니다.

송시열은 윤선거의 아들 윤증尹拯이나 외손자 박태보朴泰輔 등은 절개나 의리를 잃었으니, 그들은 해가 뜨면 사라지는 도깨비와 같다고 주장했다. 또 중전의 나이가 아직 어린데 후궁 장씨가 낳은 아들을 바로 원자로 삼은 것은 주도면밀하지 못한 처사라는 점을 강조했다. 이에 임금은 노기를 띠며 송시열을 마땅히 멀리 귀양 보내야 하나 아직은 관직을 빼앗고 성문 밖으로만 내치라고 했다. 선비들의 우두머리로서 나라의 형세가 고단하고 약하여 인심이 물결처럼 험난한 때 감히 송나라의 철종을 끌어대어 오늘날의 원자 책봉을 너무 이르다고 했는데, 이를 그대로 두면 임금에 대해 무시하는 마음을 품는 무장無將의 무리가 장차 연달아 일어날 것이라고 했다. 또 반드시 송시열을 구원하는 자가 있겠지만, 비록 대신이라도 용서하지 않겠다고 했다. 다음날 영의정 김수흥, 도승지 이세백[132] 등을 비롯한 많은 사람이 송시열의 상소와 관련하여 파직되었다. 송시열의 상소에 담긴 뜻이 음흉하고 참혹했는데도, 이를 배척하는 뜻을 보이지 않았다고 사헌부·사간원·홍문관 삼사를 비난하며 먼저 녹천공과 부교리 송상기[133] 등을 파면했다. 목내선睦來善, 김덕원金德遠, 민암 등을 비롯한 남인들이 조정에 대거 등용됨으로써 서인이 몰락하고 남인이 정권을 장악했다. 이를 '기사환국己巳換

局'이라고 한다.

남인이 조정을 장악한 기사환국을 상징하는 가장 큰 사건은 인현왕후의 폐출과 송시열의 죽음이다. 2월 1일 송시열의 상소가 있고 나서 약 4개월 동안 크고 굵직한 사건들이 터지며 기사환국이 절정으로 치달았다. 송시열의 상소가 올라온 바로 다음 날인 2월 2일 영의정에서 파직된 김수홍은 얼마 뒤 경상도 장기長鬐로 유배되었으며, 이듬해 1690년(숙종 16) 10월 그곳에서 죽음을 맞이했다. 2월 4일 송시열에 대한 제주도 유배형이 떨어졌다. 윤 3월 21일에는 전 영의정 김수항을 전라도 진도로 유배 보내고, 다시 윤 3월 28일 사약을 내렸다.

5월 2일에는 평민으로 강등된 인현왕후가 흰 가마를 타고 궁궐에서 나와 사가로 갔다. 5월 6일 희빈 장씨가 왕비에 책봉되었다. 남인 조정의 대신들은 여기에서 그치지 않았다. 신하들이 들고일어나 송시열에게 유배 이상의 벌을 줄 것을 주장하며 임금을 계속 압박했다.[134] 임금은 제주도에 있는 송시열을 다시 국문하기 위하여 서울로 압송하라고 했으나, 곧 마음을 바꾸어 1689년 6월 3일 서울 도착을 며칠 앞두고 전라도 정읍에서 사약을 받게 했다.

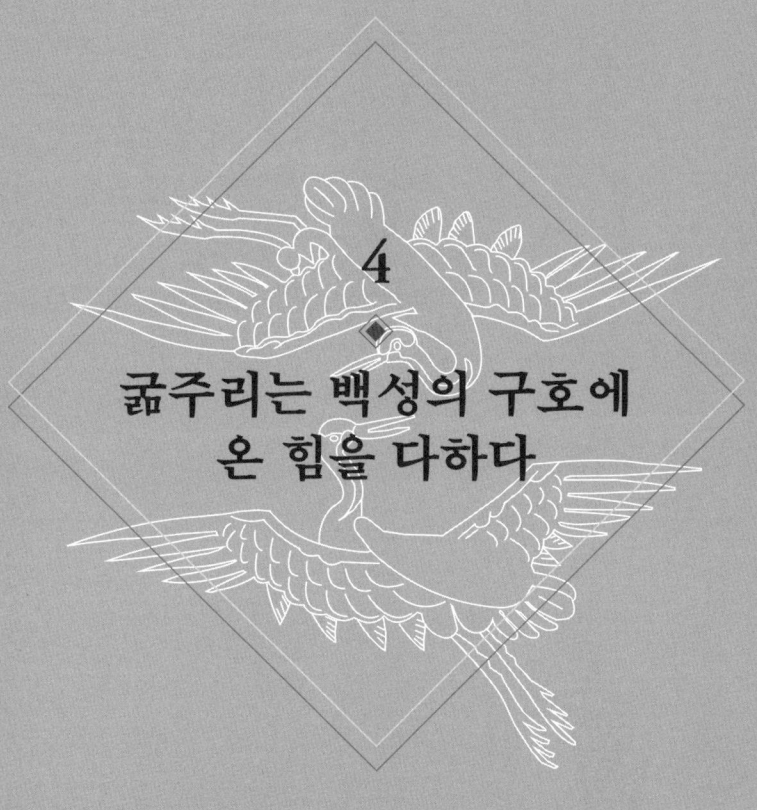

4
굶주리는 백성의 구호에 온 힘을 다하다

양주목사로서 백성 구호에 힘쓰다

　　경신환국으로 서인이 조정을 완전히 장악한 1680년(숙종 6) 당시에는 녹천공 조부의 재취 경주이씨의 연세는 61세였다. 부친은 지방 수령으로 나갈 때도 늘 계모 경주이씨를 모시고 가서 봉양하는 데 소홀함이 없었다. 부친께서 세상을 떠나신 뒤에는 부모님을 대신하여 조모님을 조금이라도 더 잘 모시고자 지방 수령을 원했던 것 같다. 관직이 중앙에 있으면 아무래도 여러 가지 번잡한 일이 많으므로 어른을 잘 봉양하는 것이 어렵다고 생각했던 것 같다.

　9월 1일 서울에서 멀리 떨어진 평안도 성천부사에 임명되었고, 다음 날 바로 임지로 떠났다. 성천부사로 있는 동안 중전 인경왕후 김씨가 승하하고, 이듬해 초 새 중전을 맞이하는 절차를 총괄하기 위한 가례도감이 설치되었다. 가례도감 실무를 총괄하는 도청

양주 관아지에 복원한 양주목 동헌

에 임명되어 약 7개월 동안의 짧은 부사 생활을 접고 다시 서울로 돌아오게 되었다. 가례도감 도청 업무를 보는 동안 부응교에 임명되었으며, 그 뒤 중앙에서 승지 등 여러 관직을 두루 맡아 보다가 1682년(숙종 8) 1월 23일 양주목사에 임명되었다.

　지금의 양주역에서 서쪽으로 10리 정도 떨어진 곳에 홍복산洪福山이 있다. 해발 462m이니 그리 높은 산은 아니지만, 형세가 예사롭지 않아 양주목사로 부임한 지 얼마 안 되어 이 산을 여러 번 둘러보았다. 1682년 9월 영의정 김수항은 임금에게 공한테서 들은 말이라고 하며, 홍복산의 산세가 험준하여 참으로 천혜의 땅이며 그 가운데는 토지가 넓고 비옥하며 냇물이 도도히 흘러 마르지 않고 땅을 파면 물이 안 나는 곳이 없다고 했다. 또 사면의 산줄기가 휘감기며 멀리 뻗어 서울의 주산主山과 서로 가까우니, 만약 성을 쌓아 방어하는 곳으로 만든다면 그 형세가 좋을 것이니 적절한 시기에 성을 쌓아 양주 고을을 옮길 것을 건의했다.[135]

이후에도 홍복산에 성을 쌓는 문제가 조정에서 가끔 논의되었으나 백성의 노역 등이 많이 들어간다는 이유로 결국 실현되지 못했다.[136] 1683년(숙종 9) 2월 3일 양주목사를 겸하는 겸방어사兼防禦使에 임명되었다. 당시에는 경기도 수원, 광주, 파주, 장단, 강원도 철원에 병마방어사를 두었는데 지방 수령이 이를 겸임했기에, 공은 양주에서 가까운 철원 병마방어사를 맡았을 것이다. 이재[137]가 지은 「영의정이공신도비領議政李公神道碑」에서는 공이 양주목사로 있는 동안에 '동창東倉'을 지금의 경기도 구리시 왕숙천인 왕산탄王山灘 주변에 세워 주민들에게 도움을 주었고, 홍제원에 건물을 지어 중국 사신들의 접대를 편리하게 했다고 기록하고 있다.[138]

나라에서는 평시에 곡식을 저장해 두었다가 흉년이 들었을 때 굶주린

양주 관아지에 있는 녹천공 선정비. 앞면에는 '목사이공유애민선정비牧使李公濡愛民善政碑', 뒷면에는 '강희사십년신사시월일립康熙四十年辛巳十月日立'이라고 새겨져 있다. (강희 40년 : 1701년, 숙종 27)

광주 궁말에 설립한 사창 운영 규약을 정리한
『사창의』 표지

사람을 구호하거나 가난한 사람에게 곡식을 대여해주고 나중에 갚도록 하는 의창義倉을 운영했다. '동창'도 의창의 하나였다. 이와 유사하게 민간이 운영하는 구휼 기관 사창이 있었다. 숙종이 즉위한 1674년 9월 녹천공은 부친과 재종조부 이선 공 등과 같이 광평대군의 묘역이 있는 광주 궁말에 사창을 설립하고 그 운영 규약인 『사창의』[139]를 만드는 데 참여했다. 이 경험이 '동창'을 세우고 운영하는 데 큰 도움이 되었을 것이다.

강양도 감사로서 조세 감면을 위해 애쓰다

　　1685년(숙종 11) 7월 19일 녹천공이 경상감사에 임명되었다. 원래 임금은 이전의 경상감사 윤지완의 후임으로 고성군수 조지겸趙持謙을 임명했으나, 조지겸은 거듭 사직 상소를 올렸다. 결국 임금이 그의 사직을 받아들였으며, 조정에서 논의한 끝에 공을 임명했다. 하지만 공과 전임자 윤지완은 인척으로 서로 피해야 할 혐의

우암 송시열이 광주 궁말에 사창을 세운 것을 치하하는 「사창기」를 지었다. 『사창의』 맨 앞에 실려 있다.

가 있다는 신하들의 말이 있어 부임하지 않았다.[140] 결국 이조참판 이규령李奎齡을 경상감사에 임명하고, 공을 강양江襄(강원) 감사에 임명했다. 이에 공은 상소를 올려, 경상감사 임명을 철회하고 곧바로 관동 지방으로 임명했으나 여러 가지로 부족하여 놀랍고 두렵고 부끄러운 마음이 앞서니 결코 소임을 감당할 가망이 없다며 임명을 철회하여 나라의 일을 무겁게 하기를 바란다고 했다.[141] 하지만 임금은 사직하지 말고 속히 직무를 수행하라고 했다. 공은 9월 11일 임지로 떠났다.

1685년 7월에는 가뭄이 들어 기우제를 많이 지냈다. 얼마 후 비가 오기 시작한 뒤로는 너무 많이 내려 다시 기청제祈晴祭를 지내야

4. 굶주리는 백성의 구호에 온 힘을 다하다

할 정도였다. 11월 겨울에는 눈이 너무 내리지 않아 기설제祈雪祭를 지내기도 했다.

1686년(숙종 12)에도 가뭄과 장마가 계속되고 서리와 우박, 눈이 엉뚱한 시기에 찾아오는 등 각종 자연재해가 발생했다. 임금은 왕위에 오른 지 10여 년 사이에 두렵고 놀랄 만한 재변이 이루 다 손꼽을 수 없을 정도로 일어났으며, 더욱이 해마다 팔도가 모두 흉년이 들어서 비축한 식량이 다 떨어져서 구제해 줄 대책이 없다고 한탄했다. 이러한 재앙을 부르게 된 원인은 자신이 재주와 덕이 없어 조정에서 시행하는 바가 하늘에 크게 부합되지 않아서 빚어진 결과이므로 스스로 돌이켜 허물을 반성한다고 했다. 끝으로 승지에게 내려 주는 글을 초안해서 의정부로부터 널리 직언을 구하여 모자라는 점을 바로잡아서 하늘의 꾸지람에 보답하게 하라고 명했다.¹⁴²

강원도도 재해의 피해가 컸다. 녹천공이 감사를 그만두고 서울로 올라온 뒤에 보고한 것을 보면 영서보다는 영동 지방의 피해가 컸으며, 그중에서도 울진의 재해가 가장 심했음을 알 수 있다. 더구나 윤 4월에 울진군 평해의 민가에 불이 나서 114호나 되는 집이 연소하는 재해가 발생했다. 감사 직무 중에서 가장 중요한 것 중의 하나가 아래 관리들에 대한 인사고과다. 그들을 너무 관대하게 평가한 탓에 문제가 되었다. 오죽하면 승정원 승지가 임금에게 강양 감사의 이번 인사고과 중에 '하'를 맞은 변장邊將(변경을 지키는 장수로, 흔히 첨사僉使·만호萬戶·권관權管 등을 말함)이 한 사람도 없는데, 전최殿最(관찰사가 각 고을 수령의 실적을 조사, 중앙에 보고하던 일. 성적을 매길 때 상을 최最, 하를 전殿이라 하여 매년 6월 15일과 12월 15일 두 차례에 걸쳐 시행)를 엄격하고 분명하게 하려는 뜻이 전혀 없으니, 그 허물을 조사하는 것이 어떻겠느냐고 물었다.[143] 이에 대한 답변이 나와 있지 않은 점으로 보아 별다른 문제는 없었던 것 같다. 9월 무사히 소임을 마치고 서울로 돌아왔고, 12월에 다시 승정원 좌부승지에 임명되었다. 공은 강원도 사정을 잘 알고 있어 극심한 재해를 입은 영동 지방의 세금 문제를 임금에게 건의했다.[144]

지금 백성을 구제하는 방도는 오직 백성의 노역을 융통성 있게 처리하고 일부 면제하는 데에 달려 있습니다. 영동의 전세와 대동세는 으레 작포作布(조세를 베로 환산하여 냄) 했는데, 영서에서 곡물이나 혹은 어물을 바꿔 포목을 마련할 때는 노고와 비용이 항상 많습니다. 영서의 목화木花와 생마生麻가 또 부실함을 면치 못하여 마련하기가 모두 어려우니 돈으로 환산하여 대신 낸다면, 이는 국가에서는 손해가 없고 백성들이 입는 혜택은 크기에 신이 일찍이 이러한 뜻으로 글을 올렸습니다. 전세는 유정지공惟正之供(해마다 정상적으로 궁중에 바치던 공물)이라 달리 바꾸기가 어렵고 대동세도 해당 청에서 막고 허락하지 않았습니다. 교대할 때 신임 감사 이희룡李喜龍의 말을 들으니 이 일은 이미 정부에 요청하여 허락을 받아, 그 포를 쌀로 바꾸어 각 고을에 남기고 또 진휼청의 돈을 빌려서 그 대신 갚았다고 하니 참으로 다행입니다. 강양도는 백성의 폐해가 많은데 그 근원은 모두 경계經界를 바르게 하지 않은 데서 나오니 반드시 먼저 토지를 측량한 뒤에야 개혁할 수 있는데, 올해에는 흉년이라 측량하는 일을 또 그만두지 않을 수 없습니다. 신의 생각으로는 갑자년 측량할 때의 문서가 모두 남아 있으니, 각 고을의 수령에게 이 문서로써 편의에 따라 고쳐야 할 것은 고치고 그대로 둘 것은 보존하도록 하며, 낱낱이 책자를 만들어 감영에 보내면 반드시 기한을 정하지 않더라도 오직 조만간에 성취하는 것을 기약할 수 있을 것입니다.

토지를 측량하는 양전量田 문제에 대해서는 영의정과 좌의정도 녹천공의 의견에 동의했으며, 임금도 그리하는 것이 좋겠다고 했다.

전라도 감사로서 공물 진상의 어려움을 겪다

1687년(숙종 13) 1월 황해감사·함경감사·강화유수 등을 지낸 윤계가 전라감사에 임명되었다. 윤계는 강화유수로 있을 때 가혹하게 세금을 거두었다는 탄핵을 받아 부임하지 못했다. 조정에서는 전라감사에 녹천공을 천거했다. 서울에 온 지 4개월도 채 되지 않은 1월 21일 전라도 임지로 떠났다. 감사 재임 중에 박세당[145]으로부터 편지를 받았다.[146]

아이가 돌아와 소식을 전하기에 형편이 평안함을 대략 알았습니다. 또 이렇게 뜻밖에 보내 주신 문안 서찰을 받고 무덥고 흐릿한 근래의 날씨에 영감의 몸이 건승함을 알았으니 위안이 되고 감격스러웠으나, 구차스럽게 지내고 있는 저의 마음을 어찌 형언할 수 있겠습니까. 병들고 비루한 저는 근근이 몸을 보전하고 있는데 어린 손자가 일찍 죽었으니 침통한 마음을 어이 말로 다 하겠습니까. 지난번에 허물을 자신에게 돌리는 영감의 상소를 또한 보았습니다. 남쪽 지방의 기근이 경신년(1680년, 숙종 6)보다 덜하지 않으니, 사실대로 아뢰지 않는다면 책임이 돌아올 것입니다. 생각건대 조정이 어찌 이로써 직임을 크게 실추시켰다고 하겠습니까. 현계賢季는 부지런히 책을 읽어 세월을 허비하는데 이르지는 않았습니까. 바라건대 엄히 단속하여 이루는 바가 있게 해야 어진 부형의 책임을 저버리지 않을 수 있을 것입니다. 그렇게 해 주신다면 매우 다행이겠습니다.

- 정묘년(1687년 숙종 13) 7월 5일

녹천공은 굶주리는 백성을 구호하는 일에 온 힘을 쏟느라 바빴으나, 제대로 구호하지 못한 것이 자신의 탓이라 생각하며 자책했음을 알 수 있다. 나중에는 몸이 많이 상한 공이 상소를 올려, 병이 누적되어 거의 죽어가는 중에 정신이 혼미하여 어떻게 상소를 작성할 길이 없었는데 이제야 비로소 자책하니 더욱 황공하며 속히 파직하고 죄를 물으라고 했다.[147] 임금은 농사가 흉년이 들어 부득이하게 일어난 일이므로 감사의 잘못이 아니며, 몸을 잘 조리하고 직무를 수행하라고 위로했다.

전라도에는 대나무밭이 많아 청대죽靑大竹, 전죽箭竹, 장대죽, 죽순, 죽제품 등을 매년 나라에 공물로 바쳤다.[148] 청대죽은 약재로 사용되는 죽력竹瀝(푸른 대쪽을 불에 구워서 받은 진액津液으로 성질은 차고 독이 없어 열이 몹시 나는 열담熱痰이나 가슴이 답답하고 목이 마르는 번갈煩渴을 고치는 데 쓰임)을 만드는 데 썼으며, 내의원에 납품되었다. 전죽은 무기로 사용되는 화살을 만드는 데 썼으며, 상의원尙衣院에서 활과 화살을 만드는 내궁방內弓房이나 병조에 납품되었다. 장대죽은 야외 천막용이나 군대 깃대용으로 사용되었다. 죽순은 궁중요리나 국가 제사에 썼다. 기타 죽제품으로 빗·자리·상자·부채 등이 있었다. 이들 죽제품은 외교 예물로 중국이나 일본에 제공되기도 했다.

청대죽의 경우 전라도는 매년 300~360개를 진상했다. 진상한 청대죽의 품질이 좋지 않아 간혹 문제가 되기도 했다. 1688년(숙종 14) 1월에 내의원 관원이 전라도와 경상도에서 바치는 청대죽에서 나오는 죽력이 예전과 다르게 매우 적어 근심이 많다고 했다. 이제 막 올라온 청대죽에도 누렇게 말라 죽은 비율이 전보다 더욱 심하니 해당 관리를 모두 파직하고 내막을 자세하게 조사해야 하며, 감사도 제대로 살피지 못한 잘못을 면하기 어려우니, 양남 두 감사의 죄를 추궁할 필요가 있다고 했다.[149] 7월에는 사헌부가 전라도에서 2월에 바친 청대죽이 전보다 더 누렇게 말라 죽었으니, 이를 제대로 살피지 못한 감사의 죄가 곤장 60에 해당하는 돈을 징수하고, 품계를 한 단계 낮추는 것에 해당한다고 보고했다.[150] 이 보고대로 시행되었는지는 알 수 없다. 대나무밭에서 청대죽을 취할 때는 제대로 검사한다고 하더라도, 서울로 가는 도중에 관리를 잘못하여 말라 죽을 수가 있으므로 공으로서는 억울한 면이 없지 않았을 것이다.

1688년 9월 비변사 낭청이 전라감사를 교체한 지 여러 달이 지났는데도 신임 감사가 아직 내려가지 않았다고 하면서, 수일 내에 부임하도록 승정원에서 임금께 아뢰어 달라고 요청했다.[151] 아마도 공은 6월이나 7월 무렵에 전라감사에서 물러난 것 같다. 이 무렵 스승 송시열로부터 편지를 받았다.[152]

계속되는 장마에 개구리가 부엌에서 살고 지내는 것이 적적했는데 뜻밖에 서신이 갑자기 도착하니, 마음이 위로됨을 금할 길 없네. 『명신록名臣錄』은 진작부터 구해 보려던 참이었네. 이것으로 잠이나 쫓을까 했는데, 그중에 세종대왕이 부탁한 말씀을 어긴 신하가 보이므로 자못 보고 싶지 않아졌네. 별지에서 질문한 바는 어찌 남에게 물을 필요가 있는 일이겠는가. 주자가 외손자가 제사를 지내는 것도 오히려 친족이 아닌 제사라 하여 배척했는데, 하물며 처 형제의 아들이겠는가. 대곡大谷 성운成運이 처제의 아들로서 제사를 받들게 했는데, 택당澤堂 이식李植이 가충賈充의 패륜과 같다고 비웃었다가 제성諸成·제윤諸尹과 그 처의 가족들에게 큰 욕을 받았네. 하지만 택당의 논리는 끝내 변동할 수 없는 것일세. 또 자손이 없는 사람을 그 조상의 사당에 부식祔食(자식이 없는 사람의 신주를 조상의 사당에 모시고 제사를 지냄)하는 것에 대하여는 이미 주자가 만들어 놓은 법이 있고, 『가례家禮』는 오로지 종중의 법도를 위주로 했으니, 어찌 이를 어길 수 있겠는가. 보낸 편지에서 인용한 나라의 법전에 아내가 자기의 친족을 길러 자녀로 삼아 제사를 받들게 했다고 한 것은 전혀 의리에 맞지 않고 말도 되지 않네. 무릇

자기의 친족을 아들로 삼아 제사를 받들게 하는 것도 오히려 안 되는데, 하물며 여자 쪽으로 제사를 받들게 한다고 하니, 어찌 이런 일이 있단 말인가. 이는 반드시 문자의 착오일 것이니, 다시 세밀히 상고해 보는 것이 어떤가. 오늘날 주자를 본받을 필요가 없다는 말은 극히 세상의 도리에 해독이 되고 있으니, 바라건대 영감은 이를 본받아 일체 주자의 『가례』를 올바른 법으로 삼는 것이 어떻겠는가.

- 무진년(1688년 숙종 14) 6월 11일

아마도 자손이 없는 사람에 대하여는 제사를 어떻게 받들어야 하는가를 편지로 질의했던 것 같다. 송시열은 답장으로 이 편지를 쓰며 오직 주자의 『가례』를 따라야만 한다는 점을 강조함으로써 주자의 신봉자다운 면모를 보여주고 있었다. 공은 10월 8일 대사간에 제수되었다.

평안도 감사 재임 중 역사적인 대기근이 발생하다

　　남인 세력이 조정을 장악하고 있는 동안에 녹천공은 불행 중 다행으로 옥에 갇혀 국문을 받거나 귀양을 가지는 않았다. 오히려 바쁘고 긴장된 관직 생활을 벗어나 친구를 만나거나 책을 읽으며 모처럼 만에 여유로운 삶을 즐길 수 있기를 바랐을 것이다. 하지만 계속해서 들려오는 스승이나 평소 뜻을 같이했던 동료와 선

후배의 죽음과 유배 소식에 속마음은 무척 쓰라렸을 것이다.¹⁵³ 동시에 두 숙부께서 잇달아 세상을 뜨는 안타까운 상황에 마음 편하게 지낼 수 없는 형편이었다.¹⁵⁴

　영원할 것 같았던 남인 정권은 5년이 지날 무렵 무너지고 말았다. 1689년(숙종 15) 5월에 폐출되어 사가로 쫓겨난 인현왕후가 갑술년(1694, 숙종 20) 4월 복위되어 다시 궁으로 들어왔다. 이전에 김춘택金春澤, 한중혁韓重爀 등이 폐비의 복위 운동을 벌이고 있었는데 남인의 민암, 이의징李義徵 등은 이들을 옥에 가두고 국문하여 역모로 다스리고자 했다. 임금은 민암, 이의징 등이 임금을 우롱하며 대신들을 함부로 죽이니 통탄한다고 했다. 이들의 관작을 삭탈하여 도성 밖으로 쫓아내고, 특히 민암 등을 먼 섬으로 유배 보내라고 했다.¹⁵⁵ 영의정 권대운權大運, 좌의정 목내선, 영중추부사 김덕원, 대사헌 이봉징李鳳徵 등의 관작을 삭탈하여 성 밖으로 내보내고, 우의정 민암, 지의금부사知義禁府使 이의징 등을 먼 섬으로 유배 보냈다. 삼정승으로 남구만, 박세채, 윤지완이 임명되고 조정은 다시 서인들로 채워졌다. 이를 '갑술환국甲戌換局'이라 부른다. 이 여파로 당시 평안감사 이만원李萬元에게도 유배의 명이 떨어졌다. 조정에서는 후임 감사를 추천하는 글을 올렸으며,¹⁵⁶ 최종적으로 녹천공이 발탁되었다. 다음날 감사 임명 철회를 간청하는 상소를 올렸으나, 임금은 윤허하지 않았다.

　5월 13일 녹천공은 임지로 떠나기 전에 임금과 훼손된 평양성을 수축하는 문제, 기근으로 굶주리는 백성을 구호하는 문제 등에 대해 긴 대화를 나누었다.¹⁵⁷

평안감사平安監司 천薦

판돈녕부사判敦寧府事 신여철申汝哲 : **이유** · 엄즙嚴緝

행이조판서 유상운柳尙運 : 정중휘鄭重徽 · **이유**

병조판서 서문중徐文重 : **이유** · 윤이도尹以道

예조판서 윤지선尹趾善 : 민진주閔鎭周 · **이유** · 송광연宋光淵

호조판서 이세화李世華 : **이유** · 윤이도

형조판서 박태상朴泰尙 : 송광연 · **이유**

한성부 판윤 이세백李世白 : 송광연 · 엄즙

한성부 우윤 임상원任相元 : 엄즙 · 송광연

비망備望 : ○ **이유** · 엄즙 · 민진주

행부호군行副護軍 민취도閔就道, 공조판서 신익상申翼相, 형조참판 이여李畬, 행부호군 민창도閔昌道는 추천하지 않았음.

임금 : 감사의 직임이 어느 곳인들 중요하지 않겠냐마는, 서관西關은 다른 도와는 다른 것이 있다. 경은 모름지기 마음을 다해 직임을 살피라.

녹천공 : 신은 재주와 분수가 재빠르지 못해 전에 여러 번 감사를 맡았으나 성과는 조금도 없었습니다. 하물며 서관처럼 중요한 지역을 또 어떻게 담당할 수 있겠습니까. 하지만 이미 사직과 교체가 불가하므로 감히 마음을 다하여 보답함을 도모하지 않겠습니까마는,

성상의 하교가 이처럼 간곡하니 더욱 황송하고 감격스럽습니다.

임금 : 서북 지방의 인재를 거두어 쓰는 일에 대해 조정에서 번번이 근심하기에 해당 부처에 단단히 타일러 두었다. 경은 모름지기 쓸 만한 사람을 수소문하여 별도로 장계로 보고하라.

녹천공 : 전에 여러 차례 이 하교를 내렸으나 끝내 실효가 없었습니다. 신이 이미 성상의 하교를 직접 받들었으니 장계로 보고하겠습니다. 수용의 여부는 오직 조정의 처분에 달려 있습니다.

임금 : 서북 지역의 군사 관련 업무인 군정軍政은 꺼리는 바가 많아 마음대로 하지 못하고 이미 포기했으며, 성 앞에 만들어 놓는 연못인 성지城池도 전혀 수리하지 못했다. 지금 농사가 크게 흉년이 들었으니 가벼이 의논할 수 없지만, 앞으로의 상황을 천천히 보아 생각해 볼 문제다.

녹천공 : 군정과 성지를 그만둔 것은 과연 성상의 말씀과 같습니다. 신이 갑자년에 사명을 받들고 북경에 갔을 때 그 당시 왜의 서신 안에 있는 말도 흘러들어 와서 "너희 나라는 일본과 관계된 일로 성지를 수리하고 군병을 보충한 일이 있었는가."라는 질문이 있었습니다. 이에 답하기를, "비록 일본과 관계된 일은 아니지만, 실로 나라를 망하게 할 수는 없으니 성을 쌓고 군졸을 모아 놓았습니다."고 했습니다. 지금의 사세로는 전부 다 수축하기 어렵더라도 평양성은 먼저 수리하는 것이 마땅할 듯합니다.

임금 : 끊어진 곳을 갑자기 쌓는 것이 어렵더라도, 이전에 있었던 것마저 버리고 있으니 참으로 한심하다. 지금부터는 형세를 보아 건축하고 점차 복구하도록 하라.

녹천공 : 일시에 모두 거행하기는 어렵지만, 그 완급과 경중을 살펴 형편에 맞게 처리하는 것이 마땅합니다.

임금 : 백성의 편함과 근심은 수령에게 달려 있고 수령을 쓰고 내보내는 일은 감사에게 달려 있다. 경은 모름지기 공명정대하게 사심을 버리라.

녹천공 : 성상의 하교가 이와 같으니 어찌 마음을 다하지 않겠습니까.

임금 : 나에게 물어 정할 일은 없는가.

녹천공 : 신이 소임을 받은 뒤로 연달아 서쪽에서 온 사람을 만나보니, 본도의 기근이 참혹하여 백성들이 현재 흩어져 걸식하고 있다고 합니다. 전 감사 이만원이 비록 이미 처리하여 곡식을 모았지만 지금 남아 있는 것은 얼마 되지 않을 것입니다. 신이 내려간 뒤에 이것으로 나누어 주는 일 외에는 더 다른 대책이 없는데 보리와 밀 농사도 또 흉년을 면치 못한다고 하니, 앞으로 구제할 재원을 어찌해야 할지 몰라 장차 서서 죽음을 지켜봐야 할 형편이니 매우 급박한 일입니다. 진휼청에 저축되어 있는 잡곡이 6만여 섬이라고 들은 듯한데, 만일 쌀과 좁쌀 모두 수만 섬을 이전하여 급속히 배로 운반한다면 거의 구호할 수 있을 것입니다. 이 일이 만약 신이 부임한 뒤에 장계로 보고하여 아뢴다면 왕복하는 사이에 자연히 지체될 것이니, 반드시 때를 놓치는 폐단이 있을 것입니다.

임금 : 서로에 해마다 흉년이 들었으니 백성의 일이 절박함을 상상할 수 있다. 승지가 방금 서쪽에서 돌아왔으니 본 바가 어떠하던가.

이언강 : 신이 민간의 절박한 상황을 상세히 알고 있습니다. 본도는

여러 해 동안 연이어 흉년이 들어 지난해 각 고을의 환곡으로 거둔 수량이 절반 혹은 3분의 1이므로, 봄에 환자를 나누어 줄 때 그 가구의 빈부를 따져서 등급을 나누어 지급했는데, 백성은 많고 곡식은 적어서 5월 이후로는 계속 지급할 수가 없었습니다. 현재 상황이 절박한 경지에 다다랐으니 곡물의 수송문제를 조금도 늦출 수 없습니다. 도에서 오는 보고를 기다리면 시기를 잃을 수 있으므로 진휼청에서 서둘러 참작하여 나누어 지급하게 하고 배로 실어다가 먹이도록 하는 것이 어떻겠습니까.

임금 : 본도의 사정은 사실 절박하다. 정부 부처에서 진휼청에 명을 내려 서둘러 나누어 지급하되 곡물의 수량에 있어서는 해당 관청의 당상과 상의하여 결정하는 것이 좋겠다.

임금은 바로 평안도의 위상과 이에 따른 관찰사 직무의 중요성을 강조하는 교서를 내렸다.[158] 교서에서 공이 단정하고 성실한 자질과 청렴하고 통달한 식견을 갖고 있으므로 관찰사로 발탁했으니 백성들에게 은혜를 베풀어 구호를 급하게 서두르고 수령의 잘잘못을 공정하게 평가할 것을 당부했다.

평안도 관찰사 이유에게 내리는 교서

왕은 말하노라. 재주가 뛰어난 인재가 아니면 복잡한 일을 처리할 수 없고, 지위가 높은 제후에 버금가는 자가 아니면 큰 업적을 이루기에 부족한 것이다. 이에 경에게 여러 번 시험한 효과를 생각하여 나의 다스리는 권한을 나누어 주노라. 돌아보건대 저 서북 지역은 실로 우리나라에서 군사적으로 중요한 곳이다. 좋은 풍속으로 백성을 잘 이끈 기자箕子 8조의 가르침은 여전히 남아 있으며, 단군 천세千歲의 터로서 그 넓이가 광활하다. 변방을 지키는 자물쇠로써 패살浿薩(대동강 패수浿水와 청천강 살수薩水)의 요충지를 차지하고 있다. 세월의 풍습을 노래하는 백성이 진실로 바다와 산 사이 모든 곳으로부터 모이는 번화한 곳이다. 농촉隴蜀(농서隴西와 촉蜀. 넓은 땅)의 화물을 모아 예를 다하여 여러 나라를 응대하며, 연나라 시대와 같이 군사와 말은 정예롭고 튼튼하여 한 지역을 담당하고 있다. 하지만 수십 년 동안 가혹하게 피해를 보아 심하게 피폐해진 바를 한두 마디로 말할 수 없다. 중국 유주幽州와 계주薊州로 가는 길로서 사신의 행차가 줄지어 있다. 저축이 이미 고갈되어 경오년부터 작년 계유년까지는 백성의 요청에 부응할 수가 없었다. 그곳은 험하면서 가장 중요한 요충이다. 군량과 무기가 모두 떨어지고 낡아 응대를 계속하기 어렵고 백성의 노역이 오히려 지나치게 많은데, 지난해에는 가뭄과 장마가 거듭되어 오늘날 신음이 극에 달하지 않았는가.

제나라 백성들이 구렁에 나뒹굴 때 어찌 따뜻하게 보살펴 주는 일을 늦출 수 있었겠는가. 돌아보건대 한나라의 관리가 백성을 잘 이끄는 방안은 실로 백성을 편안히 살게 하는 데 달려 있었다. 모름지기 화평하고 민첩하며 능력이 탁월한 선비를 얻어서 지방을 지키고 백성을 보살피는 공덕을 맡길 수 있는 것이다. 생각건대 경은 단정하고 성실한 자질과 청렴하고 높은 식견으로 젊은 나이에 급제하여 궁궐에 들어와 홍문관에서 일을 봤고, 화려한 관직을 두루 거치며 임금의 바로 앞에 엎드려 백간白簡(상소문)을 올렸다. 잠시 승정원의 일을 맡아 밤낮으로 부지런히 했고, 잠시 고굉股肱(다리와 팔. 임금이 가장 신임하는 중신)의 직임을 맡기면 재능이 크게 드러났다. 동쪽 강원도의 관찰사가 되어서는 맑은 지조를 더욱 지키고 닦았으며, 남쪽 전라도에서는 풍속을 보살피는 치적으로 칭송이 다시금 넘쳐났다. 직임이 없으면 힘쓸 필요가 없다는 것이 바로 어디서나 통하는 지극한 이치다. 근래 집에서 먹을 것이 많아진 지 여러 해가 되었으니, 다행히도 이처럼 계속해서 나아간다면 좋은 것이다. 일이 잘되도록 애쓰고 다스리는 곳을 살펴보면, 어찌 돕고 거두고자 하는 마음이 없겠는가. 관찰사로 발탁하여 몹시 청정하게 하고자 하는 뜻을 펴도록 했다. 안팎으로 가볍고 무거움의 구별이 없지 않으나, 여기에는 형편을 고려한 완급의 차이도 있다. 이에 경에게 평안도 관찰사를 제수하노라. 그리고 2품의 품계를 올려서 한 도를 다스리는 권한을 준다. 나랏일은 그저 급박한 일뿐이나, 오직 그대에게 잘 맞는 직임을 맡기는 것이 어찌 부질없는 일이 되겠는가. 바로 임금의 신임을 얻었으니 경은 무거운 직임을 힘써 받들어 큰 계책을 더욱 펴서 은혜를 먼저 하고 위엄을 뒤로하며, 밝게 하교하고 풍속을 선하게 하라. 수령의 잘되고 잘못된 공적을 살펴서 그들을 쓰고 버리는 것을 반드시 공정하게 하고, 백성들이 뿔뿔이 흩어지는 한탄스러운 일을 불쌍하게 여기며 진휼을 급하게 해야 한다. 그 밖에 물품을 내어 주고 관리하며 금전을 다루는 일은 헤아려서 잘하면 적절할 것이며, 만약 임금에게 여쭈어 허락을 받아야 할 일이 있다 해도 본래 근거로 삼을 수 있는 선례가 있으니, 어찌 번거롭게 아뢸 필요가 있겠는가. 단지 잘 조절할 필요가 있을 뿐이다. 아, 여러 현명한 사람들이 반드시 모이는 때에 올바른 수많은 변화가 더욱 새로워지는 법이다. 소망지蕭望之(중국 한나라 때의 신하)를 풍익馮翊(한나라 때의 지방 관직)으로 물러나게 한 일은 원래 좌천시킨 것이 아니었다. 멀리서도 궁궐에 정성을 다 쏟아 대체로 서쪽에 대한 임금의 걱정을 덜어 주고자 어떠한 상황도 꺼리지 않으면 큰 공을 세워 이름을 길이 전할 수 있으리라. 그러므로 이에 교시하니 잘 알았으리라 생각한다.

평안감사 재직 기간은 이전의 관직에 비하여 긴 편이었다. 감사에 부임한 지 8개월 정도가 지나 1695년(숙종 21) 을해년이 찾아왔다. 이 해에 현종 대의 '경신대기근'에 버금가는 '을병대기근'이 시작되어 많은 백성이 굶주림과 질병으로 희생되었다. 『숙종실록』에 나타난 재해에 관한 일부 기사를 살펴보고자 한다.

○ 여러 도에 모두 서리가 내리는 재해가 있었다. 이날부터 17일에 이르기까지 추위가 찾아와 평시와 달랐다. 〔1695년(숙종 21) 4월 13일〕

○ 경기도 · 충청도 · 평안도 등지에 연달아 밤마다 서리가 내렸다. 평안도의 은산殷山 지방엔 겸하여 바람을 동반한 우박이 있었다. 〔1695년(숙종 21) 4월 23일〕

○ 황해도에 폭우가 내리고 광풍이 불어 나무가 부러지고 가옥이 무너졌으며, 기왓장과 돌이 날렸다. 〔1695년(숙종 21) 6월 26일〕

○ 전국 팔도에 우박이 내리고, 평안도와 황해도에는 황충이 극성을 부리고 진주 지방에는 눈이 내려 두께가 3치[寸]쯤 되었다. 〔1695년(숙종 21) 7월 7일〕

○ 우박이 내렸다. 이 뒤로 각도에서 서리와 우박이 내린 것을 잇달아 보고했다. 〔1696년(숙종 22) 4월 2일〕

○ 경기 광주 등 여덟 고을이 우박으로 인한 피해가 더욱 참혹하므로, 비변사에서 감사의 보고에 따라 전재全災(전부 재해를 입은 토지에 대해 세금을 면제함)를 청했다. 윤허했다. 〔1696년(숙종 22) 10월 27일〕

○ 이달에 팔도가 대단히 가물고, 바람·우박·서리·눈·벌레 등의 재해가 곳곳마다 참혹했다. 포악한 호랑이가 사람을 잡아먹으므로 비록 평지와 들판, 마을과 잇닿아 있는 곳이라도 사람이 감히 혼자 다니지 못했다. 〔1697년(숙종 23) 4월 30일〕

이상 저온 현상으로 여름에 서리가 내리고 우박이 쏟아져 한 해 농사를 망치는 일이 몇 년 동안 이어지는 바람에 팔도에서 백성들의 신음이 끊이지 않았다. 8월 24일 비변사에서는 경기감사 김재현金載顯이 공명첩[159]을 팔아 곡물을 모으고 이를 백성을 구호하는 양식에 보태게 해 줄 것을 간청했으나, 다른 도의 요청을 기다려 다시 상의하여 분부하겠다는 뜻으로 답했다고 보고했다. 다른 도의 상황도 비슷하니 빨리 똑같이 처리하도록 해야 할 듯하다고 했다.[160] 이를 보면 당시 상황이 심각했음을 알 수 있다.

9월 29일 임금은 올해의 흉작은 경술(1670년, 현종 11), 신해(1671

년, 현종 12) 양년보다도 심하여 밤낮으로 애가 타게 백성을 구원할 길을 생각하고 있으나 어찌하면 좋을지 모르겠다고 했다. 팔도에서 오는 보고를 받아 보니 모두 식량을 받고 관청에 속한 노비의 신분을 양민으로 바꿔주기를 요청했고, 강원도의 신·구 감사는 동전의 주조를 요청했는데, 이 두 가지를 특별히 허락할 것을 분부한다고 지시했다.[161] 오죽했으면 관청의 노비들로부터 몸값을 받고 노비 신분을 면해주도록 했을까. 하지만 이러한 임금의 지시는 제대로 시행되지 못했다. 그나마 시행되는 과정에서 일부 지방 수령들이 관청 식량으로 불법을 저질렀던 것 같다.[162]

녹천공은 평양을 떠나 서울로 올라와 실질적으로 도승지 업무를 보기 시작한 지 며칠이 지난 1696년(숙종 22) 10월 어느 날, 감사로 있을 때 평안도 지역의 관청 노비 중에서 양민으로 신분이 바뀐 무리를 조사했던 일을 말했다. 하지만 그 허실을 분명하게 조사하지 못했던 죄를 스스로 밝힌다고 하면서 이에 대한 책임을 지고 처벌을 받겠다고 했다.[163]

팔도의 상황이 거의 비슷했지만 늘 평안도와 함경도의 피해는 더욱 심각했다. 조정에서는 이렇게 어려운 시기에 감사 직무를 수행하느라 심신이 피폐해진 녹천공에 대하여 잘못을 조사하고 벌줄 것을 청했다. 1696년 2월 공은 평안도 철산의 굶주린 백성이 사람 고기를 먹은 일이 있었음을 조정에 보고했다.[164] 이에 좌승지 서문유徐文裕는 서쪽에서 여러 해 굶주린 백성이 구렁에 빠져 죽는 데에 쫓겨 이처럼 서로 잡아먹는 변고가 생겼다고 했다. 비록 굶주림이 아주 심하여 이성을 잃은 탓이지만, 수령이 구호하는 데 유의하지 않아서 이처럼 놀라운 일이 일어났으니, 평안감사와 철산부사 이만상李萬相을 엄하게 조사하고 징계하여 백성을 구호하는 정책에 대한 근심이 없도록 하는 것이 좋겠다고 했다. 임금은 이를 윤허했다.

다시 며칠 뒤 대사간 유득일은 각 도의 수령은 참으로 신중하게 선발해야 하는데 평안도는 해마다 흉년이 들어 백성들의 신음이 올해에 이르러 극에 달했으니, 수령을 더욱 잘 가려서 보내지 않으면 안 된다고 했다. 양덕현감 이세흥李世興은 평소 명성이 없고 이력도 없는 감영의 무장으로 잘못 추천되고 함부로 임명되었는데, 구호 책임을 이러한 사람에게 맡겨서는 안 되니 현감 이세흥을 파직하라고 했다. 평안감사는 평소 명망이 없는 편비編裨(각 군영에 둔 부장)를 이조에 추천한 바가 이미 타당하지 않은데, 이조에서는 단순히 그 청에 따라 이력을 검토하지 않고 함부로 임명하고 말았으니, 평안감사와 이조의 해당 관리를 추궁하라고 했다. 임금은 그대로 시행하라고 답했다.[165]

결국 평안도에서 계속되는 흉년으로 상상할 수 없는 처참한 상황이 일어난 일과 녹천공이 추천한 양덕현감이 수령 노릇을 제대로 수행하지 못한 탓으로 조정으로부터 책임을 추궁당하는 처지에 놓이게 되었다. 그 뒤 사간원에서는 공의 파직을 청하는 상소를 여러 번 올렸으나, 임금은 앞에서 거론한 일들이 파직시켜야 할 정도의 큰 죄라고 생각하지는 않았다. 5월 27일 사간원의 청을 받아들이지 않고 오히려 도승지에 임명하여 다시 서울로 오게 함으로써 파직에 대한 임금과 사간원 사이의 줄다리기는 마무리되었다. 평안감사를 끝으로 더는 지방 관직 생활을 하지 않았다.

도승지를 거쳐 한성부 판윤에 오르다

어찌 된 영문인지는 모르겠으나, 조정에서는 5월 29일 다시 공을 대사간에 제수했다. 바로 평안 감영을 떠나 서울로 올라오지 못했다. 7월 9일 건주建州에서 만포滿浦까지는 엿새 길에 지나지 않으며 적이 오는 길목의 험한 곳이지만 방어할 세력이 없으니 만포와 잇닿은 버려진 땅 중에서 자성강慈城江을 한계로 삼아 만포에 붙일 것을 건의했다. 덧붙여 백성을 모아 밭을 만들어 경작하고 곡식을 저축하여 급할 때를 대비하고 그 실효를 보아 추가로 늘리는 것을 묘당에서 좋은 계책에 따라 논의하고 처리하도록 할 것을 간청했다.[166] 평안도 지역의 절박한 상황을 말하며 대사간 임명을 거두어 줄 것을 간청했다.[167]

9월 초에도 세 번이나 대사간 사직 상소를 올렸다. 임금은 이를 받아들여 마침내 대사간 임명을 취소했으나, 한 달이 조금 지나서는 다시 도승지에 임명했다. 공은 건강이 악화하여 도승지를 맡을 수 없으므로 사직을 청한다는 상소를 올렸으나, 임금은 오히려 사직하지 말고 속히 직임을 살피라고 명했다. 하는 수 없이 도승지 직무를 위하여 대궐에 나왔다. 얼마 뒤 굶주리는 평안도 백성을 구제하려는 방편으로 청나라의 쌀 구매 검토를 제안했으나 비변사와의 의견 충돌로 임명된 지 1개월 만에 승정원을 떠나고, 11월 13일 사헌부의 수장인 대사헌에 임명되었다.

평안감사 시절 옥사를 처리하는 과정에서 잘못이 있었으니 책임을 지는 의미에서 대사헌 직을 맡을 수 없다는 글을 올렸다. 승정원에서 이를 보고했다. 임금은 혐의가 있어 관직을 맡을 수 없다는 상소를 받지 말라고 명했다.[168] 그래도 공은 사간원에서 계속 이를 문제 삼는 바람에 파직을 청하는 상소를 올릴 수밖에 없었다.[169]

신이 전에 반역을 저지른 종의 옥사를 조사하여 다스렸는데, 잡혀 있는 죄수가 한 말로 인하여 해당 부처에서 그 문서를 가져다가 다시 조사하니 진실로 마음이 편치 않았습니다. 들자 하니, 나이가 80세가 된 죄인을 심문하던 관원이 보고한 말을 자세히 살피지 못했으며 한 차례 매질하니 이내 병으로 죽었다고 합니다. 죄수의 인명에 관련된 바는 예사로운 것이 아닌데, 잘못을 저지른 바가 이와 같으니 더욱 못 견디게 두렵습니다. 승정원의 직임을 맡은 뒤로 한 번 상소를 올리고자 했으나, 다만 그 나이 80인 자에 관한 내용을 보고한 것을 기록한 당시 서류를 살펴보니 서로 어긋나는 부분이 있어 반드시 원래의 문서를 보아야 확실히 알 수 있으므로 잠시 지체한 바가 있게 되었습니다. 지난번에 비로소 그 최초의 서류를 가져와서 살펴보니 과연 들은 바와 같았고 해당 부처에 물어보니 다른 문서도 이미 올라왔다고 합니다. 이에 신이 직임을 맡을 수 없어서 물러나고자 합니다. 또 몸의 병세도 극심하여 공무를 행할 수 없으니, 신을 파직하도록 명하소서.

12월 6일 오도일吳道―이 새 대사헌으로 임명되었다.[170] 1697년(숙종 23) 1월 5일 진휼 문제가 거론되었다. 부사직[171]으로 있던 녹천공은 서북 지역의 상황에 대하여 자세하게 말했다. 평안도 백성의 일이 위급하여 구제할 방도가 실로 없는데, 일찍이 감영 근처에 있는 곡식을 배로 운반해 보내기도 했으나 수로가 상당히 험하여 시기를 놓쳤으며, 굶주린 백성에게 육로를 이용하도록 했으나 노력과 비용이 많이 드는 폐단이 있었다고 백성 구호의 어려움을 말했다.[172] 다음 날 한성부 좌윤에 임명되었다.

좌윤으로 있는 동안 경연에 참석하는 정3품 이상의 관리인 특진관特進官을 맡아 가끔 경연에 참석했다. 윤 3월 22일 경연에서는 각 부처에서 임금을 알현하고 업무를 보고하는 관리인 윤대관輪對官으로 참석한 신유申鎏가 무신으로서의 비애와 소회를 간절하게 개진했다.[173] 그는 지난 효묘조孝廟朝에 무사를 양성하고 무업武業을 장려한 일이 있었으며, 그 당시 붓을 던지고 활을 잡은 구문치具文治와 신여철 등을 나라에서 크게 중용했다고 했다. 또 그 뒤로는 이러한 일이 이어지지 못하고 있는데, 이는 조정의 재상이 무신을 짓밟아 노예와 같이 여기니 사람들이 모두 활을 잡는 것을 부끄럽게 생각하기 때문이라고 했다. 오늘날처럼 태평한 때 무인을 어디에 쓸까 생각할 수 있지만 편안할 때도 위태로움을 잊지 않는 도리로 볼 때 이처럼 해서는 안 된다고 했다. 더구나 통제사統制使, 병사兵使, 수사水使, 영장營將은 모두 지방의 상관인데, 문관과 음직으로 수령이 된 자는 무릇 상관의 명령을 태만하게 여기고 거행하지 않으니, 이보다 더 한심한 일이 없다고 울분을 토로했다. 지금 만약 한결같이 효묘조의 예에 따라 명문가 자제 중에 식견과 사려가 있고 힘이 있는 자를 뽑아서 주상께서 무업을 쌓도록 명한다면 그가 비록 싫어하고 괴롭게 여기더라도 감히 벗어나고자 하는 바를 도모할 수 없을 것이라고 했다.

　임금은 위기에 처하여 나라를 위해 목숨을 바치는 일이 귀천에 달려 있지 않으며, 신하로서 입신하는 일도 문무와 관계가 없는데, 근래 사대부의 자제로서 무과 출신이 거의 없는 것은 사람들이 모두 천하고 더럽다고 하며 무인을 부끄럽게 여겨서 그런 것이라고 했다. 지금 무신이 아뢴 바가 참으로 옳으니 묘당에서 처리하게 하라고 함으로써 신유의 의견에 힘을 실어주었다.

　특진관으로 참석한 녹천공이 평안감사 시절에 중국 남송 시대에 금나라와의 평화협정을 맺는 과정에서 살해된 장군 악무목岳武穆을 촉한의 승상 제갈무후諸葛武侯 사당에 같이 모시는 일을 보고했던[174] 점을 거론하며, 원래 영유현永柔縣 무후사武侯祠의 설립은 무사들이 주관하도록 했으나, 그 뒤 본 고을의 유생들이 무후를 위한 일은 특별히 무사만 받들어 모시는 것이 아니라며 제사를 지내는 절차를 마련하고 당연히 선비들이 주관해야 한다고 하여 서로 싸우게 되었다고 했다. 대개 유무儒武가 일체가 되어 제사를 지내는 것이 진실로 불가하지 않으나, 이들은 무학생武學生으로서 군역을 면하려고 하는 문제와 관련되어 서로 다투게 되었다고 했다. 따라서 무학생 제도를 없애고 고을의 무사 중에서 주관할 사람을 선발한다면 이러한 분란을 일으킬 단서를 막을 수 있다고 했다. 전에 특별히 악무목을 함께 모시라고 했으나, 다만 사당에 소속된 노비인 전복典僕이 없어 약간의 노비를 떼어 주었으며, 평안도 감영 소유인 영유현 덕지통德池筒 논의 1년 수확이 1,000여 석 정도라 굳이 논의 일부를 떼어 주지 않고 매년 수확의 일부를 적절히 지급하여 제사 비용으로 삼도록 하는 것이 합당한 일이라고 했다. 이에 임금도 무학생을 혁파하는 일과 전복과 논에 관한 일을 모두 아뢰어 처리하도록 하라고 공의 견해를 일단 받아들였다.

보릿고개라는 말이 있듯이 전년 가을에 수확한 식량이 거의 바닥나는 매년 4월 무렵은 백성들에게 힘든 시기였다. 1697년 4월에도 여느 해와 마찬가지로 조정에서는 굶주리는 백성에 대한 구호 문제가 중요하게 다루어졌다. 녹천공도 이러한 논의에 참석, 한성부 상황을 말했다. 4월 5일 영의정 유상운 등이 참석한 자리에서 굶주리는 백성을 구제하는 방안이 오랫동안 논의되었다.[175]

영의정 유상운 : 서울 밖에 사는 백성의 굶주림이 심하여 원래 거주하던 자들도 많이 죽으니, 유리걸식하는 무리가 살아갈 수 없는 것은 당연한 형세입니다. 도성 안에서 유리걸식하는 300여 명을 이미 여러 섬에 나누어 보냈습니다. 그 뒤로도 계속 이어져 길거리에서 죽은 자가 많습니다만, 한결같이 대수롭지 않게 여깁니다.

녹천공 : 전에 굶주린 백성을 섬 안으로 나누어 보낼 때 이세화가 그 일을 주관하여 죽을 장만했고 며칠 지난 뒤에 섬 안으로 들여보냈습니다. 지금 이세화에게 밤섬에 임시로 머무는 곳을 설치하게 하여 기민 120여 인을 그곳에 모아 놓고 낭청 2인을 뽑아 전적으로 진휼을 감독하게 하되, 지난번에 쌀 70석을 거두어 방금 강가에 있는 창고에 남겨 두었는데 이것을 먼저 쓰게 하여 밀과 보리를 수확할 때까지 진휼하는 것이 어떻겠습니까.

임금 : 이세화가 이를 주관하여 구제하도록 하라.

좌참찬 이세화 : 다음 날 밤섬으로 나가서 이들이 살아갈 방도를 찾아보고 낭청을 뽑아 그들이 주관하도록 하는 것이 어떻겠습니까.

우승지 김세익金世翊 : 굶주리는 백성을 진휼하는데, 한편으로 송첩松帖(산에서 늙은 소나무를 베어내는 것을 허락한 문서. 이 문서를 받은 사람은 대신 굶주린 백성을 집에 데려가 구호하도록 했음)을 주고 또 한편으로는 섬 안으로 보내는 등 두 가지를 별도로 시행하는 일이 옳은지 모르겠습니다. 간사한 속임수가 반드시 날로 늘어날 것입니다.

유상운 : 송첩을 발급하고 소나무를 베어낼 때 설사 약간 혼잡한 폐단이 있더라도 대단한 것이 아닌 듯합니다. 만약 이 때문에 장차 죽어가는 백성을 거두어 준다면 다행스러운 일이라고 할 수 있을 것입니다.

김세익 : 마을에서 품팔이하거나 땔감을 팔아 생계를 유지하는 부류가 이 일을 듣는다면 앞으로 반드시 노인을 부축하고 어린아이를 이끌고서 들어오는 자들이 많을 것입니다. 굶주리는 백성이 날로 늘어나는 폐단이 어찌 반드시 없으리라고 보장하겠습니까.

녹천공 : 나라의 비축이 고갈되어 어려움에 시달리는 백성을 구제할 수 없습니다. 이번에 송첩을 지급하도록 한 일은 참으로 만부득이한 데에서 나온 것입니다. 송첩으로 한 사람의 목숨을 살려 주게 되니, 비록 폐단이 있다고 하더라도 소나무를 몰래 베어 가는 것보다는 오히려 낫지 않겠습니까.

김세익 : 사산의 소나무를 베는 권한을 마을의 간사한 무리에게 맡기니, 신이 이른바 나라의 체모가 온당치 못하다고 한 것은 참으로 이 때문입니다.

임금 : 일의 체모로 볼 때 특별히 대단한 해는 없다.

녹천공 : 신이 어제 기민 300인을 모아 놓고 죽 먹기를 자원하는 자는 한쪽에 두고, 남에게 의지하여 생활하기를 자원하는 자는 또 한쪽에 두었습니다. 혹 송첩을 얻고자 하는 자가 있으면 곧바로 검토하여 굶주리는 백성을 거두어 기를 수 있는 자에게는 그들을 나누어 주었으나, 역시 스스로 사람을 거느리고 와서 데리고 가겠다고 요청하는 것을 허락하지 않았습니다. 이는 간사한 짓을 막는 단서가 되기 때문입니다. 이어서 그들에 대해서는 용모와 특징에 대한 기록을 상세히 적어 책을 만들었습니다. 데리고 간 사람의 성명을 각 동네에 내걸고 장차 한성부에서 매달 두 차례씩 점검하여 그들이 가서 잘살고 있는지를 검증하고자 합니다. 만일 실제 효과가 없고 단지 송첩만 활용하는 자는 적발하여 당연히 벌을 준다면, 또한 함부로 남발될 염려가 없을 것입니다.

영의정과 녹천공, 좌참찬은 유리걸식하는 사람을 거두어 기르는 사람에게 산의 늙은 소나무를 벨 수 있는 권한을 주는 것을 적극 지지했으나 우승지는 여러 가지 폐단이 예상된다며 반대했다. 다른 뾰족한 대안이 없는 상황이라 임금도 송첩을 주는 방안을 허락했다. 이와 비슷한 논의가 4월 11일에도 있었다. 임금은 한성부에서 송첩을 만들어 줄 것을 지시했다. 같은 해 2월 30일 당시 형조판서 이세화는 상소를 올려 도성에서 유리걸식하는 사람을 경기도 바닷가 여러 섬으로 내보내고 죽을 쑤어 먹이도록 하자고 간청했다. 이에 이세화를 이 일을 담당하는 구관勾管 당상으로 임명해서 백성을 구제하도록 했다.[176] 이세화는 당시 한성부 좌윤인 공과 도성의 굶주리는 백성 문제를 자주 상의했다. 한 번은 광주 사람들이 집으로 찾아와 울부짖으며 곡식을 내어 줄 것을 호소하는 바람에 이세화는 곤욕을 치르기도 했다.[177]

1697년(숙종 23) 5월 2일 녹천공은 종2품 한성부 좌윤에서 정2품 판윤으로 승진했다. 1395년(태조 4) 성석린成石璘이 초대 판한성부사로 임명된 뒤 수많은 사람이 조선의 수도를 다스리는 최고 책임자가 되었는데, 공은 제553대 판윤이다.[178] 300년 동안 552명의 판윤이 임명되었으니 그 평균 재임 기간은 6개월 반 정도가 된다. 공의 재임 기간은 5월 2일부터 8월 15일까지 3개월 반으로 평균보다도 훨씬 짧았다. 하지만 판윤 발탁을 꿈에도 생각하지 못했으며 기우제를 지내는 일로 사직 상소를 바로 올리지도 못했는데, 아무리 헤아려 보아도 단연코 감당할 가망이 없으니 속히 새로 임명한 관직을 바꾸어 달라고 요청했다.[179] 이 해에도 가뭄이 길어지자 신하들을 보내어 우사단雩祀壇·삼각산·목멱산·한강에서 기우제를 지냈다.[180] 공도 사직 상소를 바로 올리지 못하고 며칠 미룬 것으로 여겨진다. 그렇지만 임금은 차례로 보나 재주로 보나 자급을 올려 발탁한 일이 적합하니 사직하지 말고 속히 공무를 보라고 하며 사직을 물리쳤다. 오히려 5월 20일에는 경연 동지사를 겸하도록 명했다.[181]

소나무 벌목을 엄히 다스려 남산을 푸르게 하다

7월 22일 창덕궁 선정전에서 낮 경연이 있었다. 이날의 경연 교재는 율곡이 집필한 『성학집요』[182]였다. 동지사로 참석한 녹천공은 학문에 있어 제왕은 보통 사람과는 다르며 이치를 밝게 살피지 않으면 시비와 득실이 밝아지지 않는다고 했다. 옛날의 제왕은 처음부터 끝까지 학문에 전념하여 이치를 열심히 찾고 연구해서 편안한 상태로 점차 빠져 들어서 기어코 물러나는 폐단으로부터 벗어나게 되었다고 하며, 학문에 임하는 임금의 자세를 강조했다.[183]

이어서 서울 산에 있는 소나무는 벌레가 갉아 먹어 거의 다 죽고 현재 살아 있는 나무는 얼마 안 되는데, 기강이 크게 무너지고 인심이 바르지 못하여 이마저 몰래 베어 가는 폐단이 날로 더욱 심해지고 있다고 했다. 더구나 산 아래에 사는 사대부들이 노비가 몰래 베는 것을 금하지 않을 뿐만 아니라 도리어 그대로 두고 있으며, 산지기에게 붙잡히면 강제로 풀어주고 있어 한심한 상태라고 하면서, 앞으로 살아 있는 소나무를 범하다 잡힌 자에 대해서는 그 집 주인에게 죄를 물어 직임이 있는 자는 파직하고 유생은 가두어 소나무를 몰래 베어 가는 자를 엄하게 다스릴 것을 요청했다. 또 성문을 지키는 관리에게는 소나무 베는 것을 금지한 법을 어기고 성문을 거쳐 들어온 자를 잡아 한성부로 보내도록 했는데, 근래 네 개의 문에서 붙잡아 보낸 일이 전혀 없다고 했다. 앞으로 본부에서 단속할 때 적발되어 붙잡힌 자에게 들어온 문을 묻고 해당 관리에 대하여는 병조에서 곤장을 치고 징계할 필요가 있다며 성문을 지키는 수문장들이 소나무를 베다 파는 범인들을 잡는 일에 더욱 분발해야 함을 강조했다.

8월 3일 대신들이 임금을 만나는 자리에서도 소나무 벌목 문제가 논의되었다.[184] 먼저 영의정 유상운은 조정에서 단속을 느슨하게 하면 생소나무까지 범하게 되고, 엄하게 하면 연줄을 이용하여 폐단을 일으키고 있으니, 이래저래 백성에게 불편하다고 했다. 아예 한성부에서 날을 정해 백성들에게 생계를 위해 땔나무를 베도록 하되, 특별히 생소나무는 베지 않도록 알리는 것이 마땅하다고 함으로써 특정한 날에 생소나무를 제외한 나무를 베는 것은 허용하자고 간청했다. 녹천공은 지난 경연에서 소나무 베는 것을 금하는 송금松禁에 관한 몇 조항을 결정하여 알리고, 또 관리가 때때로 살펴봄으로써 소나무를 베는 일이 조금씩 줄어들고 있다고 했다. 그런데 합법적으로 나무를 베어 팔도록 하면 관리를 보내 소나무를 베는지 지켜보아야 하고, 모두 베어낸 뒤에 땔나무꾼들이 더 손댈 곳이 없으면 어린 소나무까지 침범할 우려가 있으니 지금처럼 잠시 그대로 두는 것이 좋지 않을까 모르겠다고 했다.

임금은 말라 죽은 소나무는 어린 소나무에 해가 되니 다 베어서 팔도록 하고, 본부의 관리를 보내어 잘 감시하여 생소나무를 침범하는 일이 없도록 하라고 했다. 공은 다시 송첩을 받은 집에서 거두어들인 굶주린 백성을 여러 차례 모아 놓고 살펴보니 몸이 평상시와 같았으니, 비록 약간 함부로 베는 폐단이 있다고 하더라도 공공연히 도둑맞는 것보다는 낫다고 했다. 말라 죽은 소나무를 베어 팔도록 하고, 이것으로 굶주린 백성을 구제하니 일의 형편이 좋다며 송첩이 백성을 구제하는 한 방편임을 다시 강조했다.

8월 7일 경연에서도 녹천공은 소나무를 함부로 베어 가는 문제를 언급했다. 이전에 생소나무를 함부로 베는 자에 대하여 그 주인의 관직을 파직하고 유생일 경우에는 옥에 가두도록 결정한 사실을 언급했다. 남산과 북악 아래에 사는 양반 집안의 종들이 생소나무를 몰래 벌목하는 폐단이 많았는데, 이는 그 주인이 엄하게 단속하지 않고 있기 때문이었다. 예를 들어 자하문紫霞門 근처에 사는 심량沈湸의 종이 생소나무를 베다가 붙잡혔는데, 이언순李彦純의 종이 중간에서 그를 빼앗아 풀어주었다. 공은 한성부에서 그 종을 잡아 왔는데, 달아나지 않겠다고 하여 체포하지 않고 그대로 두었다고 했다. 하지만 몇 달이 지났는데도 그 종이 돌아오지 않아 관리를 보내 알아보았더니 종이 병으로 격리하여 옮겼다는 말을 들었다. 공은 이는 놀라운 일이라며 벌목 과정에서의 범법자를 엄하게 징계하고 다스릴 필요가 있음을 주장했다. 당시 심량은 병으로 이미 죽었으므로 임금은 이언순을 잡아다 신문하고 죄를 다스리라고 했다.

8월 16일 대사헌에 임명되었다. 좌윤으로 시작하여 한성부에 들어온 지 8개월 10일, 판윤에 임명된 지 3개월 반 만에 한성부를 떠나게 된 셈이다. 한성부에서의 짧은 재임 기간에도 불구하고 도성 주변의 산림 보호를 중요하게 생각해서 생소나무를 함부로 벌목하는 일을 막고자 부단히 노력했다. 훗날 임금도 도성을 둘러싸고 있는 민둥민둥한 네 산이 울창하게 바뀐 것은 공의 조치가 효과를 본

것이라고 회고했다.¹⁸⁵

정승 자리에 있을 때나 물러나서나 백성을 걱정하다

　　대사헌에 임명된 1697년(숙종 23) 8월 당시 매부 권상하는 사헌부 집의였고, 이종사촌 동생 송상기는 세자 책봉을 알리는 주청사奏請使 일행 중의 하나인 서장관書狀官으로서 겸집의¹⁸⁶였다. 공은 임금의 은총을 입어 오랫동안 도성에 머물렀으나 조금도 보탬이 되지 못했고, 지금 다시 은혜롭게 새로운 임명을 받았으니 황공하고 감격스러워 더욱 몸 둘 바를 모르겠다고 했다. 하지만 권상하와 송상기와는 모두 상피 혐의가 있으므로 잠시도 구차하게 자리를 차지하고 있을 수 없으니 임명을 철회해 달라고 간청했다. 임금은 처음에는 사직하지 말고 여러 사람의 의견을 기다려보자고 했으나, 사헌부에서도 임명을 번복할 것을 요청하는 바람에 결국 대사헌 임명은 취소되었다. 10월 호조판서에 임명되었다. 청나라 쌀 구매 문제로 많은 고충을 겪었던 이듬해 1698년(숙종 24) 8월 호조판서를 사직했다. 바로 부호군에 임명되고, 다시 한 달 뒤 형조판서에 임명되었다. 하지만 채 두 달이 지나지 않은 11월 병조판서로 변경되었다.

　양주목사, 형조참판 등을 역임한 이단석李端錫은 평소 청렴하기로 이름났었는데, 죽은 뒤에는 남겨 놓은 재산이 없을 뿐만 아니라 식구들이 당장 먹을 양식도 부족하여 그의 아내가 조정에 급한 사정을 알리며 도움을 요청했다. 남의 딱한 사정을 들으면 어떻게 해서든 도와주고자 애쓴 공은 1699년(숙종 25) 4월 경연에서 1년 동안 매달 쌀 1곡斛(두 가마니)을 이단석 유족에게 지급해 줄 것을 간청하여 임금의 윤허를 받았다.[187] 며칠 뒤 임금에게 교외의 어린 소나무가 한창 무성하여 몇 년이 지나면 거의 울창해질 것 같으나, 근래 한성부의 관리가 소홀하여 전에 경복궁 북문인 신무문神武門 밖에서 대낮에 생소나무를 베는 자가 있다는 소식을 듣고 사람을 보내 붙잡아 이송했는데, 형조에서는 이와 같은 부류를 특별히 조사하여 먼 곳으로 유배 보낼 필요가 있다고 했다.[188] 이것은 전에 한성 판윤으로 있을 때 도성 안의 소나무 보호를 유난히 강조했던 일을 상기할 수 있도록 했다. 또 무릇 사람의 재주는 평상시보다는 난리를 만난 뒤 비로소 드러나기에 조정에서 전사한 사람의 자손을 채용하는 일도 인재를 키우는 바를 장려하고 권장하는 뜻에서 나온 것이라며 이순신 장군의 적손嫡孫 이홍의李弘毅를 수령으로 임명해 줄 것을 간청했다. 이홍의는 일찍이 수령을 지냈으나 오랫동안 벼슬에서 물러나 있고 가난하여 장군의 제사를 받들지 못하는 형편이었다. 공은 임진란 때 왜구들이 뜻을 이루지 못하도록 저지했던 것은 오로지 이순신의 승리에 힘입은 바가 크므로 그 자손을 다시 수령으로 임명해 제사를 폐하지 않도록 하는 것이 도리에 맞을 듯하다고 하여, 나라가 어려울 때 큰 공을 세운 충신의 후예를 나라에서 보살펴 주는 것이 인재 양성을 장려하는 뜻에 부합됨을 강조했다.[189]

녹천공은 호조 · 형조 · 병조 · 이조 판서를 두루 역임했으며, 얼마 뒤 마침내 정승 반열에 나가게 되었다. 판서와 정승 직임을 수행하는 동안에도 백성 구호에 소홀함이 없도록 늘 흉년을 대비하고 굶주리는 백성을 보살펴야 한다고 주장했다. 예를 들어 1704년(숙종 30) 6월 경연에서 이조판서인 공은 임금에게 도성 사람들이 멀리 내다보지 않고 오직 현재 취하고 배부른 것을 즐겁게 여기고 있으며, 특히 흉년을 만나서는 마땅히 엄히 경계하여 경비나 물품을 함부로 마구 쓰는 일이 없도록 해야 한다고 했다.[190] 얼마 뒤 정언 김만근金萬謹이 상소를 올려 공을 비방했다. 이 때문에 도성을 떠나 시골집에 머물며 조정에 나오지 않았다.[191] 7월 8일 임금은 오히려 우의정에 임명했다. 실록에는 이를 두고, "두루 상밀하고 신중하여 삼가니, 드디어 권주를 입어 정승에까지 이른 것이다."고 기록했다.[192] 처음에 사직을 청했으나 받아들여지지 않았으며, 결국 8월 말부터 조정에 나가 우의정 직무를 보게 되었다. 우의정 직무를 시작한 지 얼마 안 된 9월, 임금에게 백성을 진휼하는 방안을 말했다.[193]

> 해마다 흉년이 들어 공적으로나 사적으로나 저축이 텅 비어 아무것도 없습니다. 이는 평소에 저축에 유의하지 않은 까닭입니다. 올해에 삼남이 비록 흉년이 들었다 하나, 다른 도는 조금 풍년이 들었으니 지금부터 시작하여 각 고을에 진휼을 담당할 기구인 진청賑廳을 설치해서 일을 아는 향소鄕所(풍속을 바로잡고, 향리鄕吏를 감찰하며, 민간에 정책을 전달하고 민의를 대변하던 수령의 자문 기관)에서 주관하여 먼저 고을에 비치한 진휼곡賑恤穀을 약간 떼어 주도록 하십

시오. 수령이 바뀔 때마다 얼마를 보태고 문서를 만들어 감영과 조정의 진휼청에 보고하여 알리도록 하며, 그 곡식은 일체 조적糶糴(환곡을 방출하고 수납하는 것. 봄에 백성들에게 나라 곡식을 꾸어 주는 것을 조糶라 하고, 가을에 백성에게서 봄에 꾸어 주었던 곡식에 10분의 1의 이자를 덧붙여 거두어들이는 것을 적糴이라 함)하지 말고, 3년에 이르러 그 고을 본래의 환곡과 서로 바꾸고, 흉년을 만나면 이것으로 진휼한다면 급한 상황을 면할 수 있을 것입니다.

각 고을에 백성을 구호하는 전담 기구를 설치하고, 평소에 곡식을 조금씩이라도 여기에 저축해 놓고 위급한 상황이 오면 이것으로 굶주리는 백성을 진휼하자는 아주 단순하며 구체적인 방안이었다. 당시로서는 녹천공을 제외한 아무도 이를 제안하지 않았다는 사실이 놀라울 따름이다. 임금은 이러한 제안을 옳게 여겼으나, 더 이상의 기록이 없어 전국 고을에서 실제로 이를 실행했었는지를 알 수가 없다.

1705년(숙종 31) 11월 녹천공은 임금이 즉위한 지 30년이 넘는 큰 경사가 있으니, 작물의 재해가 심하거나 혹은 조금 여물었거나를 논하지 말고 모두에게 세금을 일부 감면하는 분재分災를 시행하고, 백성이 관청에 갚아야 하는 환곡, 노역을 대신하여 베를 바치는 신포身布, 도망가거나 죽은 사람을 대신하여 이웃이나 친족으로부터 세금을 거두는 인족침징 등에 대하여 임오년(1702년, 숙종 28) 이후의 모든 것을 면제하여 민심을 위로하라고 간청했다. 도성이 아닌 외방에 대하여는 이에 따라 행할 것을 허락했다.[194]

1714년(숙종 40) 9월 임금이 대신과 비국의 신하를 만나는 자리에서 대동미大同米를 감해주는 문제가 거론되었다.[195] 호조판서 조태구趙泰耈는 환곡 중에서 오래된 것의 1년 분을 탕감하고, 대동미는 1말 이내에서 적당히 감해주기를 청했다. 판중추부사로서 자리를 같이하고 있던 공도 이에 동의했다.

1716년(숙종 42)에도 가뭄이 심해 크게 흉년이 들었다. 차자를 올려 경상도와 전라도 감사를 교체하지 말고 당분간 그대로 자리에 있게 하여 백성 진휼에 적극적으로 임하도록 할 것을 제안했다.[196]

혹심한 가뭄을 돌아보건대 수십 년 이래 없던 것으로 전국 팔도가 다 그러하여 큰 흉작임을 이미 알겠으니, 참으로 국가의 존망이 관계되는 바입니다. 오직 백성을 구호하는 일에 있어서 안으로는 헛된 비용을 절약하여 조금이라도 백성을 돕고 구제하는 일을 도모하는 데에 옮기고, 밖으로는 반드시 감사·수령을 가려 쓰고서야 구덩이를 메우게 될 목숨을 구제할 수 있을 것입니다. 지금 전라도·경상도 감사는 여러 번 갈린 끝이므로 재촉하여 부임하게 하더라도 반드시 사고 없이 바로 가기가 어려울 것입니다. 이달이 지나면 철은 점점 늦어지고 가을 일은 이미 끝나서 새로 부임한 사람이 결코 손쓸 길이 없을 것입니다. 신의 생각으로는 두 감사가 겨우 백성을 구호하는 일을 해냈으며 도내의 형세를 잘 아니, 내년 보리가 익는 계절까지 그대로 있게 하여 그 공덕의 효과를 책임지게 하는 것이 이치에 맞을 듯합니다.

1717년(숙종 43) 1월에도 다시 차자를 올려 굶주리는 백성을 구제하기 위하여 토목 공사를 장려할 것을 건의했다.[197]

> 나라의 저축이 텅 비었고 곡식을 생산할 방책이 없으니, 비록 마음을 다하여 받들려 하더라도 어찌할 수가 없습니다. 종전에도 흉년에 지방 수령이 관내의 부자에게 권하여 굶주리는 사람을 구제하는 권분勸分 명령이 있었으나, 재물을 내어 사사로이 구제에 동참한 사람들을 나라에서 쓴 일이 드물어서 사람들이 다 실망했습니다. 다시 잘 타일러서 관가에 곡식을 바치게 하여 굶주린 백성에게 나누어 먹이고, 뒤에 그 공덕이 많고 적음을 참작하여 군문이나 관가의 빈자리에 우선 먼저 이들을 쓴다면 참으로 격려하는 도리에 맞을 것입니다. 공적으로나 사적으로나 토목 일을 모두 중지하도록 조정에서 결정한 바가 있습니다. 다만 공적으로는 지출을 아껴야 하겠으나, 사적으로 진행하는 공사는 금할 필요가 없습니다. 예전에 송나라 범중엄范仲淹이 큰 기근을 당하여 여유가 있는 사람들을 설득하여 토목 공사를 일으켰는데, 그들의 재물을 내어 가난한 자에게 베풀게 하려는 것이었습니다. 이 때문에 항주가 편안하여 백성이 떠나지 않았습니다. 이를 보더라도 토목 일을 흉년이 왔을 때 백성을 구호하는 정책의 한 예로 삼을만합니다.

임금은 원로 대신이 백성을 구제하는 방책을 조목조목 아뢴 것은 참으로 나라를 근심하는 정성에서 나온 것이라고 했다. 1718년(숙종 44) 8월에도 차자를 올려 재해를 입은 고을에 대하여 등급을 매기는 일이 고르지 못하여 세입이 점차 줄어들고, 환곡을 방출하고 거둬들이는 것도 점점 줄어드니, 수령의 불법과 백성의 풍습이 더욱 변하고 있다고 걱정했다. 올해 가을부터는 처음에 씨앗을 뿌리지 못했거나 모내기를 하지 못한 곳과 전염병에 걸려 김을 매지 못하여 묵혀서 버려둔 곳, 간혹 수재나 병충해를 당하여 전혀 낫을 대지 못한 곳을 정하여 세금을 완전히 면제하는 전재를 주도록 허락하되 먼저 각 고을에서 일일이 정리하여 감영에 보고하고, 감영의 종5품 벼슬인 도사都事는 순찰하면서 조사하여 전재나 재해의 정도에 따라 세금을 일부 면제하여 주는 급재給災의 문제점이 없도록 할 것을 주장했다.[198] 이에 왕세자는 이러한 차자는 국가의 계획과 백성들의 걱정을 깊이 염려하여 나온 것으로, 주장한 바가 진실로 폐단을 바로잡는 뜻에 합당하므로 정부에 아뢴 뒤 처리하라고 했다.

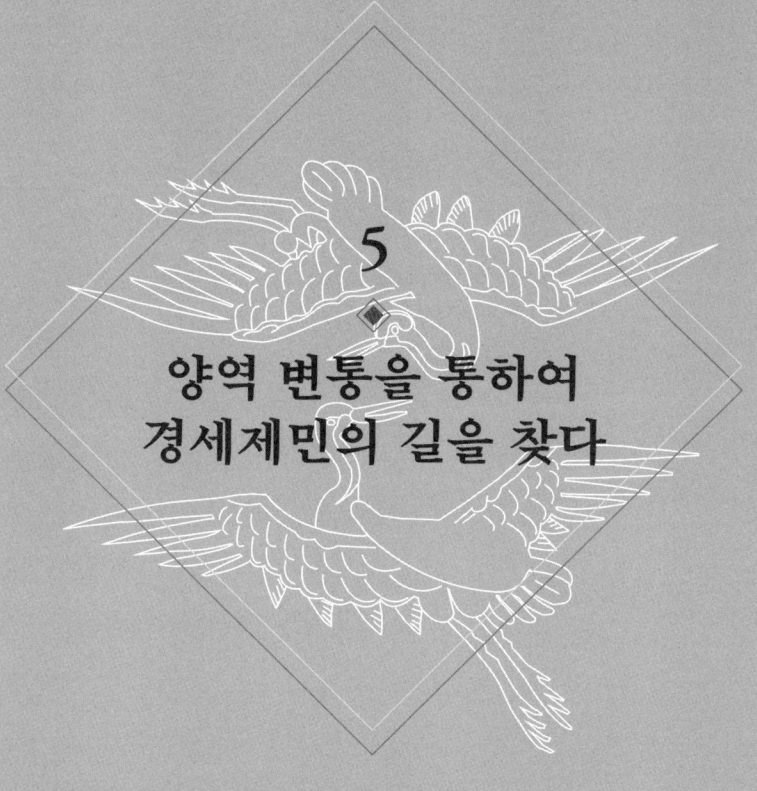

5
양역 변통을 통하여 경세제민의 길을 찾다

병조판서에 오르고 군제 개혁을 시도하다

　　녹천공은 1697년(숙종 23) 10월 호조판서에 임명됐으나 청나라 쌀 구매 문제로 1년도 채 안 된 1698년 8월 판서를 그만두게 되었다. 하지만 한 달 뒤인 9월, 형조판서에 임명되고 조정에 복귀했다. 이 무렵 노산군과 부인 송씨를 복위하고 위패를 종묘에 모시는 일을 담당할 임시 관아인 복위復位 부묘도감祔廟都監과 두 무덤을 능으로 만드는 일을 담당할 임시 관아인 봉릉도감封陵都監을 설치했다. 공은 부묘도감의 제조 일을 맡아 보았다. 노산군과 부인 송씨의 묘호를 '단종端宗'과 '정순왕후定順王后'로 정하고, 능호를 '장릉莊陵'과 '사릉思陵'이라고 했다.[199]

　　단종 복위 부묘도감 일이 순조롭게 진행되어 가는 도중인 11월 4일 녹천공의 관직은 형조판서에서 병조판서로 바뀌었다. 동지사로

단종 복위 부묘도감 활동 내용

○ 1698년(숙종 24) 10월 24일

　임금이 노산대군의 왕호를 추복하라는 비망기를 내리다.

10월 29일

　복위 부묘도감 도제조와 봉릉도감 도제조를 임명하다.

11월 6일

　묘호를 '단종'과 '정순왕후'로, 능호를 '장릉'과 '사릉'이라고 하다.

11월 21일

　단종과 정순왕후 신위를 창경궁 시민당으로 옮기다.

12월 18일

　단종과 정순왕후의 옥책과 금보를 올리다.

12월 22일

　대궐 별전에 봉안된 단종과 정순왕후의 옥책·금보를 받들고 종묘에 나아가 시호를 주청하는 청시례請諡禮를 행하고, 시민당에 안치하다.

12월 27일

　임금이 부묘례를 행하고 숭정전으로 환궁하다.

　복위 부묘도감의 일이 완전히 끝났음을 아뢰다.

○ 1699년(숙종 25) 1월 1일

　도감 관원에게 시상하는 비망기를 내리다.

　도제조 영의정 유상운 : 안장을 얹은 말 1필

> 제조 판서 민진장·이유·최규서, 참판 이인환 : 가자
> 도청 김진규·이인병 : 가자
> 낭청 장세남·홍경렴·성석기·윤식·조태휘 : 승진 서용,
> 　　권세태 : 작은 말 1필, 조구원·김재문 : 품질이 좋은
> 　　활 1장

서 11월 11일 경연에 참석했다. 이날 경연에서는 참석자들 사이에 흉년이 들어 더욱 날뛰는 도적을 체포하는 문제와 돌림병이 돌아 지방 군인들이 서울에 와서 근무하는 일을 중지하는 문제들에 대한 여러 가지 의견이 오갔다.[200]

특진관 임홍망任弘望 : 호서湖西가 작년과 올해 두 해에 흉년이 특히 심하여 도적이 곳곳에서 도발했습니다. 제천과 영월의 경우에는 도적이 험난한 곳에 웅거하고 모여 있다가 수시로 출몰하여 신이 충주와 청주의 두 영장과 제천현감에게 체포하도록 했더니 이 도적들이 산에 올라 관망하다가 미리 달아나 숨어서 잡아들이기가 어려웠습니다. 호서에서 잡으려고 하면 도적들이 관동으로 넘어가고, 관동에서 잡으려고 하면 도적들이 호서로 넘어가 반드시 두 도의 감사에게 분부하여 합세하여 체포하고자 힘써야 잡을 수 있을 것입니다.

임금 : 착실하게 거행하도록 분부하라.

녹천공 : 올해의 농사는 작년보다 나으나 돌림병은 실로 예사롭지

강원도 영월에 있는 단종의 능 '장릉'

않은 변고입니다. 서울과 지방이 모두 그렇습니다. 죽은 자가 셀 수 없을 정도로 많아, 도리어 흉년이 든 때보다 심하니 참으로 참혹합니다. 이런 때에는 정번停番(교대 근무의 일을 쉼) 하는 일이 있습니다. 이번에도 우선 중지하는 것이 합당할 듯하오니, 정부에서 이 일을 의논하여 정하는 것이 어떻겠습니까.

임금 : 대신들이 상의하고, 내게 물어 처리하라.

1698년에는 흉년으로 인한 기근과 돌림병으로 많은 백성이 죽어 그 참혹함이 이루 말할 수 없었다. 녹천공은 지방에서 군사를 뽑아

경기도 남양주에 있는 정순왕후의 능 '사릉'

교대로 서울에서 근무하게 하는 상번上番과 결원이 발생한 군인을 규정에 따라 보충하여 채우는 충정充定을 임시로 중지시킬 것을 제안했다. 이에 임금은 특히 충정을 몇 달 미루라고 명함으로써 돌림병의 피해를 조금이라도 줄일 수 있었다. 11월 23일 임금과 신료들이 논의한 내용을 살펴보면 심한 돌림병으로 매년 6월과 12월에 죽거나 병이 들거나 도망간 군인을 조사하여 보충하는 일인 세초歲抄에 의한 충정 문제의 어려움이 잘 나타나 있다.[201]

우승지 이야李壄 : 올해 농사는 논은 조금 낫지만, 밭은 흉작이 더욱 심하고 돌림병이 극성을 부려 깊은 산골이라 하더라도 깨끗한 곳이 전혀 없는데, 거둬들이는 세금은 여러 가지라 백성들이 견디지 못하고 있습니다. 더욱이 세초의 명이 있었는데, 비록 충정하려고 해도 돌림병이 이와 같아 실로 적절한 길이 없습니다. 우선 보류하라는 뜻으로 여러 대신에게 하문하여 처리하는 것이 어떻겠습니까.

좌의정 이세백 : 승지가 아뢴 말은 관동의 일인데 어느 도가 그렇지 않겠습니까. 앞으로의 일은 알 수 없지만 우선 기한을 넉넉히 주어 농사 전에 마감하게 하는 것이 마땅할 듯합니다.

우승지 이야 : 지금 돌림병이 이와 같아 오늘 모자란 인원을 채우더라도 내일 만약 또 죽으면 끝내 실효가 없고 한갓 소요만 일으키게 될 것이니 가을걷이 때까지 기다리면 편리하고 합당할 듯합니다.

임금 : 팔도가 반드시 똑같지 않을 것이다. 충정할 만한 고을은 기일에 맞추어 시행하고, 만일 그렇지 않으면 물려서 하라.

녹천공 : 부족한 인원을 제때 채우지 못하고 점점 지연되고 있으니 실로 염려스럽습니다. 그렇지만 오늘 채우고 내일 사망한다면 한갓 소란만 일으키는 폐단이 있을 것입니다. 만약 기한을 늦추고자 한다면 멀리 물리는 것이 좋으며 몇 달만 물리면 실효가 없을 듯합니다.

1699년(숙종 25) 4월 29일 임금은 창덕궁에서 대신과 비국 당상들을 인견했다. 이 자리에서 녹천공은 무과 급제자들의 국경 방위 문제를 거론했다.[202] 작년에 임금이 문묘文廟에 참배한 뒤 성균관에서 실시한 과거인 알성시謁聖試 출신들에게 특별한 경우 변방을 지키는 방수에 나가지 않고 대신 곡식을 바치게 한 제방미除防米

돌림병으로 인한 1698년(숙종 24) 참상에 대한 기록

○지평 권첨權詹 상소

돌림병으로 죽어가는 것이 참혹합니다. 청컨대 애통해하는 말씀을 내려서 죽은 자에게는 그 세금을 면제하고, 병자에게는 그 부역을 덜어 주어 백성을 긍휼히 여기는 뜻을 보이소서. 나라에서 돌림병이 없어지기를 비는 제사인 여제厲祭를 시행한 것도 이미 여러 번인데도 아직 그칠 가망이 없습니다. 신하를 나누어 파견하여 사람이 죽은 지역에서 제사를 지내고, 죄를 입고 귀양 간 무리와 죄수들을 모두 풀어주어 원통하고 억울한 기운을 없애주소서.

-『숙종실록』1698년(숙종 24) 12월 17일

○기근과 돌림병으로 수만 명이 죽음

이 해에 도성에서 쓰러져 죽은 자가 1,582인이고, 8도에서 사망한 사람이 21,546인이었다. 서울 밖의 지역에서 보고한 숫자는 열에 두셋도 되지 않았는데도 오히려 이렇게 많은 숫자에 이르렀다. 기근과 돌림병의 참혹함이 실로 전고에 없던 일이었다.

-『숙종실록』1698년(숙종 24) 12월 28일

를 늘 면제할 수는 없으나, 흉년에는 면제한 일이 있다고 했다. 서북 지역에 돌림병이 그치지 않아서 바로 방수에 나가게 한다면 길에서 사망할 걱정이 더 크니 올해에 한정하여 방수를 면제하는 것이 어떻겠느냐고 했다. 좌의정 최석정崔錫鼎과 우의정 이세백은 방수에 나가는 시기가 초가을이고 그동안 돌림병이 그칠 수 있으니, 그대로 방수에 가도록 하는 것이 적절하다고 했다. 곧바로 공도 이에 동의하며 덧붙이기를, 을해년(1695년, 숙종 21) 이후로 제방미를 내지 않은 자가 백여 명이며 그중에는 벼슬하는 자도 있는데, 원래 조정에서 가엾게 여겨 방수를 면제했으면 저들에게는 다행한 일이지만, 수년이 지난 지금까지도 내지 않았으니 한심한 일이라고 했다. 이에 임금은 곡식을 내지 않는 자는 방수에 나가게 하고, 또 직위에 있으며 내지 않은 자는 파직시키는 것이 좋겠다고 했다.

6월 8일 낮 경연에서 임금에게 환곡 수량을 허위로 기록하는 수령에 대한 처리 문제를 문의했다. 대체로 환곡을 전부 거두어들이지 못하면 처벌을 받을 것을 두려워하여 수량을 허위 기록하는 수령들이 간혹 있었다. 진산현감이 환곡 6석을 허위로 기록한 일이 발각되었다. 조정에서는 이 사람을 파면하고 귀양을 보냈으며 다시는 관직을 맡지 못하도록 했다. 공은 고의가 아닌 단순한 실수에도 중죄를 묻는 것은 너무 가혹하다는 취지에서, 허위로 기록한 환곡 수량의 정도와 그 기록의 고의 여부를 살펴서 수령에게 죄를 묻거나 아니면 용서해 줄 것을 제안했다.[203] 하지만 며칠 뒤 좌의정과 우의정은 환곡 수량을 허위로 기록한 수령에 대하여 관직을 못 맡는 기한을 전에는 영구적으로 했으나, 이제는 10년으로 낮추었다고 했다. 수량과 관계없이 환곡 문서는 매우 중대하므로 처벌을 더 가볍게 하는 것은 당초에 법을 세운 뜻이 점점 없어질 것이라며 반대했다.[204]

돈 얼마를 내면 서북 국경 근무를 면제받을 수 있었나?

무과 급제자들은 의무적으로 서북 방면 국경에서 근무하는 방수를 했다. 하지만 정해진 쌀을 바치면 이를 면제해 주었다. 2~5섬이었다. 이를 현재의 화폐 단위로 환산해 보면 1섬을 144kg으로 계산했을 때 430,000원쯤 되므로, 86~215만 원쯤을 내면 방수를 면제받을 수 있었다. 그런데 1694년 무과 급제자 박지손朴之遜은 당시 68세였으며, 5년 뒤인 1699년까지 방수 의무를 마치지 못했다. 녹천공은 숙종에게 건의하여 박지손이 고령인 점을 고려하여 방수에 나가거나 쌀을 내는 일을 모두 면제해 주었다.[205] 숙종 대의 쌀 가격은 1섬에 5냥 정도였다.[206]

9월 18일 낮에 창경궁 진수당에서 경연이 있었다. 『성학집요』를 강독한 뒤 참석자들은 병사 양성, 군제軍制 변통 등 다양한 문제를 장시간 논의했다.[207]

시강관侍講官(경연에서 경서를 강독하는 정4품 관리) 이희무李喜茂 : 옛날 한나라는 진나라의 복잡하고 가혹한 것을 계승한 뒤 상처가 겨우 아물어 가는 초창기에 당시 숙손통叔孫通이 예악禮樂을 제정하고 소하蕭何가 법률을 제정하여 비록 청정淸靜을 이루어 나라를 지켰으나, 무제武帝 때 이르러 토목 공사를 크게 일으키고 무력을 함부로 동원하고 사치하고 큰 것을 좋아하여 청정을 잃었기에 나라가 거의 위태롭게 되었습니다.

녹천공 : 대개 국가의 법은 지키고 잃지 않는 것이 옳지만 법이 오래되면 폐단이 생깁니다. 연산군 때 폐단이 많았습니다. 이이는 선묘 때 이러한 온갖 폐단을 변통하겠다는 뜻으로 우러러 아뢰었지만, 불행하게도 이이가 죽어서 뜻을 이루지 못하여 그 폐단이 지금까지도 남아 있습니다.

이희무 : 이이가 당시에 대체로 변통을 주장하여 주상이 계신 자리에서 아뢰었으나 대신에게 막혀 실행하지 못했습니다. 『성학집요』의 내용도 변통하고자 하는 뜻에서 나온 것입니다.

녹천공 : 그 당시 이이가 양병養兵 논의를 냈으나 유성룡柳成龍 등에 의해 막혔습니다. 대개 식견이 고명하여 이렇게 아뢴 것이며 지금의 군병에 관한 일은 임진년보다는 조금 낫지만, 군제도 폐단이 많습니다. 이를 유념하여 변통하는 것이 좋을 듯합니다.

임금 : 군제는 폐단이 많으니 차분히 연구하여 변통하고자 한다.

녹천공 : 남한산성은 대개 군량을 저축해 두는 곳으로 삼았는데, 환곡을 받지 못한 것이 많습니다. 이는 백성들이 환곡을 열심히 거두어들이려는 관원에 대해서는 원성이 자자했기에 그 수량을 점차 줄여주는 바람에 그러한 것입니다. 강화의 영변산성寧邊山城 · 대흥산성大興山城에도 군량이 적어서 제대로 모양을 갖추지 못하고 있으며, 문수산성文殊山城은 이제 성을 쌓기만 하고 아직 비축한 곡식이 없습니다.

임금 : 수령이 매양 일시적인 편안함만을 생각하여 비록 응당 거두어야 할 것이라 해도 흉년이라고 핑계를 대며 독촉하여 거두어들이지 않는다. 비록 조금 풍년이 들었다 하더라도 매번 자리를 옮기

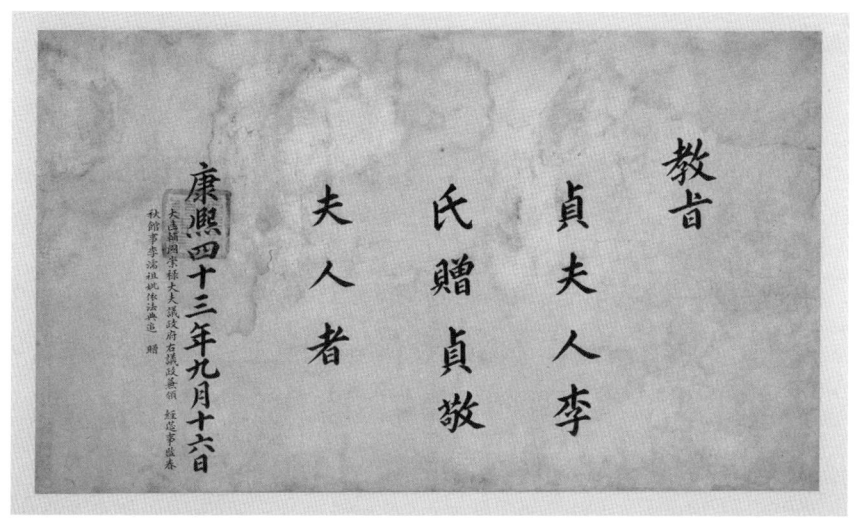

녹천공이 의정부 우의정에 임명되었을 때 조모 경주이씨를 정경부인으로 추증한 교지

거나 물러나는 점을 생각하여, 조금 나은 고을에서도 거두어들이지 않는 잘못을 저지르고 있다.

녹천공 : 환곡을 거두어들이지 못하는 폐단이 근래에 더욱 심합니다. 이는 전적으로 수령의 책임입니다.

녹천공은 군정 폐단을 변통하기 위해서는 우선 군량미 비축이 중요하므로 수령들이 환곡을 거두어들이는 일에 더욱 힘써야 한다고 강조했다. 병조판서를 맡은 지 11개월이 지난 1699년(숙종 25) 10월 10일, 막내 숙부의 근무지인 황해도 신계新溪에서 지내시던 조모 경주이씨께서 위독하다는 소식을 듣고 급히 사직을 간청했다. 임금은 사직하지 말고 잘 간호하고 돌아오라고 했으나, 끝내 조모는 10월 16일 향년 80세로 돌아가시고 말았다. 공의 부모님은

녹천공 조모를 추모하는 권상하와 박세당의 만사

李君晦大夫人挽 이군회대부인만[208]

五福人間備者稀　夫人盛德享之宜(오복인간비자희 부인성덕향지의)
專城榮耀餘三紀　綵服曾玄過百斯(전성영요여삼기 채복증현과백사)
寶婺忽沈南極彩　春暉長帶北堂悲(보무홀침남극채 춘휘장대북당비)
從玆慶國牋書斷　撫往傷今涕自垂(종자경국전서단 무왕상금체자수)

이군회 대부인에 대한 만사

오복은 사람 가운데 갖춘 자 드물지만, 부인의 거룩한 덕은 그걸 누림 마땅하네.

전성의 영화 받음이 삼십 년이 넘었고, 색동옷의 증손 현손 일백 인이 넘는구나.

보무는 남극의 광채에 홀연 잠겨 사라지고, 봄빛은 북당의 슬픔 오래 띠어 희미하네.

이제부터 경국의 글월 왕래가 끊기게 되니, 어제 오늘 회상함에 눈물 절로 흐르네.

李新溪遇煇大夫人挽 이신계우휘대부인만[209]

夫人遐祿古稀聞　膝下曾玄至不分(부인하록고희문 슬하증현지불분)
四十年來榮養事　可能彤管盡云云(사십년래영양사 가능동관진운운)
休恨專城養未終　生來榮樂更誰同(휴한전성양미종 생래영락갱수동)
行人遙指靈車後　不絶功衰一望中(행인요지영거후 불절공쇄일망중)

> **이신계 우휘 대부인에 대한 만사**
>
> 부인이 누린 큰 수복은 고금에 드무니, 슬하의 증현손들 분간 못할 만큼 많았네.
>
> 사십 년 동안 받은 영예로운 봉양을, 어찌 동관이 모두 말할 수 있으리.
>
> 전성의 봉양 못다 했다고 한스러워 마오. 평생의 영광과 즐거움 누가 비기랴.
>
> 행인들 멀리서 상여 뒤를 가리키나니, 자손들의 행렬 끝없이 이어진다네.

이미 수년 전에 돌아가셨기에 이 조모상은 집안의 장손인 공이 모든 장례를 주관하는 승중상承重喪이었으며, 관직에서는 당연히 물러날 수밖에 없었다.

군제 변통을 위하여 우선 군문의 정원을 정하다

조모님의 소상과 대상을 치르고 2개월이 지난 1701년(숙종 27) 12월 23일 상복을 벗고 평상으로 돌아감을 고하는 담제[210]를 지냈다. 1702년(숙종 28) 1월 5일 대사헌에 임명되었다. 하지만 상소를 올려 대사헌 임명 철회를 간청했다.[211]

상喪을 치르고 나니 뜻밖에 관직을 제수하는 은전이 있어 신은 참으로 감격스럽고 가슴이 무너졌습니다. 돌아보건대 불초한 신은 성상의 깊고 두터운 은혜를 입어 대궐을 떠난 지 이미 4년이 되었습니다. 더구나 중전께서 갑자기 승하하고 인산因山(임금과 왕비, 왕세자 혹은 왕세자 비의 장례)을 마쳤으니²¹² 대궐에 나아가 보잘것없는 신의 정성을 펴야만 하나 몸 전체의 혼백이 쇠잔하여 시력이 흐릿하고 다리의 힘이 빠져서 비록 억지로라도 일어나 반열에 나아가고자 하는 것이 참으로 어렵습니다. 어찌 감히 일부러 지체하여 스스로 명을 어기는 죄에 빠지겠습니까. 혹시 성상의 은덕을 입어 이 직임에서 해임되어 조리에 전념할 수 있게 된다면, 신은 마땅히 이른 시일 안에 조정에 나아가 갖은 계책을 마련할 것입니다. 이로써 몸이 가루가 되고 죽어서 결초보은할 수 있다면 감히 자애로운 성상의 은혜에 흠결이 없을 것입니다. 속히 명을 거두어 공적으로나 사적으로나 편안하게 해 주신다면 매우 다행이겠습니다.

임금은 사직하지 말고 조정에 나오라고 했으나, 녹천공은 건강이 회복되지 않아 조정에 복귀하는 것을 계속 미뤘다. 이 무렵 홍정랑洪正郎 댁으로 보낸 간찰이 전해오고 있다.²¹³ 이 편지를 보면 아드님께서도 편찮아 크게 걱정했음을 알 수 있다. 이 편지에서 말한 '병조판서가 당한 일'은 3월 22일 정언 조정위趙正緯가 상소를 올려 병조판서 김구金構를 탄핵한 사건을 말한다.²¹⁴ 임금은 조정위를 해임하고 김구에 대해서는 별다른 조처를 하지 않았으나, 김구가 사직 상소를 올리고 직무 보기를 중단하는 바람에 결국 김구를 병

녹천공이 홍정랑 댁으로 보낸 편지

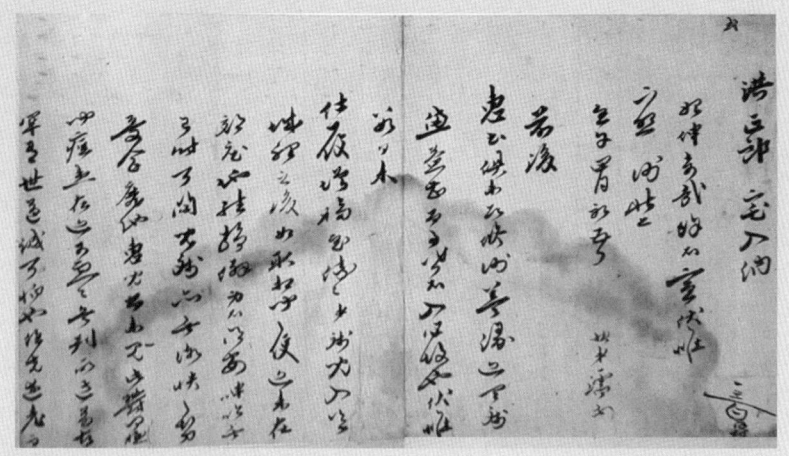

홍정랑 댁으로 보냅니다.

전후로 편지를 보내주셨으나 즉시 답장을 보내드리지 못했습니다. 대체로 요사이 병으로 더욱 피로하여 일이 모두 마음에 들지 않아서입니다. 생각건대 수일 내로 관직에 나간다고 하니 더욱 복을 누리게 되어 무척 위로됩니다. 제 병든 아이를 도성 안으로 들여보낸 뒤로 소식을 들을 수 있는 인편을 얻었습니다. 저는 근래 교외 별장에 있습니다. 비록 조용하고 궁벽하지만, 몸이 안정을 얻지 못하여 앓는 소리가 그칠 때가 없어 안타깝습니다. 아이의 병도 점점 나아질 기미가 없으니 걱정이 그치지를 않습니다. 혜아를 아직 보지 못했으니, 이 답답함이 언제 다하겠습니까. 천연두 병이 가까운 곳에서 돈다고 하니 무척 걱정됩니다. 병조판서가 당한 일은 지난 옛날에도 드문 일로 세상의 인심이 참으로

> 두렵습니다. 임선달은 늙어서야 비로소 관직을 얻었으니 기이한 일입니다. 나머지는 이만 줄입니다. 헤아려 보시기 바라며 답장 편지를 드립니다.
>
> – 임오년(1702년 숙종 28) 4월 5일 복제服弟 유濡 올림

조판서 직에서 해임했다. 4월 임금은 후임으로 공을 임명했다. 다시 사직을 청하는 상소를 올렸다.[215]

삼가 신이 피를 토하는 심정으로 상소를 올려 거듭 성상의 위엄을 범하는 것은 실로 정세가 절박하여 어쩔 수 없는 데에서 나온 것입니다. 삼가 성상의 비답을 받들어 보니 또 윤허를 받지 못하여 더욱 답답하여 몸 둘 바를 모르겠습니다.『예기禮記』에 "역량을 헤아린 뒤에 조정에 들어가고, 들어간 뒤에는 역량을 헤아려서는 안 된다."고 했습니다. 정력은 노쇠하여 고질병을 앓고 있는 신을 이미 이 자리에 시험해 보았으나 효과가 없었습니다. 어찌 다시 무거운 책임을 맡아 극히 분주한 업무를 감당할 수 있겠습니까. 조정에서 관리를 임용하는 도리로 볼 때 일을 그르친 뒤에 책임을 물어 내치기보다는 임용하는 즈음에 신중하게 하는 것이 낫다고 했습니다. 삼가 바라건대 자애로운 성상께서는 신이 전후로 올린 지극히 간절한 마음이 겉으로 꾸미는 데에서 나온 것이 아님을 살펴 속히 신에게 새로 맡긴 직명을 거두어 시일을 허비하고 헛되이 직임을 맡는 일을 없도록 한다면 천만다행이겠습니다.

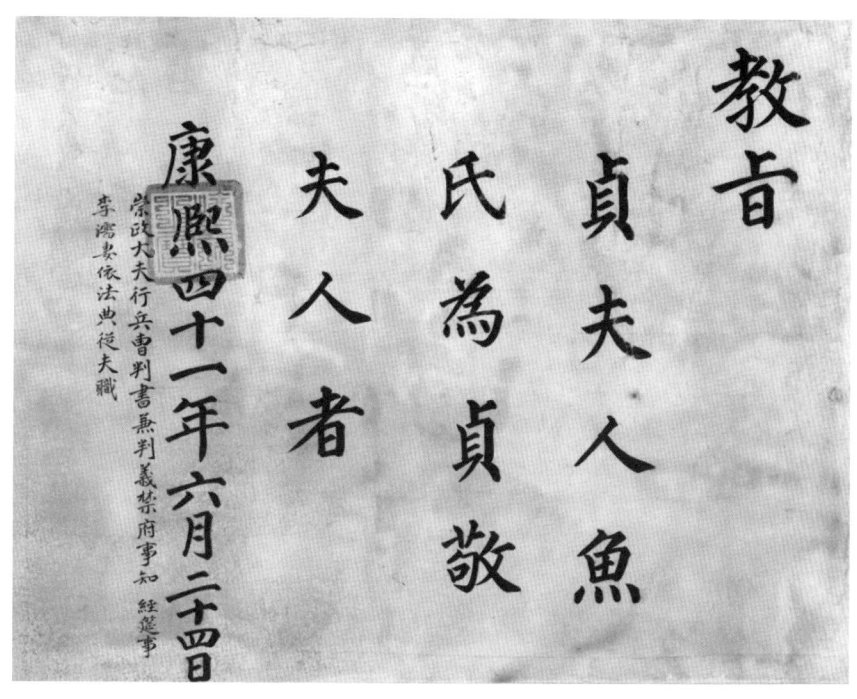

녹천공이 조모상을 마치고 다시 병조판서에 임명되었을 때 품계는 정2품 정헌대부正憲大夫에서 종1품 숭정대부崇政大夫로 올랐다. 이에 따라 부인의 품계도 정부인貞夫人에서 정경부인貞敬夫人으로 올랐다.

임금은 물러나지 말라는 답을 여러 차례 내려보냈는데도 올라오지 않는 녹천공을 즉시 불러와 직임을 살피게 하라고 엄하게 하교했다.[216] 이에 바로 조정에 나갔다. 5월 12일 경덕궁 자정전에서 낮과 저녁에 연거푸 경연이 열렸다. 녹천공도 계속 참석해서 성인 장정에게 부과하던 군역과 부역인 신역身役의 변통이 필요함을 주장했고, 임금도 이에 동의하며 구체적인 방도를 찾아보라고 했다.[217]

일에는 본말이 있으니, 근본은 임금과 조정이 같은 마음이 되는 것이며 말단은 나라에서 시행하는 모든 일이니, 근본이 바르지 않으면 어떻게 말단을 다스릴 수 있겠습니까. 신은 군역에 관한 한 가지 일에 대해 삼가 개탄스러운 점이 있어 감히 이렇게 우러러 아룁니다. (가구마다 신역 대신 무명이나 베를 내도록 하는 호포戶布 논의가 전부터 있었는데), 대의는 비록 좋으나 신의 생각으로는 사람 수대로 내는 구포口布만 못하다고 생각합니다. 무릇 중도에 퇴출하는 모든 실상을 자세히 조사했는데, 시험에서 떨어진 학생을 바로 내보내지 말고, 다만 죄를 벗어나는 대가로 베 1필을 속포贖布로 받고 그대로 이름을 존속시켜 성균관에 출입하도록 하고 이듬해에 이르러 다시 시험을 허락하여, 통과한 자는 그 포를 면제하도록 해야 합니다. 이렇게 하면 그들이 바로 앞에 닥치는 노역에 대한 원망이 없고, 또 권장하는 방도에도 이익이 있을 것입니다. 그렇게 거둔 포를 감영에 맡겨 두고 각 읍에서 도망자가 있어 모자라는 수효만큼을 그 포로써 지급해 준다면, 전체 수량에서도 모자라지 않을 것입니다. 다른 경우에 대해서도 모두 이름을 존속시켜 그 포를 거두고 각 읍의 도망자로 인한 수효를 점차 보충해 나가면 포는 여유가 있게 되니, 2필, 3필의 부역을 이로써 1필로 감하면 고르게 하는 한 방법일 듯합니다.

당시 '백골징포'와 '인족침징'[218]의 폐단으로 백성들이 원통함을 호소하는 일이 많아졌는데, 녹천공의 이 주장은 이를 해결하기 위한 것이다. 1703년(숙종 29) 1월 임금과 나라의 부역을 평민이 부담하는 양역良役 변통을 담당하도록 위촉된 세 사람인 녹천공과 민진후

閔鎭厚·이인엽李寅燁을 비롯한 여러 신하는 양역 변통에 의한 군정 개혁 문제를 긴 시간 논의했다.[219]

녹천공 : 이번 무과 출신을 나누어 부방赴防(다른 지방의 군대가 서북 변경을 방어하기 위하여 파견 근무를 하던 일)해야 하는데, 서북 지방의 기근이 심하니 임시로 부방을 면제하는 조치를 하여야 할 듯합니다. 대신에게 하문하여 처리하는 것이 어떻겠습니까.

우의정 신완申琓 : 올해에는 서북 지방의 기근이 이와 같아서 실로 모두 곤궁해지는 폐단이 있고, 또 종전에는 쌀을 바치고 부방을 면제해 주는 규례가 있었지만 이런 흉년에는 이를 바치기 어려우니 일을 처리하는 바가 또한 구차합니다. 일찍이 전에 스스로 양식을 준비하여 금군禁軍에 소속시켰다고 합니다. 이번에도 이 예대로 하는 것이 마땅할 듯합니다.

녹천공 : 과연 전례가 있다면 이번에도 그대로 행하는 것이 어떻겠습니까.

임금 : 이미 전례가 있으니 그대로 하라.

녹천공 : 신은 대정[220]이 있고 난 뒤 면직을 청하고 물러가 있던 중에 삼가 비망기를 보니 내용이 간곡하여 감격스럽기 그지없었습니다. 그런데 양역을 변통하는 한 가지 일은 지금 어디에서 손을 대어야 마땅할지 모르겠습니다. 의논하는 자는 혹은 말하기를 "마땅히 호포의 정책을 시행해야 한다."고 하며, 혹은 말하기를 "이런 때에 새로운 법을 시행하는 것은 어렵다. 마땅히 먼저 외방의 감영과 병영에 이르기까지 각 군문軍門의 난잡한 명목을 삭제한다면

거의 소요가 없을 것이며 그 효험도 적지 않을 것이다."고 합니다.
임금 : 주관하는 당상들이 모두 있으니 각기 소견을 말하는 것이 좋겠다.
형조판서 민진후 : 현재 민생이 거꾸로 매달린 지경이 된 것은 양역이 지나치게 고통스럽기 때문이니 급선무가 이보다 더 큰 것이 없습니다. 호포와 구포의 법이 어찌 폐단을 구제하는 좋은 대책이 아니겠습니까. 하지만 이렇듯 인심이 흩어지고 국가 기강이 해이해져 버린 때에 어찌 이러한 조치를 하여 시끄러운 단서를 더할 수 있겠습니까. 군문이 너무 많은 것은 실로 고질적인 폐단의 근원입니다. 만약 하나의 군문을 혁파한다면 이것이 가장 좋은 대책일 것입니다.
행부사직 이인엽 : 우리나라의 군제로는 5위[221]보다 좋은 것이 없습니다. 하지만 임진왜란 이후 훈련도감·어영청·금위영 등의 군문이 차례로 설치되었으며 또 수어청과 총융청, 호위청이 설치되었는데 국력의 피폐와 민생의 곤궁은 바로 이 때문입니다. 군문의 한 곳을 줄여서 혁파해야 하지만 임금께서 늘 어렵게 여기실 뿐만 아니라, 이미 만들어진 군문과 훈련된 군졸들을 하루아침에 혁파하는 것은 매우 아까운 일입니다.

이때 임금은 뜯어고쳐 변통할 만한 것이면 크게 개혁하는 것이 마땅하며 기근 때문에 안 된다고 말할 필요는 없다고 하며 호포를 시행하는데 문제가 무엇인지를 물었다. 잠시 뒤 논의는 자연스레 호포에 관한 것으로 옮겨갔다.

창덕궁 전경. 창덕궁 정문 돈화문 건너에 비변사와 금위영이 있었다.

민진후 : 호포의 정책은 선조 때부터 있었으나 방해되는 일이 많아 아직껏 시행되지 못했습니다. 또 지금은 민심과 국가 형편이 날로 점점 나빠지니 결코 경솔하게 이 법을 시행할 수 없습니다. 나라에서 필요한 경비 중에서 제향이나 관리들의 녹봉은 겨우 3분의 1이 될 뿐이며, 군병들의 급료가 실로 3분의 2를 차지한다고 합니다. 군문이 너무 많으므로 여러 의논은 새로 설치된 금위영을 혁파해야 마땅하다고 합니다. 지금 이를 혁파한다면 다행한 일이지만 이것은 감히 바랄 수 없습니다. 그래서 군병의 정원 수를 줄이려고 하는 것입니다.

녹천공 : 신의 어리석은 소견으로는 그전부터 호포의 법은 시행할 수 없다고 여겼습니다. 이는 호수로 마련하면 부족한 바가 있을 뿐만 아니라, 만약 도망한 자가 있으면 반드시 이웃과 친족에게 미치는 폐단이 있을 것입니다. 이는 오늘날 변통시키려는 본의가 아닐 것입니다.

신완 : 우리나라는 초기에 5위를 설치하여 평안할 때는 농사를 짓고 사변이 있으면 병졸이 되었습니다. 이처럼 병졸을 농가에 붙여 둔 것은 참으로 좋은 법이며 아름다운 제도였지만 임진왜란 이후에 훈련도감을 설립했고, 그 뒤 어영청과 금위영 등의 군문이 차례로 설립되어 경비가 날로 늘어나고 백성의 원망만 더욱 심해졌습니다.

녹천공 : 훈련도감의 설립은 애초 우연한 것이 아니었지만 지금에는 폐단이 적지 않고 소속된 군졸들은 점점 교만하고 게을러서 쓸모가 없게 되었습니다. 훈련도감의 군병을 갑자기 혁파하여 살 곳

을 잃게 하고 억울함을 호소하는 근심이 있게 하기는 어렵습니다. 그렇다고 금위영을 혁파하여 훈련도감으로 보내는 것도 폐단을 줄이는 도리가 못됩니다. 차라리 원래의 정원수를 크게 바로잡는 것만 같지 못합니다.

이인엽 : 군문이 너무 많은 것은 참으로 오늘날의 고질적인 폐단입니다. 지금 만약 한 곳의 군문을 혁파하여 줄인다면 민생이 어깨를 펼 수 있을 것입니다. 현재 국가의 1년 세입이 대략 13만 석인데 8만여 석은 군병들의 급료로 돌아갑니다. 다만 이들은 편안히 앉아 포식하며 육체의 수고로운 일이 없어, 일찍이 성상께서 능에 행차할 때 수십 리를 달리지 못하고 거의 다 길가에 쓰러져 있었으니 참으로 한심스럽습니다. 신의 생각에는 경기의 수십 리 이내에 토지를 만들어 돌려가며 농사를 짓게 하면 노동을 익힐 수 있고 군량에도 보탬이 될 수 있을 것입니다. 금위영을 처음 설립했던 의도대로 훈련도감으로 옮겨 소속시키고, 훈련도감의 군병은 결원이 있어도 보충하지 말도록 하여 오랜 세월을 두고 변통에 유의한다면 불과 10~20년 동안에 거의 쓸 만한 군병을 얻을 것입니다.

호조판서 김창집[222] : 지금 여러 신료는 이미 만들어진 군문을 갑자기 혁파하는 것을 어렵게 여겨 우선 더 첨가된 군병의 숫자를 줄이려고 합니다. 이것은 일시의 고식적인 정책으로 몇 년을 지나지 않아 그 폐단은 반드시 예전과 같을 것입니다. 지금 금위영의 군병을 훈련도감에 귀속시키고, 훈련도감의 군병은 점차로 줄여야 합니다. 신의 생각에는 호포의 법을 시행하든지 혹은 군제를 혁파하든지 즉시 이 자리에서 하나를 지적하여 하교하는 것이 사리에 맞을 듯합니다.

신완 : 지금 성상께서 개혁에 유의하고 변통시키려고 한다면 마땅히 먼저 금위영을 혁파해야 합니다.

임금 : 작은 나라에 다섯 군문이 있으니 어찌 폐단이 없을 수 있겠는가. 금위영을 먼저 혁파하는 것이 좋겠다.

모두 군제와 양역의 변통 필요성에는 공감했으나 양역 변통에 대한 구체적인 사항은 크게 진전이 없었다. 다만 최종적으로 임금이 금위영을 혁파하는 것이 좋겠다는 의견을 제시했다. 녹천공은 병조판서로서 금위영 대장을 겸직하고 있었기에 이 문제는 곤혹스러운 사안이었다. 1월 20일 임금이 대신과 비국 당상을 만난 자리에서 외방의 감영과 병영의 군병은 일찍이 한정된 숫자가 없는데, 지금부터는 각 군문의 군병의 정원수를 자세히 정해야 할 것이라고 했다.[223] 2월 8일 임금과 신하들은 군제 변통의 하나로 거론된 금위영 혁파 문제를 재차 논의했다.[224]

녹천공 : 이전 경연에서 금위영을 특별히 혁파하라고 한 일은 참으로 성상께서 민생을 위해 양역의 고통을 펴 주려는 뜻에서 비롯된 것이니 어느 누가 감격하지 않겠습니까. 다만 혁파하라는 명령만 있었고, 훈련도감에 옮기는 일과 퇴출 하여 다른 일을 보도록 하는 태정汰定에 대해서는 명백한 하교가 없었습니다.

우의정 신완 : 군문의 수가 너무 많으니 참으로 막대한 폐단입니다. 대체로 금위영을 처음 설치할 때 지식 있는 자는 군문을 널리 설립

하는 것은 마침내 후일의 큰 폐단이 될 것이라고 했으며, 온 나라의 의논이 혁파해야 마땅하다고 말했습니다. 병조판서 이유를 시켜 여러 대신에게 문의하여 처리케 하는 것이 마땅하겠습니다.

녹천공 : 호조 별영別營의 병풍에 기록된 것을 보면, '옛날 평화로운 시대에 토지에서 거두는 것은 군자창과 광흥창으로 가는 나라에 바치는 공물뿐이었으나 임진왜란 이후에 훈련도감을 설립하고 군병들의 급료를 주기 위한 쌀을 더 부과하여 군량의 자료로 삼았다.'고 쓰여 있었습니다. 대체로 삼수량[225]의 설치는 여기서 비롯된 것이며, 훈련도감에 별도로 설치된 군량임이 명백합니다. 훈련도감의 마병馬兵과 보병步兵 5천 명에게 주는 급료의 양은 48,400여 석입니다. 신의 생각에는 훈련도감의 군병에 결원이 있어도 절대 보충하지 않으면 마침내 혁파하는 방향으로 가게 되는데, 이렇게 해서는 안 된다고 여깁니다.

임금 : 작은 나라에서 다섯 군문이나 있으니 어찌 폐단이 없기를 보장하겠는가. 만약 한 명의 군졸도 버릴 수 없어 훈련도감에 배속시킨다면 '금위영'이라는 세 글자만 없애는 것일 뿐 혁파하는 뜻은 없는 것이다. 만약 모두 혁파하여 도망자와 죽은 자를 대신하여 쓰려고 한다면 허다한 군병들이 억울하다고 하는 폐단이 많을 것이다. 이것도 염려하지 않을 수 없다.

녹천공 : 신은 지금 대장의 직임을 맡고 있으니 금위영의 일은 감히 아뢸 수가 없습니다. 하지만 훈련도감의 군병은 결코 혁파할 수 없는 줄로 압니다.

행부사직 이인엽 : 전날 경연에서 특별히 금위영을 혁파하라는 명령

이 갑자기 뜻밖에 나왔습니다. 오직 성상의 분발을 다행으로 여겼으나, 다시 앞뒤 대책은 깊이 생각하지 않았습니다. 물러 나와 상세히 연구해 보니 처리하기 어려운 단서가 한둘이 아니었습니다. 백골징포와 인족침징은 원망이 비록 깊으나 지금만 그런 것은 아니었으니 백성들은 그런대로 습관이 되어 왔습니다. 이렇게 어려운 걱정이 눈앞에 넘치는 때에 10만 명에 가까운 군병들의 새로운 원망을 또 부른다면 참으로 작은 염려가 아닐 것입니다.

호조판서 김창집 : 신은 일찍이 호포와 군문을 변통할 것을 대략 아뢰었습니다. 성상께서 금위영을 혁파하라는 명령을 특별히 내렸습니다. 다만 이를 처리하는 과정에서 곤란한 단서가 없지 않다고 하니 마땅히 여러 대신과 묘당의 모든 신료에게 널리 문의하여 좋은 방법으로 여쭙고 결정하는 것이 좋을 듯합니다.

녹천공 : 신의 본의는 애초부터 군문을 혁파하는 것에 있지 않았고, 숫자를 줄여 정수를 정하는 것이 편리하겠다는 것이었습니다. 대체로 지금 내외의 군제가 문란하고 일정한 규례가 없어서 거의 다 임의로 증가시켰습니다. 지금 먼저 서울의 군문에서부터 한 군문의 정수를 결정한 뒤에, 그로써 감해진 숫자를 그대로 본 군문에 두고 결원에 따라 보충시킨다면 외방에서 병사를 모으는 폐단을 없앨 수 있고, 그 효과는 반드시 많을 것입니다. 금위영과 어영청의 두 군영을 두고 논한다면 한 군문에 정군正軍이 15,875명이며, 마군과 잡색군은 아울러 2,555명에 이릅니다. 이를 합하면 18,430명입니다. 이는 군정에 있어서 부족하지 않으며 또 정예화에 힘쓰는 도리에도 합당할 것입니다. 어영청에서 당연히 감해야 할 자가

만여 명이며 금위영에서 감할 자도 만 명에 가까우니 해마다 이들로서 결원을 보충하면 거의 10년 동안은 걱정 없을 것입니다. 지금 이후로는 비록 1명의 군병이라도 혹여 정원수 이외에 첨가한다면 장신將臣(도성을 지키던 각 군영의 장수)이거나 번곤藩閫(감사 · 병사 · 수사를 통틀어 이르는 말)을 막론하고 군법으로 다스린다는 뜻을 별도로 엄하게 내린다면 누가 감히 법을 어겨 스스로 중한 죄에 빠지겠습니까.

임금 : 당초에 하나의 군문을 특별히 혁파하기로 한 것은 양역을 변통시키려는 생각뿐이었다. 하지만 8만여 군병을 한꺼번에 혁파한다면 백성의 원망이 염려스럽다는 말이 있고 대신들의 생각도 혁파하는 것은 중대한 일이라고 했다. 그렇다면 우선 그대로 두고 양역을 주관하는 당상들이 서로 모여 특별히 선처하라.

이인엽 : 금위영을 이제 그대로 두도록 했으나 앞으로 양역을 변통할 즈음에 세 군문과 각 아문에서 각기 절박한 이유를 말하며 그대로 둘 것을 요청하게 된다면 비록 변통시킨 명분은 있으나 사실은 그 효과가 없을 것입니다. 조금도 흔들려 고치는 일이 없어야 할 것입니다.

2월 26일 군제 변통의 하나로 거론된 금위영 혁파 문제를 재차 논의했다.[226] 녹천공은 이날에도 역시 어영청에서 줄인 1만여 명과 금위영에서 줄인 7천여 명[227] 모두를 본 군문에 머물게 하고 점차로 결원을 보충한다면 외부에서 군병을 모집하는 폐단을 덜 수 있다며 군제를 변통하는 구체적인 방안을 제시했다. 일부 신하는 다소 우려를 나타내기도 했으나, 그대로 윤허했다. 3월 6일 낮 경연에서 다시 금위영 운영 문제를 거론했다.²²⁸ 금위영과 어영청에서 줄인 1만 7천여 명은 여러 해 동안 부족한 결원을 보충할 밑천으로 충분하다고 생각한다고 했다. 이렇게 하면 두 군문에 결원이 발생해도 보충하지 않도록 하여 당장 군정軍丁(군적軍籍에 있는 지방의 장정으로, 16세 이상 60세 미만의 남자)을 징발하는 소요를 일으키는 폐단을 조금이나마 제거할 수 있다고 했다. 임금은 흔쾌히 윤허했다.

이정청이 설치되고 양역 변통을 주도하다

1703년(숙종 29) 6월 22일 이조판서 김창집이 모친상으로 벼슬을 내려놓고 조정을 떠났다. 이튿날 녹천공을 후임으로 임명했다. 9월 15일 여러 신하가 임금을 알현하는 자리에서 양역 변통과 군제 변통에 관한 논의가 있었다.²²⁹

> **녹천공** : 양역을 변통하는 일은 국가의 대사입니다. 신 한 사람이 독단적으로 처리할 수 있는 일이 아니고 또 직무가 번다했기에 아직 행하지 못하여 개인적으로는 마치 죄를 지은 것처럼 두렵고 황송합니다. 지금 만약 별도로 기구를 설치하여 낭청을 차출하고 또 업무에 익숙한 사람을 뽑아 임금으로부터 재가를 받은 당상과 날마다 회의하고 차례대로 거행하게 한다면 몇 달 안에 가닥이 잡힐 것입니다. 대신에게 물어서 처리하는 것이 어떻겠습니까.

영의정 신완 : 나라에서 백성의 폐해를 제거하고자 하여 변통하게 했는데, 지금 이렇게 해가 지나도록 아직 거행하지 못하고 있습니다. 이는 구관당상 3인이 함께 의논한 뒤에야 할 수 있는데, 여러 신하가 일이 많아 모두 모일 수 없어서 이 지경에 이른 것입니다. 만약 기구를 설치하고 별도로 이름을 붙여 비국에 그대로 두고 여러 당상과 낭청이 착실히 연구한다면 어찌 유유범범悠悠泛泛(일을 꼼꼼하게 하지 않고 느리며 조심성이 없음)하게 될 우려가 있겠습니까.

녹천공 : 군제를 변통하는 일은 병조판서가 함께 논의해야 하는데 조정의 신하 가운데 유집일兪集一과 박권朴權이 명민하고 일을 환히 알고 있습니다. 신이 두 사람과 함께 일을 하려고 해도 박권은 경상감사로 나갔고, 유집일은 지금 또 함경감사가 되어 애석합니다. 이번에 변통하는 일은 실로 한 나라의 폐단을 혁파하는 큰일입니다. 별도로 기구를 설치한 뒤 곧바로 일을 담당할 당상을 차출할 수 있으면 좋을 듯합니다.

임금 : 북쪽 지방도 중요하긴 하지만 이번에 군제를 변통한 것은 실로 팔도의 군정과 관계되므로 그 임무가 더욱 중요하다. 유집일을 지금 교체하여 군제를 함께 의논하도록 하라.

이 논의가 있고 난 뒤 이정청[230]이 설치되었다. 당상으로는 녹천공을 비롯하여 민진후·이인엽·윤세기尹世紀·유집일 등 5명이 임명되었다. 낭청으로는 문관·무관·음관을 논하지 않고 8명을 임명했다. 이만성李晩成·정추鄭推·맹만택孟萬澤·김유金楺·김진화金鎭華·이만종李萬鍾·조수趙脩·홍이징洪以徵 등이다.[231] 10월 10일 비변사에서 건의하여 공은 민진후, 유득일과 함께 계속 유사당상有司堂上(종친부, 충훈부, 비변사, 기로소 등에서 사무를 전적으로 책임지고 맡아 보는 당상관) 역할을 맡았다.²³² 같은 날 공은 이정청을 설치하여 양역을 변통하는 일을 속히 거행할 수 있도록 했으나, 몸의 쇠약함이 이미 심하고 직무가 점점 번다해져 착실히 주선하기 어려운 형편이라고 했다. 이어서 금위영 제조의 경우에는 당초에 맡는 것이 실로 명분이 없었으며, 지금 이정청을 설치했으니 도성 내외의 각종 군제를 모두 담당하여 바로잡아야 하니, 금위영 제조는 더욱 그대로 겸직하는 일이 이치에 맞지 않으므로 면직시켜 줄 것을 간청했다.²³³ 임금은 바로 윤허했다.

  11월 26일 낮 경연에서 정2품 지경연사知經筵事로 참석한 녹천공은 자신의 본뜻을 모르고, 사람들이 법을 어기고 함부로 소속된 자들을 조사하여 다른 곳으로 보낸다고 말하며 소란을 불러일으키고 있다고 했다. 하지만 총융청의 문제를 이미 변통하여 처리했으며 이제는 마땅히 할 일을 차례로 연구하여 그동안 쌓인 폐단을 혁파하여 제거할 것이라고 하며, 떠도는 소문이 주위를 선동하여 하는 일을 방해할까 두려우니, 임금께서 마음을 굳게 결정해서 다시 흔들리거나 바꾸지 말기를 간청했다. 그런데 한성판윤 민진후가 상소하여 송도의 총융병摠戎兵을 폐지할 때나 이정청에서 궐원이 생긴 낭관의 후임을 뽑을 때 가장 높은 수석께서 여러 사람의 의견을 듣지 않고 자기 마음대로 처리하는 병폐가 있다고 했다. 민진후는 자신을 파면시켜 달라고 요청했으나, 사실은 공을 에둘러 비난한 것이었다.²³⁴ 이에 상소를 올려 책임을 지고 물러나겠다고 했다. 임금은 뜻밖의 비난에 대하여 깊이 혐의스러워할 필요가 없으니 사직하지 말라고 했다. 민진후에게는 지난번 상소에 대하여 이미 미안한 뜻을 밝혔는데 도리어 비난을 더 하니, 국사를 함께 협조하여 다스리는 의리에 맞지 않으니 그렇게 하지 말라고 타일렀다. 공과 민진후가 동시에 사직을 청하며 출사하지 않았으나, 임금이 간곡하게 두 사람을 타일러 사직의 뜻을 접게 함으로써 이정청이 초기부터 제대로 돌아가지 못하고 좌초할 수도 있었던 사태를 막을 수 있었다.

1704년(숙종 30) 1월 29일 임금이 여러 대신을 만난 자리에서 북한산성 축성에 대한 논의와 군제 개혁에 대한 논의도 있었다.[235] 좌의정 이여는 백골과 인족에 대하여 징수하는 폐단이 크다고 하면서, 백성들의 부역을 고르게 할 필요가 있다고 했다. 백성들의 부역을 고르게 하지 않고 먼저 군인 수를 줄이고자 한다면, 크게 걱정되는 바라고 덧붙였다. 녹천공도 군대를 정예롭게 하는 것이 중요하므로 숫자가 많은 것에 힘을 써서는 안 된다고 했다. 양군문兩軍門에 소속된 군사가 거의 20만 명에 이르고 있고, 백성들의 고통이 여기에서 연유되는 것이 많으므로, 이를 감하지 않는 상태에서 다른 것에 손을 대는 일은 효과가 없다고 했다. 결국 이정청을 설치한 목적이 군인의 수를 줄여서 군대 정예화에 힘쓰면서 동시에 백성의 고통을 덜어주고자 하는 데 있음을 강조했다. 이날의 실록 기사도 군제를 고쳐 감한 액수가 상당히 많았다고 기록하고 있다. 1704년(숙종 30) 12월 28일 마침내 이정청에서 오군문五軍門(총융청, 수어청, 훈련도감, 어영청, 금위영)의 군제를 고치고, 수군을 변통하는

오군문 군제 개혁 방안

군문	내용	비고
총융청 摠戎廳	**옛 군제** 좌영左營 수원水原, 중영中營 남양南陽, 우영右營 장단長湍 (총원 21,339명)	총원 1,818명 증가
	신 군제 중영 3부와 좌우영 각 2부; 1부=2사司, 1사=5초哨, 1초=125명 (총원 23,157명) 〔양인良人 12두斗, 노군奴軍 6두 쌀을 거둠〕	
수어청 守禦廳	**옛 군제** 광주廣州 전영前營, 양주楊州 좌영, 원주原州 우영, 죽산竹山 후영後營 4영과 좌우부·중부 3부 (총원 39,589명)	총원 7,239명 감소

	신 군제
	광주 전영, 양주 중영, 죽산 후영 3영과 좌우 2부
	(원주 우영과 중부 혁파하고, 광주 일부 군병을 중영과 후영에 보내 3영을 균일하게 함)
	1영=5사, 1사=5초, 1부=아병牙兵 16초와 마병 3초
	(총원 32,350명)
	〔둔아병屯牙兵은 옛 군제에 비해 양인은 감하여 쌀 6두를 받고 노군은 반액으로 감했으며, 좌우부의 아병은 옛 군제에 비해 양인은 10두로 감했고 노군은 그대로 4두를 받음〕
	  아병 : 대장大將 휘하에 있는 병정
	  둔아병 : 농사를 짓는 둔전屯田에 소속된 병정	

훈련도감 訓鍊都監	**옛 군제** 1영 2부 26초	총원 5,633명 감소

	신 군제
	제색군諸色軍 정원 유지, 대년군待年軍 등 정원 반감
	  제색군 : 여러 종류의 군인
	  대년군 : 병사가 죽거나 복무하지 못할 때 그 자리를
	              채울 사람으로서 16세 미만의 남자	

	옛 군제	
어영청 御營廳	5부, 각부 5사와 별삼사別三司 총 28사 각사 5초, 별중別中 1초로 총 141초, 매초 134명 (총원 106,270명)	총원 19,317명 감소
	신 군제 5부, 1부=5사, 1사=5초, 총 125초, 매초 127명 (총원 86,953명)	
금위영 禁衛營	옛 군제 5부, 각부 5사와 별양사別兩司 총 27사 각사 5초, 별중 1초로 총 136초, 매초 127명 (총원 91,696명)	총원 6,422명 감소
	신 군제 5부 25사 125초, 매초 127명 (총원 85,274명)	
	오군문 전체 36,793명 감소	

방안을 마련해서 보고했다.[236]

    수군에 대해서도 변통하고 개정할 사항을 구체적으로 나열했다. 전선戰船, 귀선龜船, 정탐선偵探船, 병선兵船, 사후선伺候船 각 1척에 필요한 정원 수와 소요되는 물품과 수량을 정했다. 군영 아래에 사는 백성으로 군적을 만들고 이들로부터 거둬들인 면포綿布와 사용하고 남은 면포의 사용처, 관리 방안 등을 구체적으로 제시했다. 또 이정청에서는 군적에 있는 사람이 복역하는 대신 바치는 베인 군포軍布와 부역을 균등하게 하는 균역均役에 대한 변통 방안을 마련했다.

    녹천공은 시험에 떨어진 향교 교생校生으로부터 특별히 포목을 징수하는 법을 구체적으로 정했다. 교생이 일정한 시험을 통과하지 못하면 바로 군 복무를 해야 했는데, 교생은 이를 마치 죽음의 구렁텅이에 빠지는 것처럼 생각하여 이를 피하려고 온갖 간사한 폐단을 일으키고 있었다. 봄, 가을에 두 번 시행하는 시험을 1년에 한 번, 초봄 농사 기간 전에 실시하며, 여기서 떨어진 자를 바로 군 복무에 보내지 말고 전과 같이 교생으로 대우하면서 떨어진 벌로 단지 면포 2필을 바치도록 할 것을 건의했다. 또 시험을 치르는 대상을 15세 이상 50세 이하로 하며, 함경도와 평안도 강변江邊 7읍의 교생은 원래 연달아 3차례 떨어지면 군에 배정했으나 앞으로는 3차례 떨어져도 본인이 원하는 경우 면포를 바치고 군 복무를 면제할 것을 제안했다.

  대체로 이정청에서 마련한 방안에서는 군인 정수를 줄이고, 신포를 감면하고, 관리의 농간을 막는 데 중점을 두었다. 녹천공이 주관하여 이정청에서 마련한 변통 방안에 대하여 실록에서 사신은 논하기를 백골징포의 폐단을 참으로 개혁하지 않을 수 없고, 수군의 심한 고통을 참으로 줄이지 않을 수 없었는데, 군문의 수만 군사를 줄여서 도망가거나 죽은 사람을 대신하여 보충하게 하고, 변방을 지키는 군인의 군포 한 필을 감면하고 수군에서 필요로 하는 수량을 제시했다고 했다. 이렇게 해서 한편으로는 피로하여 지친 백성을 위안하고, 또 한편으로는 간사한 관리의 농간을 막을 수 있었다고 했다. 1711년(숙종 37) 9월 좌의정에서 물러난 뒤 판중추부사로 있을 때 양역 변통과 관련하여 상소를 올렸다.[237]

  호戶는 인구에 따라서 대소大小가 되고 집에는 남자의 다소多少가 있는데, 이에 따라 징수하는 베의 수량이 증가하거나 감소하면 인심이 교묘히 속이기를 좋아하여 호적의 법이 무너질 것입니다. 신의 생각에는 반드시 먼저 사망자에 관한 규정을 개정하되, 도망가거나 사망한 사람의 수만큼 모자란 정원을 그 고을에서 대신 충원하도록 하는 것이 마땅할 듯합니다. 사망한 군인에 대하여 이를 충원하기 전에는 그대로 베를 거두고 있는데, 이것이 이른바 백골징포의 폐단입니다. 이제 마땅히 사망한 내용을 정리하여 관리에게 바치는 보고 규정을 혁파하고, 사망 군인에 대하여 고을 관리가, '어느 면, 어느 마을, 무슨 군역, 누가 어느 달 어느 날에 병으로 죽었다.'고 써서 해당 면의 풍약風約(풍헌風憲과 약정約正. 풍헌은 향소鄕所의 임원으로 면·리의 일을 맡아 보았고, 약정은 향약의 임원으로 향리의 자치를 담당함)에게 보고하면, 풍약은 즉시 달려가 살펴서 사망이 확실하다면 담당 관리에게 보고하고, 관리는 해당 관청인 아문衙門에 보고하며, 한편으로는 고을의 임장任掌(서울의 각 방坊, 지방의 동리에서 호적이나 기타의 공공사무를 맡아보던 사람)이 충원에 합당한 자를 그 관리에게 보고하게 합니다. 만약 합당한 자가 없다고 하면 이웃 마을이나 면까지 살펴서 반드시 충원하도록 합니다. 이제 각 고을에서 위와 같이 충원하게 하면 일이 간단하고 폐단도 자연히 없게 될 것입니다. 혹시 한 동네에서 충원하지 못하면 관리가 처리할 수 있도록 하고 감영·병영과 서울에 있는 해당 관청인 경아문京衙門 소속에 이르러서도 역시 이 예에 의하여 차례로 충원하도록 한다면 어찌 결원을 보충하는데 이웃이나 친족에게 해를 주는 일이 있겠습니까. 신이 일찍이 이정청에서 시험에서 떨어진 교생이 바로 군 복무를 하도록 군으로 보내지 말고 단지 면포만을 받도록 해야 한다고 말했습니다. 그런데 매년 담당자가 한 차례 돌아다니며 가르치고 으레 봄·가을에 두 번 시험을 치른다면, 여러 고을의 많은 교생을 충실하게 다루기에는 그 형세가 매우 어렵습니다. 지금부터는 각 고을의 수령이 주관하여 시험을 치르게 하고, 구두句讀(단어 구절을 점이나 부호 등으로 표시하여 끊어 읽는 방법)를 조금이라도 아는 자는 그대로 교생 명부에 두고, 심하게 글을 몰라 성취할 가망이 없는 자는 별도로 군관 명부에 올립니다. 교생으로서 매년 시험에 떨어진 자는 전대로 면포를 내도록 하고, 군관은 1년에 1번 활쏘기 시험을 보아 합격하지 못한 자는 교생의 예처럼 베 1필을 받습니다. 이름을 교생 명부에 그대로 둔 자와 군관 명부로 옮긴 자 모두에게 군 복무를 면해주면 진실로 원망을 돌려 감격하게 되므로, 학문을 권장하고 무예를 권장하는 뜻도 저절로 일어날 것입니다.

이처럼 비현실적인 호포론戶布論을 비판했으며, '백골징포'와 '인족침징'의 폐단을 없앨 수 있는 개선책을 제시하고, 교생의 명예를 지켜주며 지방 재정을 보충할 수 있는 교생속포론校生贖布論[238]을 주장했다. 이로써 당대의 진정한 '경세제민'의 길이 무엇인지를 보여주었다.

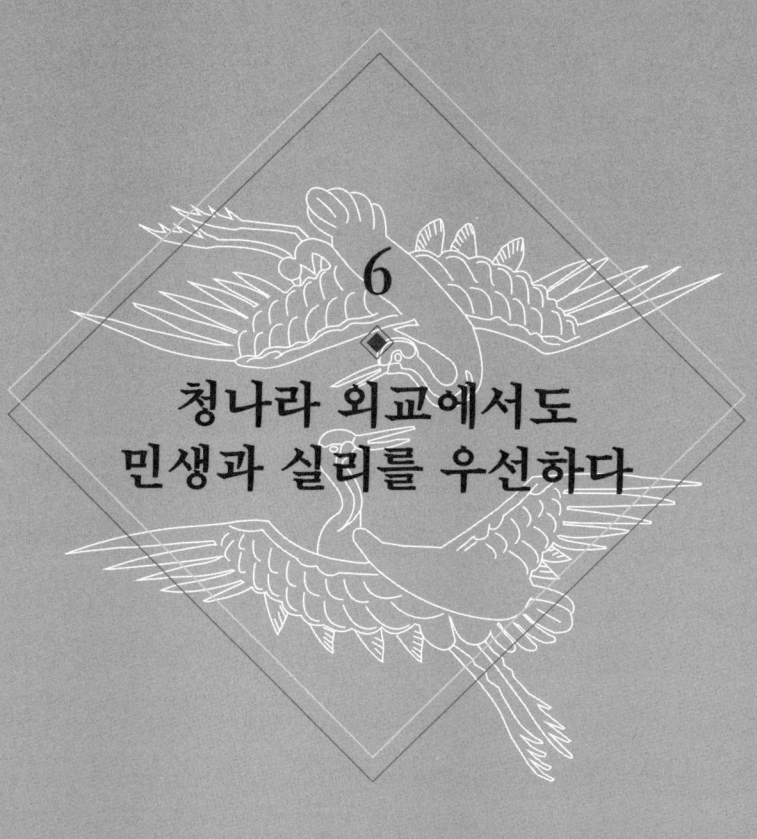

6
청나라 외교에서도 민생과 실리를 우선하다

고부사로 청나라에 다녀오다

　　녹천공이 양주목사로 있은 지 거의 1년 10개월이 되었을 때 경기감사 김우석은 건강이 좋지 않은 공을 관직에서 물러나도록 할 것을 요청하는 글을 조정에 올렸다.²³⁹ 1683년(숙종 9) 12월 15일 국상을 알리기 위하여 중국에 가는 사신인 고부사告訃使에 임명되어 자연스럽게 양주목사를 그만두게 되었다. 12월 5일 승하한 명성왕후의 고부사가 되어 서장관 이시만李蓍晩과 함께 청나라로 떠났다. 연경燕京에 도착한 이튿날 아침에 입궐했다. 궁궐에서 청나라 대신과 주고받은 대화가 실록에 기록되어 있다.²⁴⁰

　　각로閣老 명주明珠 : 그대들이 올 때 나라에 무슨 일이 있었는가.
　　녹천공 등 : 본국은 불행하게도 국상을 만났습니다. 국왕은 질병을

앓은 뒤 큰 상사로 인하여 병을 더했으니, 온 나라 사람이 근심하여 어찌할 줄 모르고 있습니다. 이밖에 다른 일은 없습니다.

각로 명주 : 일본에서 문서가 온 일이 없는가.

녹천공 등 : 본국이 일본에 대하여는 본래 이웃으로 사귀어서 문서의 왕래가 진실로 한두 번이 아닙니다. 왜의 마음이 본래 간사하여 혹시 구하여 찾는 것이 있으면 문득 공갈하여 동요시키는 말이 많으니, 이로 인하여 어리석은 백성이 동요됨이 없지 않습니다.

각로 명주 : 왜가 공갈하여 동요시키며 구하여 찾는 것은 무엇인가. 이제 그 말을 들어주어서 허락했는가. 그대의 나라는 군 병기를 수리하고 관리하는 일이 있는가.

녹천공 등 : 왜에서 사신이 왕래할 때는 선박의 수가 정해져 있고 배에는 각각 공급하는 바가 있습니다. 왜가 반드시 그 수를 늘리고자 하여 매번 와서 강하게 요청하나 본국은 관례에 따라 끝내 허락하지 않으니, 왜가 간혹 다른 일을 트집 삼아 공갈하여 동요시키는 것입니다. 본국은 왜국과의 사이에 바다 하나만 있을 뿐입니다. 바다의 방위에 유의하여 군 병기의 수리와 관리를 진실로 어찌 그만둘 수 있겠습니까.

녹천공이 만난 명주는 청나라 강희제康熙帝의 최측근인 영시위내領侍衛內 대신으로 황제의 첫째 아들 황장자皇長子의 외숙이었다. 이 대화에 담긴 바와 같이 당시 조선에서는 일본에서 보내온 문서로 말미암아 변방 수비가 걱정되어 성곽과 해자를 크게 보수했다. 청나라에서 이 문제에 대해 질문할 것을 미리 염려하여 응대할 말을 준비했고, 조금도 주저함 없이 즉시 사실에 근거하여 대답했다. 청나라는 동북 지역의 영고탑²⁴¹에 있는 장수의 보고를 통하여 그 내용을 알고 있으면서도 시험 삼아 물어본 것이다. 분명하고도 솔직한 대답을 들은 청나라에서도 공이 응대를 잘했다며 칭찬했다고 했다.²⁴²

최악의 대기근으로 청나라 쌀 구매 문제가 거론되다

1696년(숙종 22) 5월 27일 임금은 최악의 대기근이 덮쳐 평안도 백성을 구호하는데 온갖 고생을 하고 있던 녹천공을 승정원 도승지에 임명했다. 어찌 된 영문인지는 모르겠으나, 5월 29일 다시 대사간에 임명했다. 앞에서도 언급한 것처럼 바로 평안 감영을 떠나 서울로 올라오지 못했고, 평안도 지역의 절박한 상황을 설명하며 대사간 임명을 거두어 달라고 간청했다. 이 간청은 받아들여지지 않았고, 9월 중에 평안 감영을 떠나 서울로 왔다. 다시 여러 차례 대사간 사직 상소를 올렸다. 상소 때문인지 모르겠으나 대사간 임명을 취소하고, 10월에 다시 도승지로 임명했다. 다음 날 바로 병세가 심하여 직임을 맡을 수 없다는 상소를 올렸다.²⁴³

신이 지난번에 서쪽 지방에서 돌아온 무렵, 여러 사정이 있고 몸의 병이 극심하여 부득이 직접 관찰사 증표인 부신符信을 반납하지 못했습니다. 대사간에서 물러나게 되던 날, 곧바로 들것에 실려 교외의 집으로 가서는 오로지 꼼짝하지 않고 움츠리고 있었습니다. 마침 나이 많은 조모께서 병세가 갑자기 심해져 창황히 도성에 들어왔습니다. 이때 대궐에서 회의가 있다는 부름이 갑자기 내려왔으므로 분수와 의리를 심히 두려워하여 어리석음을 무릅쓰고 명을 받들어 비로소 조정의 반열에 나갔습니다. 그렇지만 거듭 감기에 걸려 집으로 돌아와서는 쇠약하고 정신이 혼미한 상태인데, 천만 뜻밖에 새로운 직을 갑자기 내리시니 재주와 분수로는 감히 할 수 없을 뿐 아니라 지금 신의 병으로는 결코 힘을 펼 가망이 없습니다. 속히 물리시어 공적으로나 사적으로나 편안하게 해 주소서.

임금은 사직하지 말고 속히 직임을 살피라고 했다. 다음 날 10월 15일에는 오히려 국가의 제사와 시호 등을 맡아보던 기관인 봉상시奉常寺 제조를 겸하도록 했다. 또 도승지로서 내의원 부제조를 겸했다. 11월 4일 의원이 진찰하러 들어가는 시간에 임금을 뵙고 관서 지방의 기근에 대해 말했다.[244]

성상의 건강이 좋지 않은 중에 다른 것은 감히 번거롭게 아뢰지 못하겠습니다만, 절박한 일이 있어 우러러 아뢰지 않을 수 없습니다. 삼남과 기내의 농사가 작년과 비교하면 조금 낫다고 들었지만, 태반이 손을 대지 않고 그냥 묵혀 버려 내년 봄의 기근이 올해와 다름이 없을 것이니, 이제는 참으로 국가의 존망이 달린 때입니다. 관서와 청북淸北(청천강 이북 지역)의 경우는 장차 버려진 땅이 될 수 있으니 조정에서는 특별히 염려하여 강화도의 포목을 빌려주고 황해도의 쌀을 옮겨 주는 일이 큰 혜택이라 할 만하지만, 이것으로 결코 구제하여 살릴 수 없으니 백번 생각해보아도 좋은 계책이 없습니다. 근일 신해년(1671, 현종 12)의 일기를 살펴보니 선왕이 청나라에 곡식을 청하는 일과 관련하여 경연에서 신하들에게 하문했더니, 만약 곡식을 청한다면 저들이 반드시 허락하겠지만 후의 일은 난처하다고 했습니다. 지금의 상황으로 말하자면 참으로 조금이라도 변통할 여지가 있다면 또 이렇게 하지는 않을 것입니다. 하지만 나라의 저축이 고갈되어 더는 손쓸 방도가 없고, 그 급급한 정상이 실로 신해년보다 심합니다. 지난 시절부터 혹 이웃 나라에 쌀 구매를 청하는 일이 있었으니, 이런 지경에 이르러 변통하는 방도가 없을 수 없습니다.

이에 임금은 관서 지방은 연이어 흉년이 들어 참혹하지만, 지금 조정에서 구제하고자 해도 힘이 미치지 못한다고 했다. 쌀 구매를 청하는 일을 생각해보았으나, 일이 중대하므로 거론하지 않았는데, 승지의 말이 참으로 옳으니 즉시 정부에 물어 처리하도록 하겠다고 했다. 훗날 녹천공을 아주 곤혹스럽게 한 청나라 쌀 구매 문제가 이렇게 시작되었다.

11월 7일 비변사에서는 먼저 연이어 흉년을 만나 공적으로나 사적으로나 안팎이 모두 고갈되었으므로 신하가 이렇게 건의한 일은 부득이한 면이 있기 때문이라고 인정했다. 하지만 나라에 흉년과 전쟁이 있은 뒤로 때와 형세가 같지 않아 이전에 하지 못한 일을 가벼이 의논하기 어려우며, 신해년에 신하들이 청나라 쌀 구매를 어렵게 여긴 데에는 반드시 멀리 내다보는 면이 있었기 때문이라고 했다. 결국 비변사 대신들의 뜻이 이와 같을 뿐만 아니라 중론도 매우 곤란하다고 여기므로 녹천공이 제안한 쌀 구매를 더는 거론하지 말 것을 주장했다.[245] 비변사의 이러한 주장은 나라와 백성이 아무리 어려워도 60년 전 조선을 침략하여 온갖 피해와 모욕을 안겨준 청나라로부터 쌀을 구매한다는 사실을 도저히 받아들일 수 없다는 당시 조정의 분위기를 잘 보여주고 있다. 임금이 승지의 의견이 참으로 옳다고 말했는데, 비변사에서는 이를 바로 물리쳤다. 도승지 자리에 그대로 있는 것이 어려운 상황이 되고 말았다. 11월 13일 사헌부의 수장으로 임명되어 승정원을 떠났다.

중강 개시에서 청나라 쌀 매매가 이루어지다

1682년(숙종 8) 1월 녹천공이 비변사의 말을 인용하여 말한 바를 보면 해마다 2월 15일 중강 개시[246]가 있었음을 알 수 있다.[247] 평안도·황해도 감사와 개성부 유수에게 미리 이야기하여 준비를 잘해서 폐단이 없도록 해야 한다고 말한 것을 보면, 중강 개시에는 이 세 지역의 상인들이 참여했음을 짐작할 수 있다.

호조판서로 나가기 얼마 전인 1697년(숙종 23) 9월 비국 당상과 임금은 쌀 구매를 청하는 일인 청적請糴 문제를 논의했다. 도승지로 있던 전년 11월에 청나라 쌀을 구매하는 문제를 이미 제안했으나, 비국에서 불가하다고 하는 바람에 이 사항은 더는 논의되지 않았다. 9월 21일 이 문제가 다시 논의되었다. 공은 판서 임명 전이어서 이 자리에는 참석하지 않았다.[248]

영의정 유상운 : 외부의 의론은 개시는 쌀 구매를 청하는 것만도 못하다고 하는데, 신의 생각은 그렇지 않습니다. 이유의 말을 들으니 청북의 기근과 흉작이 작년과 다름이 없고, 이에 구제할 방도가 없다고 합니다. 만약 이번 사신의 행차에 별도로 예부에 자문咨文(중국의 6부에 조회照會·통보·회답하던 외교 문서)을 보내어 2월 개시에서 쌀 상인을 내보내고, 또 사신이 돌아올 때 (조선과 청나라의 국경 관문인) 책문에서 교역할 곡식을 허가하게 한다면 별도의 개시와는 차이가 있고 한 지역의 위급한 상황을 구제하는 밑천이 될 수 있으니, 혹 도움이 될 것입니다.

좌의정 윤지선 : 만약 영상이 아뢴 바와 같이 연례적인 개시나 사신이 왕래할 때 사 오도록 하는 일을 허락하려면 자문을 보내야 합니다. 자문을 사신의 행차에 부쳐 보내면 시기를 놓칠 근심이 있을 듯하니 재자관賚咨官(자문을 보내기 위하여 파견하는 관원)을 속히 차출하여 보내는 것이 어떻겠습니까.

우의정 최석정 : 이 일에 대해서는 신도 전날 주상이 계신 자리에서 들었습니다. 신들이 밖에서 상의해 보니 쌀 구매를 청하는 일은 과연 어렵지만, 개시에서 쌀을 사는 것은 다른 도에 두루 미칠 수는 없더라도 청북의 백성들은 혹 구제할 수 있을 것입니다. 영상이 아뢴 말이 적절할 듯합니다.

행병조판서 이세화 : 개시 교역에서는 불편한 일이 없을 듯하니 몇 년

을 기한으로 이 길을 열어 준다면 백성들이 믿는 바가 있어 이익을 헤아릴 수 없을 것입니다. 개시가 쌀 구매를 청하는 것보다 나으니 급히 재자관을 보내는 것이 좋을 듯합니다.

이조참판 오도일 : 쌀 구매를 청하는 일은 지난해부터 이미 이런 논의가 있었습니다. 공급하는 양이 얼마나 되는지 확실히 알 수 없고, 운반하기 어려운 것도 염려스럽습니다. 만약 연례적인 개시나 책문에서 사람이 나올 때 무역을 한다면 비록 온 나라에 두루 미치지는 못하더라도 관서의 백성에게는 실로 유익한 바가 있으며, 다른 나라의 쌀이 우리 국경으로 통행하게 되면 서쪽 백성 외에도 또한 미치는 이익이 없지 않을 것입니다.

임금 : 쌀 구매를 청하는 것을 개시와 비교하면 얻는 바가 나은 듯하지만, 이는 매우 어려운 일이므로 가볍게 의논할 수 없다.

영의정 유상운 : 다만 개시와 책문에서 사람이 나올 때 쌀을 매매하는 일은 특별한 행사가 아니라 바로 연례적인 개시 중에 하나의 품목을 더 추가하는 것뿐입니다. 자문의 글로는 2월의 연례 중강 개시 때와 책문에서 사신이 돌아올 때 장사꾼들이 쌀과 곡식을 많이 내어 우리나라가 소생할 때까지 기다려 틈틈이 서로 매매하도록 허용하자는 뜻으로 지어서 보내는 것이 어떻겠습니까.

임금 : 재자관을 이달 안으로 보내도록 하라.

이날 회의에서는 영의정을 비롯한 많은 대신이 별도로 쌀 구매를 청하는 것보다는 연례적으로 열리는 중강 개시에서도 쌀 매매가 이루어지도록 요청하자는데 의견을 같이했다. 임금도 윤허했다. 이를 요청하는 공문을 청나라에 보내기로 했는데, 이러한 공문을 통상적으로 겨울에 출발하는 사신을 통하여 보내면 너무 늦으니 특별히 재자관을 선발하여 빨리 보내도록 했다. 녹천공은 호조판서에 임명된 지 한 달쯤 지난 11월 13일 임금에게 의주 등에 10여 개의 수레를 비치하고, 소가 수레를 끌어 쌀을 운반한다면 일이 편리하고 좋으므로 수레를 만드는 나무를 베어서 미리 건조할 필요가 있음을 수령에게 언급했으니, 비국에서도 공문을 보내 분부하는 것이 좋겠다고 했다.[249] 과거에도 수레로 물건을 실어나르는 일이 있었지만, 사람들이 말을 이용하는 데 습관이 들어 수레에는 익숙하지 않아서 끝내 잘되지 않았다. 하지만 관서 지역에 흉년이 들었을 때는 말 사육이 부실하여 청나라에서 칙사가 나왔을 때 짐을 소에다 싣고 갔으나 이 소들도 곳곳에서 넘어지고 말았다. 공은 이러한 이유로 소가 끄는 수레를 제안한 것이다. 우의정 최석정이 형세가 과연 그러하므로 전 평안감사 민진주에게 말했다고 했다. 임금도 공문을 보내라고 했다.

 1698년(숙종 24) 1월 2일 청나라에서 개시를 허락한다는 연락이 왔다.[250] 좁쌀 4만 석을 수로와 육로로 나누어 운반하고, 이부와 호부의 두 시랑侍郎이 나와서 시장을 관리하도록 했다. 다음 날 임금이 대신과 비국 당상을 인견할 때 개시와 관련하여 의견을 주고받았다.[251]

  우의정 최석정 : 평안감사 이징명이 장계에서 쌀 매매에서 치를 값을 마련하기 어려운 상황을 알려 왔습니다. 지금 재자관의 보고를 보

니 창고 쌀 1석의 값을 은 6전으로 정했고, 그곳의 운임을 지급했는지 여부에 대해서는 비록 미처 알지 못하나, 운송할 곡식이 모두 4만 석으로 절반의 값은 평안도에서 마련했습니다. 절반의 값을 호조에서 마련하여 보내는 것이 마땅할 듯합니다.

녹천공 : 이번 개시에서 구매하는 쌀의 절반은 서쪽 지역에 맡기고, 절반은 서울로 운반하여 도성 백성의 위급함을 풀어주고자 합니다. 강화도의 나뭇값으로 은 2만여 냥이 현재 관서에 있는데 일찍이 이미 분부하여 지급하도록 했습니다. 우선 이것으로 쌀값을 지급하고 서서히 변통하여 나머지를 채우는 것이 어떻겠습니까.

임금 : 그리하라.

최석정 : 이번 중강 개시에 청나라 관리를 맞이하여 접대할 관리를 보내는 일이 있어야 합니다. 바깥의 의론은 문관 당상을 차출하여 보내는 바가 마땅하다고 하고, 혹자는 무신의 가선대부嘉善大夫 가운데 일을 잘 아는 사람을 차출하여 보낸다면 쌀을 매매할 때도 상의하여 확정할 수 있을 것이라 합니다.

녹천공 : 저들이 이미 별도로 이부와 호부의 사랑을 보내어 시장을 관리하게 한다면 우리나라도 품계가 높은 문신을 차출하여 보내는 것이 마땅할 듯합니다.

임금 : 개시에는 호조의 좌이佐貳(육조의 참판·참의를 일컫는 말)를 보내야 하는데, 참판이 80세가 다 되었으니 지금 우선 교체하고, 나이가 젊은 사람으로 택하여 차출해 보내라.

중강 개시의 쌀 매매에 대한 준비는 잘 진행되고 있는 듯했다.

이즈음 녹천공은 임금에게 경작에 필요한 소가 거의 없는 문제의 심각성에 대해 말했다. 1월 3일 농사철이 가까워졌는데, 해마다 크게 흉년이 든 나머지 경작하는 소가 거의 없어졌고, 조정에서 엄히 금하는데도 도살이 그치지 않아 지금은 거의 씨가 마를 지경이라고 했다.²⁵² 당시 도성 안의 푸줏간은 거의 반인泮人(대대로 성균관에 딸려 있던 사람으로 주로 쇠고기 장사를 하는 이가 많았음)의 생계를 위한 것이므로, 다 없애는 것이 어렵더라도 그 수를 줄이는 것이 옳다고 생각했다.

1월 21일에도 3개월 만이라도 소의 도살을 금지할 것을 간청했다.²⁵³ 당시 소 한 마리 값이 많게는 5, 60냥, 적어도 3, 40냥보다 못하지 않아 가난한 백성이 이를 마련한다는 것이 어려웠다. 일부 사람들은 소의 도살을 금지하면 반인의 생계가 위험하다고 했다. 하지만 어찌 반인들의 생계와 도성에 고기 없음을 염려하여 농민이 농사짓기를 포기하는 일을 그대로 방치할 수 있겠냐며 3개월만 도살을 금지하여도 소 가격이 점점 낮아져서 농민이 소를 사서 경작하는 데 크게 도움이 될 수 있다고 했다. 이에 임금은 호조판서의 제안이 참으로 옳으니, 반인들의 소고기 매매를 두 달 동안만 우선 금하라고 했다.

그럭저럭 시일이 지나 중강 개시 날이 다가왔는데, 뜻하지 않은 곳에서 문제가 터졌다. 원래 쌀 1석 값을 백금 1냥 2전으로 정했으나, 청나라 쌀장수가 오는 도중에 길이 나빠서 소가 많이 죽었다고 핑계를 대며 일방적으로 1석 값을 12냥으로 정했다. 우리나라 사람은 2냥으로 하자고 고집하는 바람에 교역이 이루어지지 않았다. 우의정 최석정과 녹천공은 임금에게 한결같이 그들의 말을 따를 수는 없지만, 많은 쌀을 실은 수레가 지금 이미 나왔으니, 계속 서로 버티기만 하면 염려스러운 일이 많고, 조정에서 값을 정하여 분부하는 일도 옳지 않다고 했다. 다만 당초에 지나치게 싸게 결정한 사람을 꾸짖고, 다시 참작하여 값을 올려주라고 사신이 묵는 곳에 임시로 파견하여 사신을 접대하던 관리인 접반사接伴使에게 알려주고, 이어서 별도로 통지하여 4냥으로 결정하는 것이 마땅하다고 하여 임금의 윤허를 받았다.[254] 하지만 청나라 장수의 횡포로 쌀값은 다시 5냥으로 올랐다. 어쨌든 먼저 육로로 온 쌀에 대해서는 청나라 호부 시랑의 감독 아래 매매가 이루어졌다.[255] 4월 26일에는 청나라 이부 시랑 도대陶岱가 쌀 3만 석을 크고 작은 선박 110여 척에 싣고 중강에 도착했다. 우의정 최석정이 기다리고 있다가 청나라 대궐을 향하여 땅에 닿도록 머리를 숙이며 고마워 했다.

청나라 이부 시랑이 최석정에게 건넨 글에서는 조선의 임금이 중강에 개시할 것을 간곡하게 청하므로 황제께서 신하를 파견하여 쌀 1만 석을 풀어 천 리를 항해하여 구호하게 하고, 아울러 무역할 쌀 2만 석을 허락해서 조선 백성의 생명을 구제토록 했다고 적혀 있었다. 그런데 이부 시랑이 우의정에게 앞에서 언급한 3만 석의 쌀 외에 청나라 상인들이 개인적으로 가지고 온 쌀과 잡화의 무역도 허락하라고 요청했다.[256] 조정은 많은 논의 끝에 쌀 무역은 허용하되 잡화 무역은 허용하지 않기로 했으나, 쌀 가격에 대한 합의가 이루어지지 않아 이부 시랑이 주장한 쌀 무역은 제대로 진행되지 않았고, 이부 시랑은 도중에 청나라로 돌아가고 말았다.[257] 이부 시랑이 조선 조정에 보낸 글의 내용이 오만하고 패악하여 조정의 신하들을 분노하게 했다. 특히 이부 시랑은 자신이 조선 임금과 동년배와 같다는 의미에서 자신을 임금의 '권제眷弟'로 칭했다. 조정에서는 이를 커다란 수치로 여겼다. 이러한 일련의 일들 때문에 조정 일부에서는 쌀 무역이 이루어진 중강 개시의 문제점을 지적하고 책임 소재를 규명하라고 주장했다.

1698년(숙종 24) 3월 10일 세자시강원의 필선弼善 정시윤丁時潤이 상소에서 흉년으로 식량의 부족함이 너무 참혹하여 백성들이 장차 다 죽게 되었고, 사체가 낭자함은 차마 말할 수 없는 지경인데도 목민관이 이를 사실대로 보고하지 않고, 한 도를 책임지는 신하도 사실대로 알리지 않으며, 한성부까지도 실상을 숨기고 있다고 주장했다. 그리고 관서 지역의 구호를 위한 비용이 수만이 넘었는데 실제 혜택이 미치지 않아 온전히 산 사람이 적어 촌락은 빈터가 되고 마을은 쇠잔해졌으니, 그 구제받은 사람이 어떤 백성인지 모르겠다고 했다. 더구나 이번 중강 개시를 요구하고 대응하는 과정에 사신의 수레가 잇따르니 백성들이 그 해를 받아서 국력이 먼저 소모되고 백성들의 원망이 더욱 끓어오르니, 그 시초를 잘 도모하지 못하여 이렇게 무한한 치욕을 남긴 것이 안타깝다고 끝을 맺었다.[258]

4월 10일 부응교 이건명李健命은 상소에서 묘당은 이미 닥쳐올 사태를 예견하지 못해 스스로 그 근심을 불러왔고, 일을 꾀하며 제대로 살피지 않았고, 나라를 경영하며 좋은 계책을 내지 못해 그 끝의 폐단이 드디어 재물을 소모하고 백성을 병들게 하며 조정에 수치를 미치게 했다고 주장했다. 뜻은 비록 나라를 이롭게 하는 데 있었다 하더라도, 일에 차질이 있으면 책임을 물어 국법을 엄하게 했던 사례가 많으므로 이번에도 처음 쌀 매매를 주장했던 사람에게 책임을 물어야 한다고 주장했다.[259] 4월 29일 사헌부 집의 정호鄭澔도 장문의 상소를 올려 중강 개시에서의 쌀 무역은 의리를 저버린 나라의 수치라고 주장했다.[260]

처음 서쪽 지방의 식량에 관한 논의가 쌀 구매를 청하기로 한 데서 시작하여 시장 무역으로 성사된 것인데, 모두가 옳지 않고, 하나도 이로움이 없는 것이 세 가지가 있습니다. 우리와 저들은 서로 항상 의심하고 두려워하며 본래 서로 믿고 북돋아 주는 의리가 없습니다. 지금 수많은 은화를 덜어내어 저들의 쓸데없는 다 썩은 쌀과 바꾸어서 진휼한 혜택은 보리 수확기에 이르지도 못하고, 국고의 저축은 텅 비었습니다. 이것이 해로움만 있고 이로움이 없는 첫째 이유입니다. 신이 크게 두려워하는 바는 중국 서북방의 우환이 아직도 그치지 않았습니다. 만에 하나 저들의 국경에 급한 변고라도 생겨 혹시 들어주기 어려운 청을 해오면 조정에서는 무슨 말로 거절하겠습니까. 이것이 둘째 이유입니다. 정묘·병자호란 이후로 인묘仁廟께서는 명나라 황제의 은혜를 잊지 못해 후원에서 북쪽을 바라보던 예를 폐하지 않았고, 효묘孝廟께서는 명나라 황실을 존경하고 숭배하는 존주尊周의 정성이 더욱 독실해서 조상이 남겨 놓은 선업을 이어 받들려는 데 힘을 다했으니, 그 뜻을 어찌 잊을 수 있겠습니까. 오늘날에 이르러서는 한 해의 흉년만 만나도 구제할 방책이 없어서 원수를 잊은 채 부끄러움도 없이 구제를 애걸하여 우리의 약함을 보여주고, 저들의 마음을 교만하게 만들어 후일에 대단히 대처하기 어려운 우환거리를 남겼습니다. 엎드려 바라건대 성상께서는 여러 신하만 책하지 말고, 스스로 반성하는 정성을 더욱 돈독히 해서 조상들께 수치를 끼치지 말고 선조들의 일을 이어가고자 하는 뜻을 더욱 굳게 하소서.

조정의 여론은 점차 정시윤, 이건명과 정호의 주장에 동조하는 분위기로 바뀌었으며, 임금도 이를 거스르지 못했다. 먼저 조선의 임금과 백성이 치욕을 받게 된 것은 접반사들이 청나라의 동향이나 요구에 제대로 대응하지 못했기 때문이라고 판단한 조정은 이에 대한 책임을 물어 접반사로 나갔던 두 사람을 파직했다. 우의정 최석정은 모든 일이 자신의 잘못이라고 자책하며 사직을 청했다. 녹천공도 다음과 같은 장문의 상소를 올려 관직에서 물러날 뜻을 밝혔다.[261]

신이 필선 정시윤의 상소를 보니, 동정을 구걸하고 치욕을 끼쳤으며 처음을 잘 도모하지 못하여 허다한 재력이 중간에서 사라지고 이미 버려진 탐욕스러운 관리가 갑자기 임용되기를 청했다고 합니다. 이 몇 가지는 모두 신을 가리켜 말한 듯합니다. 신은 참으로 부끄럽고 두려웠으며, 이어서 불안하여 몸 둘 바를 몰랐습니다. 국가가 불행하여 해를 이어 크게 흉년이 들어 살아남은 백성들이 구덩이에 나뒹굴고 있는데, 조정이나 민간에게나 저장해 놓은 것이 모두 고갈되어 속수무책으로 앉아서 구제할 대책이 없으니 참으로 통곡하며 눈물을 흘릴 만합니다. 현종 신해년(1671년) 연간에 논의된 뜻을 좇고, 훌륭한 신하들이 임진왜란 이후에 이미 행한 일에 근거하여 문득 감히 어리석은 소견을 아뢰었습니다. 이는 만부득이한 데에서 나온 것입니다. 지극히 절제하고 억제했으나, 뜻밖의 일들이 마구 일어나 노동력과 비용이 여러 가지로 많아진 것은 신의 얕은 생각으로는 미리 알 수 있는 것은 아니었으나, 끝내 성상과 조정에 욕을 끼쳤다는 말까지 있었습니다. 처음을 잘 도모하지 못한 책임을 피하기 어렵다는 것을 스스로 알았기에 전에 어전에서 이미 죄인이라는 말을 청했던 것은 진실로 당연합니다. 다만 내부의 재화와 강화도의 군향軍餉(군대에서 사용하는 양식)은 엄청나게 많은 것은 아니지만, 중간에서 사라졌다고 한 말은 말뜻이 매우 심각하여 마치 전혀 백성을 구제하지 않고 사사로이 쓴 것처럼 했습니다. 강화도의 군향은 앞으로 실어다가 바치기 어려운 바를 염려하여 특별히 4만 냥의 은을 마련해 두었습니다. 시기를 기다렸다가 처리하여 도로 충당할 수 있도록 해야 합니다. 이러한 실상은 한번 조사하면 즉시 알 수 있을 것이고, 천류고[262]에 비축된 것도 헌신憲臣(풍습과 도덕에 대한 규범에 관계되는 일을 맡은 신하. 사헌부 관원)의 말을 따라 속히 추급하여 조사하고 처분을 분명히 보여 사람들의 마음을 시원하게 할 것입니다. 아, 오늘날 조정에 있는 신하들은 그저 스스로 근심스러운 마음에 허둥대며 몸 둘 바를 모르면서 같은 조정에 있는 사람들이 마음을 합쳐 함께 돕는 도리는 생각하지 않고 도리어 남의 허물을 찾아내고 잘못을 캐내려고 하는 뜻만 있습니다. 이는 마치 강의 한 가운데에서 바람을 만나 배가 기울어지려고 하는데, 옆에서 보는 사람들은 조금도 측은하게 여겨 놀라는 마음이 없고 또 뒤이어 함정에 밀어 넣으려 하니, 이 또한 어질지 못함이 심한 것과 같습니다. 신은 이미 끝없는 배척을 받았으니 어찌 감히 일각이라도 구차하게 직책에 있을 수 있겠습니까. 삼가 바라건대 성상께서는 신의 직임을 삭탈하도록 속히 명하고, 신의 죄를 다스려 나라의 체모를 엄하게 하고 사람들의 말에 답한다면 매우 다행으로 신은 더 말할 바를 모르겠습니다.

이 글에서 나라가 어려울 때 대책을 내놓지는 않고 남의 허물만을 캐고 비난만을 일삼는 조정 신료들의 행태에 대해 답답함과 비통함을 서술했다. 이에 임금은 간절한 마음을 잘 알았다고 했다. 정시윤의 마음과 태도를 깊이 미워하지만, 그렇다고 또 조사하게 한다면 이는 오히려 더 믿지 못하는 마음이 있는 것이니, 조사할 수 없다고 하면서 사직하지 말고, 속히 공무를 수행하라고 했다. 하지만 시간이 지날수록 공을 비난하며 파직한 뒤 다시는 채용하지 말라는 여론이 들끓었다.

6월 15일 장령 임원성任元聖 등은 서쪽 개시의 조처는 대개 백성을 구제하는 데에 최선을 다하는 뜻에서 나온 것이지만, 일을 도모하는 신하가 처음에 신중하지 못하여 나라의 체모가 손상되어 더는 회복하지 못하게 되어 인심의 울분이 극도에 달했으며, 처음부터 끝까지 이를 찬성한 자는 이유이니 호조판서를 파직하고 임용하지 말라고 했다. 6월 21일 집의 정호도 다시 우의정 최석정에 대하여 관직을 빼앗고 도성 밖으로 내보낼 것과 호조판서를 파직한 뒤 다시 임용하지 말 것을 주장했다. 간혹 공조참판 오도일처럼 공이 처음에 쌀 무역을 청했지만 이를 실행한 사람은 대신이며 공은 소견을 개진한 데 불과하다며 공을 두둔하는 사례도 있었다.[263]

이후에도 녹천공의 파직을 청하는 상소가 사헌부 등에서 끝없이 이어졌다. 결국 8월 2일 호조판서를 그만뒀다. 이 무렵 매형인 권상하는 편지를 보내 안타까운 마음을 보이며 다른 사람을 탓하지 말고 슬기롭게 잘 대처할 것을 주문했다.[264]

> 서쪽의 쌀을 무역하는 일은 당초에 박태순朴泰淳의 상소에서 제기되었고, 조정에서 다 함께 논의하여 결정했다. 사람들의 말을 요즘 들어 보면 어떤 자는 우상이 적극적으로 주장했다 하고 어떤 자는 대감이 적극적으로 주장했다 하니, 어느 말이 옳은가. 이건명의 상소가 있고 난 뒤에 영상은 한 번 사직을 청한 다음 곧 출사했으나 대감은 오랫동안 출사하지 않으니, 혹시 당초에 일을 일으킨 사실이 있는지 아니면 나중에 주장한 것은 전부 대감이 했는가. 무엇 때문에 그 허물을 혼자서 지고 있는지 그 자초지종을 전혀 모르므로 답답하기 그지없네. 하지만 일이 이미 이 지경에 이르러 말이 사람들의 입에서 나온 이상 그에 대처하는 대감 자신의 도리로서는 오로지 허물을 끌어다가 자책하여 기어코 사퇴해야 할 것이니, 그렇게 해야만 그런대로 인심에 거슬리지 않고 개인적으로 스스로 편안할 수 있을 것이네. 요즘 어떤 사람이 대감께서 이건명에게 크게 화를 냈다고 말했는데, 이 말은 분명코 사실이 아니라는 것을

알고 있지만 만일 그와 비슷한 일이 혹 있었다면 깊이 생각하지 못한 듯하네. 내 생각에는 화를 내서는 절대로 안 될 일이니, 정시윤의 상소라 하더라도 다른 사람은 오히려 그 마음 씀이 공정하고 공정하지 않은 바를 말할 수 있으나, 마땅히 대감으로서는 말한 자를 배척해서는 안 될 것이네. 대체로 변고를 만나고 비방에 대처할 때는 그 도리가 이래야 하며, 그렇지 않을 때는 사태가 계속 확대 발전하여 차츰 좋지 않은 상황으로 빠져들어 가서 장차 수습할 수 없게 되는 법이네. 잘 헤아려 보기 바라네.

글 곳곳에서 진정으로 걱정하고 아끼는 매형의 마음을 읽을 수 있다. 호조판서를 그만둔 지 한 달이 조금 지난 9월 13일 형조판서에 임명되었다. 이는 청나라 쌀 구매와 관련하여 크게 잘못한 바가 없으며, 오히려 나라와 백성의 안위를 무척 간절하게 걱정한 것을 임금도 인정했음을 의미한다고 볼 수 있다.

조선 백성이 불법으로 국경을 넘어 야인을 살해하다

함경도 경원의 백성 김유일金有一 등이 국경을 넘어 들어가 만주 사람 3명을 몰래 살해하고 그 재물을 훔쳐 온 사건이 벌어졌다. 관아에서는 김유일 등을 체포하고, 감사 이진휴李震休가 이 사실을 조정에 보고했다. 영의정 신완 등은 청나라에서 조사하는 사신이 나오기 전에 먼저 재자관을 보내어 보고하고 아울러 감사, 병사, 해당 수령 등을 잡아 와서 조사할 것을 임금에게 청했다. 임금은 잡아 오지 말고 바로 파직시키라고 명했다. 영의정 신완은 임금을 뵙는 자리에서 좌의정 이여의 말을 빌려서 말하기를, 국경을 넘어 죄를 범한 일에 대하여 청나라에 문서로 알릴 때 성곽이 많이 무너져 도성을 보수하지 않을 수 없다고 덧붙여 말한다면, 저들이 반드시 의심하지 않을 것이며 이것이 실로 최선을 꾀하는 도리에 합당하다고 하며 만주인 살해 사건과 도성 개축 일을 같이 알리자고 했다.[265] 녹천공은 도성을 무너지는 대로 보수하는 것은 으레 그렇게 하는 것이어서 보고할 필요가 없다며 도성 개축을 굳이 청나라에 공식적으로 알리는 것을 반대했다. 이에 임금도 도성을 수축하는 것은 다른 성을 수축하는 것과는 경우가 다르므로, 이번에 가는 사신이 덧붙여 알릴 필요는 없다고 했다.

1704년 6월 정언 김만근이 상소에서 지금 이조판서를 맡은 자가 일찍이 청나라 쌀 무역에 적극적으로 앞장서서 오랑캐의 조정에 구걸하여 성상께서 도모하는 대의를 남김없이 무너뜨리고, 오만한 글을 오게 하여 욕됨이 성상에까지 미치게 했는데, 조정에서는 시비가 밝지 못하여 요직에 임용함이 더욱 융숭하니, 이는 많은 사람이 탄식할 만큼 개탄스러운 일이라고 했다.[266] 이는 결국 당시 이조판서를 맡고 있던 녹천공을 크게 비방한 것이다. 이 상소를 읽은 임금은 몹시 화를 냈다. 이조판서는 국가의 중임을 받고 일에 따라 힘을 다하여, 하는 모든 일이 거의 제대로 맞아 그 밝은 정성은 옛사람에게 부끄럽지 않다고 했다. 그리고 지난해 쌀 매매를 요청한 일에 있어서는 대개 을해(1695년)·병자(1696년)의 큰 흉년을 겪은 나머지 창고가 텅 비어 진휼할 계책이 없었기에, 그러한 의견은 국가를 위하고 백성을 중히 여기는 뜻에서 나온 것이며, 널리 조정에 물어서 비로소 단행한 것이라고 했다. 하지만 함정에 빠뜨리는데 급해서 함부로 배척하니, 김만근의 마음이 어디에 있는지를 알기 어렵지 않으며, 이대로 그냥 두면 반드시 조정을 텅 비게 할 것이라고 했다. 결국 깊이 미워하여 통렬히 배척하지 않을 수 없으니, 김만근을 경상도 고성현령에 임명하여 지금 곧바로 임금에게 하직 인사를 하고 떠나게 하라고 했다.

 임금은 녹천공을 적극적으로 두둔하며 공을 탄핵한 김만근을 유배 보내듯이 먼 지방의 수령으로 보냈다. 억울하고 분한 심정에 도성을 떠나 시골집에 머물며 밑의 부장을 시켜 병란이 일어나면 즉시 군사를 동원할 수 있도록 내린 수어사 밀부密符를 승정원에 반납하고, 이조판서 사직 상소를 올렸다. 이에 임금은 상소를 보니 경의 간절한 마음을 잘 알겠으며, 김만근이 경을 함정에 밀어 넣었으니 어찌 마음이 아프지 않겠는가 했다. 경은 실로 죄가 없으니 갑자기 물러나서는 안 되며, 이렇게 물러나면 장차 온전한 사람이 없어 조정이 텅 비게 될 것이니 누구와 더불어 나라를 다스리겠는가 하며 바친 밀부를 돌려보냈다.²⁶⁷ 공은 조정에 나가지 않고 계속 집에 머물고 있었다. 뜻밖에도 사흘 뒤인 7월 8일 임금은 공을 외교문서를 맡은 관청인 승문원承文院 도제조를 겸하는 우의정으로 임명했다.²⁶⁸ 우의정에 임명된 지 한 달이 넘도록 조정에 나가지 않았다. 임금은 승지를 공의 집으로 보내 위로하고 함께 오도록 명했다.

 8월 26일 녹천공은 임금을 알현하고 먼 지방에 가 있는 김만근을 다시 돌아오게 할 것을 간청했다.²⁶⁹ 다른 정승이 김만근에 대한 처분이 과중하다고 간청하여 그를 다른 고을로 옮겼으나, 국가에서 쓴소리하는 관리를 대우하는 도리는 그 말의 득실을 논하지 말고 마땅히 관대하게 용서함으로써 언로를 넓혀야 하므로 이번 일에 이르러서는 감히 힘을 다하여 간청하지 않을 수 없다고 했다. 임금은 청나라 쌀에 대한 사정을 잘 알면서도 뒤늦게 거론하니, 배척하지 않을 수 없어 외직으로 보냈으나 대신의 간청으로 지내기 나은 곳으로 옮겼으니, 그도 만족할 것이지만, 경솔하게 풀어줄 수는 없다고 했다.

우의정으로 재직하는 동안 어느 한 사촌에게 보낸 간찰²⁷⁰이 전해오고 있다. 1705년(숙종 31)은 숙종이 즉위한 지 30년이 되는 해이므로, 연초부터 이를 기념하는 칭경稱慶과 임금의 덕을 기리는 칭호를 올리는 존호尊號가 있어야 한다는 일부 신료와 종친의 상소가 이어졌다.²⁷¹ 당시 우의정이던 녹천공과 병조판서 유득일 등이 존호와 경사를 축하하는 잔치인 진연進宴을 간청했으며, 종친으로는 인조의 동생 능원대군綾原大君(1598~1656)의 아들 영신군靈愼君 이형李瀅과 영순군靈順君 이유李濡, 손자 금천군錦川君 이지李贄가 존호를 청하는 상소를 올렸다.

서찰에서 말하는 '호유의 상소'는 지금의 충남 논산시 노성면인 이산尼山에 사는 유생 권익평權益平의 상소를 의미한다. 4월 30일 권익평은 이 상소에서 존호를 올리기를 청하는 한편, 조정의 기강이 해이하고 관리 임용이 정당하지 못해 인심이 불안하며 지방의 감사나 수령이 명예만을 구하여 백성을 병들게 한다고 주장했다. 이

유생의 상소에 대한 감회를 전한 서찰

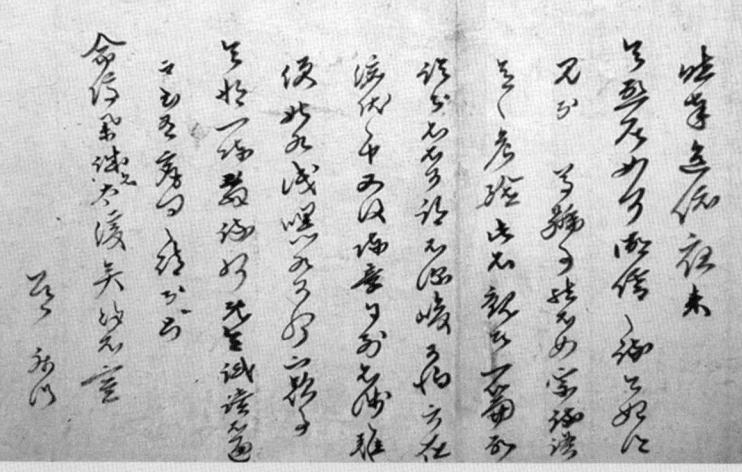

어제 만나 뵈었는데 지금까지 그립습니다. 밤이 되었는데 영감께서는 지내시기에 어떠하십니까. 호유의 상소를 지금에서야 얻어 보니 존호의 일은 비록 종중의 상소와 같지 않으나 말의 뜻이 위험합니다. 이곳에서도 그 한 편에서 논한 바를 보니 또한 깊고 험준하지 않다고 할 수 없으니 두려워할 만합니다. 현재 움츠리고 엎드리며 지내는 가운데서 다시 글을 올려 스스로 죄를 나열하는 것도 편하지 못한 면이 있으니 우선 침묵함이 좋겠습니까. 말씀하신 사항은 영감께서 장차 사직 상소를 한번 올리려 합니까. 이미 시독관으로 하여금 통하지 못하게 하고, 캐묻도록 청함이 있기까지 했으니 정거만 명하는 것은 참으로 너무 느슨합니다. 나머지는 이만 그칩니다.

— 서찰을 받은 날에 몸이 아픈 사촌이

상소를 읽은 임금은 크게 화를 내며 상소가 사람을 현혹하고 혼란하게 하며 영의정을 비난함에 이르러서는 진실로 놀랄만하니 권익평에게 정거를 내리고 이 상소를 되돌려 주도록 하라고 했다.[272] 영의정 최석정은 지방 유생으로부터 배척받은 사실에 두려움을 느낀다며 사직 상소를 올렸으나, 이를 만류하고 5월 말 권익평을 유배 보내도록 명했다. 이 서찰은 권익평에 대한 정거 명령은 내려졌으나 유배 명령은 아직 내려지기 전인 윤 4월이나 5월에 쓴 것으로 추정된다.

함경도 경원의 김유일이 야인을 살해한 사건이 있었던 1704년 이후에도 조선 백성이 국경을 넘어가 야인을 죽이고 재물을 뺏어 오는 유사한 사건이 6년 뒤 다시 발생했다. 1710년(숙종 36) 평안도 위원의 이만건李萬建 등은 밤에 국경을 넘어가 야인 5명을 살해하고 인삼 등을 약탈해 왔다. 좌의정 서종태徐宗泰 등은 청나라 관리가 조사하러 오기 전에 청나라에 먼저 자문을 보내는 것이 마땅하다고 하여 임금의 윤허를 받았다.[273] 몇 달 뒤 평안도 관찰사로 부임한 이제[274]는 급히 이만건 등 5명을 가두게 했으나 이들 모두 도망을 쳤다. 이 과정에서 제대로 대응하지 못한 위원군수 이후열李後說을 죄주도록 청했다.

청나라에서는 6년 전과는 달리 이 사건을 조사하기 위하여 여러 명의 관리를 파견했다. 이들은 위원을 거쳐 백두산과 함경도 방면으로 가서 청나라와 조선의 경계를 살필 예정이라고 조선의 접반사, 평안감사, 참핵사參覈使(우리나라 사람이 중국에서 중대한 죄를 범했을 경우 그 심리를 참관하도록 파견하는 사신) 등이 조정에 보고했다.[275]

녹천공은 청나라에서 나오는 조사 관리가 조선 땅으로 넘어오는 것은 결코 허락할 수 없는 일이라고 주장했다.[276] 조선의 접반사가 처음에 예상한 것과는 달리, 청나라 관리들은 위원의 백성들이 야인을 살해한 사건만 조사하고 돌아가 황제에게 그 결과를 보고했다.[277]

백두산에 조선과 청의 국경선을 명시한 정계비를 세우다

1712년(숙종 38) 2월 청나라는 예부의 이름으로 조선에 자문을 보냈다. 지난해 청나라 관리들이 백두산 부근의 청나라 국경지대를 조사하지 못한 탓인지, 이 자문은 관리 목극등穆克登 등이 봉성에서 출발하여 장백에 도달하여 국경 부근을 답사하고자 하니 조선에서 협조하라는 내용이었다.[278] 덧붙이기를 관리들은 의주에서 배를 타고 압록강을 거슬러 올라가거나, 여의치 않으면 육로로 토문강으로 가서 부근을 답사할 계획이라고 했다. 3월 6일 낮에 경연이 있었다. 지경연사 최석항崔錫恒은 임금에게 이번에 나오는 청나라 관리의 행차는 경계를 조사하여 밝히는 것이라고 했는데, 압록과 토문 두 강의 흐름이 크기 때문에 이 강을 한계로 삼을 수 있다고 했다.[279] 시독관 오명항吳命恒도 압록강과 토문강을 경계로 삼는 것이 타당하니 논할 것이 없다며 최석항과 마찬가지로 압록강과 토문강이 조선과 청나라의 경계가 되어야 한다고 주장했다.

3월 8일 내의원 도제조 이이명李頤命은 임금을 진찰하는 자리에서 저들이 만약에 우리나라에서 파수하는 백두산 남쪽을 그들의 경계라고 하면 매우 난처한 일이지만, 우리나라에서 이미 두만강과 압록강을 경계로 삼았으니, 물 남쪽은 모두 우리의 경계로 함을 강력히 주장해야 할 것이라고 했다.[280] 이이명은 토문강 대신 두만

도제조 이이명의 말은 어떻게 바뀌었나

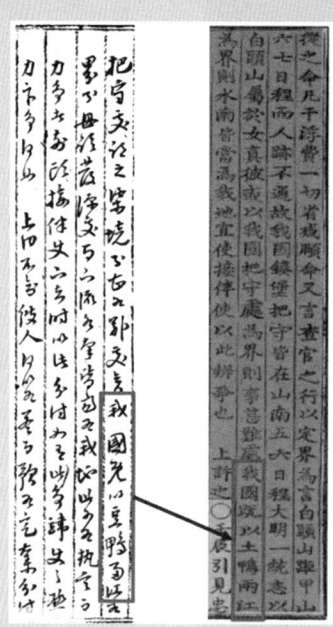

1712년(숙종 38) 3월 8일 판중추부사 겸 도제조 이이명(1658~1722)이 임금 앞에서 말한 내용 중 『승정원일기』(왼쪽 그림)에 있는 "우리나라에서 이미 두만강과 압록강 두 강으로〔我國旣以豆鴨兩江〕"가 『숙종실록』(오른쪽 그림)에서는 "우리나라에서 이미 토문강과 압록강 두 강으로〔我國旣以土鴨兩江〕"로 바뀌었다. 바뀐 연유를 정확하게 알 수는 없으나, 실록은 '백두산정계비'가 세워지고 8년 뒤 숙종이 승하한 다음 편찬되었기에 이 정계비의 내용을 그대로 참고하여 바꾼 것이 아닌가 여겨진다.[281] 이이명은 세종대왕의 아들 밀성군의 8대손으로 아버지는 대사헌 이민적李敏迪이다. 호는 소재疎齋, 시호는 충문忠文이다. 1680년(숙종 6) 별시 문과에 을과로 급제해 홍문관 정자가 되고, 사헌부 지평, 이조좌랑 등을 역임하며 송시열·김석주 등의 지원 아래 노론의

> 기수로 활약했다. 대사헌·이조판서·병조판서 등을 거쳐 우의
> 정, 좌의정에 올랐다. 1721년(경종 1) 남해에 유배되었으며 이듬
> 해 4월 서울로 압송, 사사되었다.

강을 거론했다. 하지만 실록은 이이명이 언급한 두만강을 다시 토문강으로 고쳐서 기록했다. 이는 실록 편찬 과정에서 일어난 단순한 실수인지, 아니면 당시에는 그저 토문강과 두만강을 혼용하여 썼기 때문인지 그 이유를 정확히는 알 수 없다.

3월 23일 새로 접반사로 임명된 박권은 경덕궁 홍정당에서 임금을 알현하고, 사명을 받들어 청나라에 갔을 때 황제가 경계를 나누어 세우는 일을 물어서 "두 나라가 모두 두만강과 압록강을 경계로 삼고 있는데 어찌 다시 나누어 세울 일이 있겠습니까."는 말로 답했다고 했다. 이어서 이번에 목차穆差가 만약 어디를 경계로 하는지를 묻는다면 두 강 사이의 연이은 곳은 길이 넓은데 장차 어떻게 대답해야 할지 모르며, 지명과 표지판도 없고 근거할 만한 문서도 없으며, 듣자니 그 지역의 사람들은 백두산 아래의 비어 있는 곳을 저들의 땅으로 알고 있다고 한다고 했다.[282] 이 자리에 배석한 녹천공은 피차의 경계는 근거할 만한 문서가 없으므로 오직 두 강을 경계로 하되, 그 사이의 육지와 연결된 땅은 두 강이 발원하는 곳을 가로로 끊어 한계로 삼아야 함을 강하게 주장해야 한다고 했다. 두 강은 전체 문맥으로 볼 때 하나는 압록강이고, 또 다른 하나는 토문강이 아니라 두만강임을 알 수 있다.

백두산 천지(2011년) ⓒ 대장경연구소

결국 두만강과 압록강이 시작하는 지점을 잇는 선으로 백두산 천지를 나누어 조선과 청나라 각각의 영역으로 삼아야 한다는 점을 주장한 셈이다. 숙종 시대의 시인이자 문장가인 홍세태는 「백두산기」에서, 판중추부사 이모李某가 홀로 건의하기를, "이것은 반드시 백두산 꼭대기의 절반으로 경계를 정해야 한다."고 했다며 공의 말을 인용했다.[283] 그런데 조선이나 청나라 일부 관리들이 두만강과 토문강을 잘못 알았거나 혼동하는 바람에 백두산 부근의 국경 문제는 두고두고 양국 간에 큰 쟁점이 되고 말았다. 특히 이것은 두만강 너머의 북간도가 조선의 영토로 귀속되는지를 결정하는 중요한 문제라고 할 수 있다.[284]

같은 해 5월 접반사는 청나라 관리가 백두산 산마루에 올라 살펴보았더니 압록강의 근원이 과연 산허리의 남쪽에서 나왔고, 토문강의 근원은 산 동쪽의 가장 낮은 곳에서 한 갈래 물줄기가 동쪽으로 흘렀으며, 관리가 이것을 가리켜 두만강의 근원이라 했다고 보

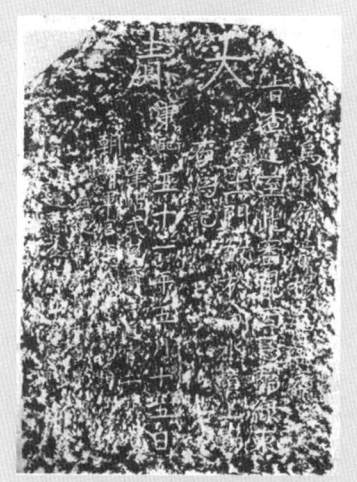 

백두산정계비(1712년) 탁본(좌)과 백두산정계비 상상도(우)

정계비가 세워진 곳은 백두산 장군봉과 대연지봉 사이 대략 중간지점인 해발 2,150m 고지로, 백두산 천지에서 남동쪽으로 약 4km 떨어져 있다. 비문은 '烏喇摠管 穆克登 奉旨査邊 至此審視 西爲鴨綠 東爲土門 故於分水嶺上 勒石爲記 康熙 五十一年 五月十五日(오라총관 목극등 봉지사변 지차심시 서위압록 동위토문 고어분수령상 늑석위기 강희 오십일년 오월십오일 ; 오라총관 목극등이 황지를 받들어 변계를 조사하고 이곳에 이르러 살펴보니 서쪽은 압록강이고 동쪽은 토문강이므로, 분수령 위에 돌에 새겨 명기한다. 강희 51년 5월 15일)'는 내용이다. 안타깝게도 현재 이 정계비는 사라져 버렸고, 비문의 탁본만이 전해져 오고 있다.[285] 위 그림은 이 정계비 탁본과 이 탁본을 바탕으로 정계비를 세운 모습을 재현한 이미지다.[286]

고했다. 그리고 그 관리는 "이 물이 하나는 동쪽으로, 하나는 서쪽으로 흘러서 두 강이 되었으니 분수령으로 일컫는 것이 좋겠다. 경계를 정하고 비석을 세움이 황상의 뜻이다."며 고개 위에 비를 세우고자 했음을 덧붙였다.[287] 이렇게 해서 조선과 청나라의 국경을 확정하는 「백두산정계비白頭山定界碑」가 세워지게 되었다.

아마도 조선의 처지를 많이 배려하여 이같이 국경선을 정했다고 생각한 청나라 목극등은 조선에서 그 공을 알아주기를 바랐던 것 같다. 그는 연말에 조선에서 파견하는 동지사冬至使 편에 여자들의 머리숱이 많아 보이게 하려고 덧넣은 다리인 체발髢髮 100개와 사냥하는 매의 꼬리에 다는 방울인 응령鷹鈴 50개, 주석 20근을 보내달라고 요구했다. 녹천공이 이를 임금에게 말해 윤허를 받았다.[288] 하지만 이해 가을에 청나라에서 황태자를 폐하는 초유의 사건이 벌어졌다. 황태자 윤잉允礽은 청나라 제4대 황제인 강희제의 둘째 아들이고, 적장자였다. 강희제는 '삼번의 난' 등으로 혼란에 빠진 청 제국의 결속과 안정, 황실에 대한 백성들의 충성을 고무하기 위하여 두 살인 윤잉을 황태자로 책봉했다. 20대까지 윤잉은 똑똑하고 빈틈없이 정무를 처리했으나 30대 이후부터는 점차 환락에 빠지며 황태자 직무를 소홀히 하는 바람에 황제의 노여움을 샀다. 1711년 강희제는 남부 지방을 순행하던 중 윤잉이 일부 대신들과 더불어 강희제를 몰아내고 황제에 즉위하고자 하는 음모를 꾸미고 있다는 소문을 들었다. 강희제는 즉시 귀경하여 관련자들을 처형하고, 마침내 1712년 9월 30일 윤잉을 황태자에서 폐하고 영원히 서인으로 삼았다. 녹천공은 청나라 황제와 황후, 황태자 등에게 예물로 바치기 위하여 동지사가 갖고 가는 물품을 의주에 그대로 두었다가 앞으로의 추이를 지켜볼 것을 임금께 요청했다.[289]

같은 해 12월 겸문학兼文學 홍치중洪致中이 백두산 정계와 나무 울타리 설치가 잘못되었음을 상소했다.[290] 당시 영의정으로서 이를 들은 녹천공이 청나라 목극등이 지정한 물의 발원지는 이미 잘못된 것인데, 임시로 파견한 관원이 감사에게 말하지도 않고 병마평사兵馬評事(함경도와 평안도의 병마절도사에 딸린 정6품 무관)의 지휘도 듣지 않은 채 멋대로 푯말을 세웠으니, 그를 잡아다 문초하고, 감사도 죄를 추궁해야 한다고 했다. 임금이 윤허했다. 홍치중이 상소에서 지적한 내용은 더는 논의되지 않은 듯하며, 감사에게도 죄를 묻지 않았다. 다만 이듬해 1713년(숙종 39) 4월 공은 높은 산과 깊은 계곡을 불문하고 경계를 정한 곳에 모두 돌을 쌓고 울타리를 세워 뒷날의 걱정이 없게 할 것을 주청했다.[291] 염려한 대로 먼 훗날 조선과 청나라는 백두산 부근의 영토 문제로 크게 다투었다. 1885년(고종 22) 7월 조선은 이중하[292]를 토문감계사土們勘界使로 임명하여 청나라와 협상하도록 했으나 만족할만한 결과를 얻지 못했다.[293]

청나라 사신 응대 문제로 영의정에서 물러나다

1713년 윤 5월 청나라에서 사신이 왔다. 일행 중 부칙사副勅使가 황제의 명령이라고 하며 백두산의 물줄기와 산맥이 남쪽으로 내려오는 형상을 자세히 알기 위하여 조선의 지도를 보여달라고 했다.²⁹⁴ 하지만 임금은 황폐하고 외떨어진 곳이어서 일찍이 지도를 둔 적이 없다고 했다. 며칠 뒤 6월에 조정에서는 청나라 사신에게 조선의 지도를 보여주는 문제를 논의했다.²⁹⁵ 녹천공은 부칙사가 가지고 온 '동국지도東國地圖'를 내보이고 우리나라의 지도를 요구했는데, 역관들이 일단 막았으나 형세로 볼 때 보여주지 않을 수 없다고 했다. 하지만 비국의 지도는 너무 자세하므로 내보일 수가 없고, 근래에 얻은 한 지도는 상세하지도 않고 간략하지도 않지만, 백두산의 물줄기는 틀린 것이 많으니 마땅히 이 지도를 보여 주자고 제안했다. 이틀 뒤 임금이 청나라 사신이 묶고 있는 숙소로 행차했다. 공도 좌의정 이이명, 사신 접대를 맡은 관반館伴 민진후, 영접도감迎接都監 당상을 맡은 호조판서 조태구 등과 동행했다.²⁹⁶ 이들은 청나라 사신이 각 고을 간의 거리를 표시한 지도를 보여달라고 요청한 일로 임금 앞에서 의논했다. 이 자리에서 공은 여러 명산을 먼저 그려 주고, 원래 고을 간의 거리를 나타낸 지도는 없다고 말하는 편이 좋겠다고 했다. 지도가 이처럼 엉성하니 우리나라의 문서나 자료에 미비한 것이 많음을 이에서도 알 수 있다고 답하여 청나라 사신의 요구를 완곡하게 거절할 것을 제안했다.

이 무렵 녹천공의 건강이 더 나빠졌던 것으로 보인다. 6월 10일 영의정 사직을 청하는 첫 번째 상소를 올렸다. 임금은 윤허하지 않는다는 답을 내리고 신하를 보내 위로하며 조정에 나오도록 설득했다. 6월 12일, 14일, 16일 거듭 사직 상소를 올렸다. 두 번째 사직 상소에 대하여 왕은 불윤 비답을 내렸다.²⁹⁷

군신은 한 몸으로 서로 필요하니 의지함이 바야흐로 돈독하고, 재상은 모든 책임이 모이는 자리이니 진퇴가 어찌 가볍겠는가. 경은 나라를 제 몸처럼 여기는 깊은 정성으로 실로 시대를 구제한 현명한 재상이 되었다. 나라의 평안함이 오래되니 오히려 부지런히 어려울 때를 대비했고, 동남 백성의 힘이 바닥나자 (병역을 면제받는 대신에 군인이 현역에 복무하는 데 드는 비용으로 내는 삼베나 무명인) 군보軍保의 개혁을 위해 노력했다. 기대하는 바는 경이 마음을 열어 나를 깨우쳐 올바른 길로 가는 방도를 다하는 것이다. 만일 경이 손 놓고 방관한다면 누가 경세제민의 방책을 맡겠는가.

왕의 평가와 기대가 어떠했는가를 알 수 있다. 세 번째 사직 상소에 대해서도 불윤 비답을 내렸다.[298]

왕은 이르노라. 내가 이미 열심히 일하라고 거듭 타일렀기에 다시 말하려 하지 않았는데, 경은 어찌하여 힘껏 청하기를 그치지 않고 세 번씩이나 사직한다고 하는가. 깊이 생각하지 않고 오히려 바라는 바란 말인가. 생각건대 경은 나라의 기둥이 되는 동량棟樑의 훌륭한 그릇으로서 나의 고굉이 된 지 여러 해가 되었다. 논의가 공평하여 한 당파에 치우치는 습성을 힘써 제거하며, 치밀하게 계책을 세우고 임금을 일깨우는 방도를 다하고자 했다. 그러므로 과인이 의지하고 믿는 바가 특별히 융숭하여 영의정으로서 바르게 보필하는 큰 임무를 맡겼다. 거듭 생각해보건대 애초에 인책하고 물러날 빌미가 없는데도 연달아 상소를 올리며 어찌 사양하여 물러나는데 힘쓴다는 말인가. 부귀영화를 사양하고 자리를 내려놓고 비록 여유롭고 한가하게 편히 지내겠다고 하지만 도리를 논하고, 나라를 경영하고, 백성을 널리 구제하는 책임을 누구에게 맡긴단 말인가. 경의 세밀한 견해가 아니면 온갖 일을 처리할 수 없고, 경의 잘 다스리는 재주가 없으면 여러 폐단을 바로잡을 수 없다. 마땅히 마음과 몸을 다하여 나랏일에 이바지함을 생각해야 하는데, 어찌 팔짱만 끼고 모른 체하겠다는 말인가. 아, 생각건대 임금과 신하가 서로 의지하며 은총을 베푸는 뜻을 두루 헤아리고 나라의 중요한 업무를 그만두기 어려운 점을 염려해야 한다. 지금이 어찌 물러날 때이겠는가. 속히 사양한다는 말을 그만두고 지극히 간절한 마음에 부응하라. 마땅히 사임하는 것을 윤허하지 않으며 이에 교시하니 잘 알았으리라 생각한다.

이러던 차에 장령 서명우徐命遇가 상소를 올려 지도를 보여달라고 요구한 것은 이미 황제의 명령이 아니었으니, 전례를 들어서 막을 수가 있었는데, 아깝게도 대신이 정신이 흐릿하고 비루하여 처음에는 성상께 없다고 대답하도록 권했다가, 저들에게 핍박을 받아 마침내 내어 보이기를 허락했으니 임금이 실언하도록 하고 필경 나라를 욕되게 하고 말았다고 하며 녹천공을 비롯한 여러 신하를 비난했다.²⁹⁹ 임금은 저들이 요구한 것이 전후가 다르므로 나의 대답이 이와 같지 않을 수가 없었는데, 어찌 실언했다고 망언을 한단 말인가 하며 서명우의 상소를 반박했다. 정언 윤양래尹陽來는 즉시 임금에게 글을 올려, 서명우가 한 통의 상소로 조정 신료들을 일망타진하니, 마음이 교묘하고 말이 음험하고 허구 날조가 아님이 없으니 그를 파면하고 도성 밖으로 내쫓으라고 요청했다. 임금이 윤허했다. 공은 임금이 은밀하게 대신 등을 부를 때 내려 주는 명소패命召牌를 바치고 도성 밖으로 나갔다. 승지를 보내 위로했으나, 다시 상소를 올려 사직을 청했다.[300]

저들이 갑자기 백두산 물줄기를 거론하며 그곳 지도를 보여달라고 요구했기에 신들이, "백두산은 황폐하고 외떨어진 땅이므로 일찍이 지도를 만든 바가 없다."는 뜻으로 말씀드렸더니, 성상께서 이로써 대답했습니다. 저들이 숙소에 도착한 뒤 가지고 온 지도를 내보이고, 또 우리의 팔도 지도를 요구했습니다. 만약 이것까지도 본래 없다고 핑계를 대는 것은 사리에 가깝지 않고, 또 성실함이 부족해 보일 것이며, 더군다나 그들이 이미 하나를 내보였습니다. 우리가 비록 숨기더라도 이익은 없이 한갓 의심만 사는 결과가 되었을 것입니다. 저들이 전후에 말한 바가 이미 달랐으니, 우리가 응답한 것도 저절로 그렇게 되지 않을 수 없었습니다. 어찌 실언한 바가 있겠으며, 나라의 체모에 손상됨이 있는지 알지 못하겠습니다. 갑자기 권세를 부리는 신하라는 올가미를 씌워서 헤아리기 어려운 처지에 빠뜨리니, 아! 역시 참혹합니다.

이 무렵 우부승지 유태명柳泰明이 임금의 명을 받아 사직의 뜻을 접고 조정에 빨리 나오도록 설득하기 위하여 녹천공 댁에 다녀왔다. 6월 18일 유태명은 다녀온 결과를 글로써 보고했다.[301] 이 보고를 보면 당시 안암동에 머물고 있던 공은 우부승지에게 이미 신하로서 더할 수 없이 큰 죄를 지은 이상, 한순간도 도성에서 편안히 숨을 쉴 수 없으니 도성 밖에 물러나 엎드려 공손히 처분을 기다리고 있다고 했다. 그런데 뜻밖에 특별히 근시를 보내어 성상의 뜻을 보이며, 형벌을 가하지 않고 도리어 융숭한 은혜를 내리시니 감격하여 울음이 나올 뿐이지만, 신의 마음과 발자취를 돌아보건대 결코 얼굴을 들고 다시 들어갈 도리가 없기에 단지 스스로 조용히 조심하며 처벌을 기다리는 것 외에 아뢸 바를 모르겠다고 덧붙였다. 영의정을 그만두겠다는 뜻은 확고했다. 호조에서는 광흥창에서 보낸 녹봉을 받지 않는다고 거듭 임금에게 보고했다.[302] 이후에도 임금은 승지를 보내 사직을 만류했으나 뜻을 굽히지 않고 사직 상소를 계속 올렸다. 임금도 어쩔 수 없이 사직을 허락했다.[303] 이렇게 해서 영의정을 물러나게 되었다. 재임 기간은 10개월 9일이었다.

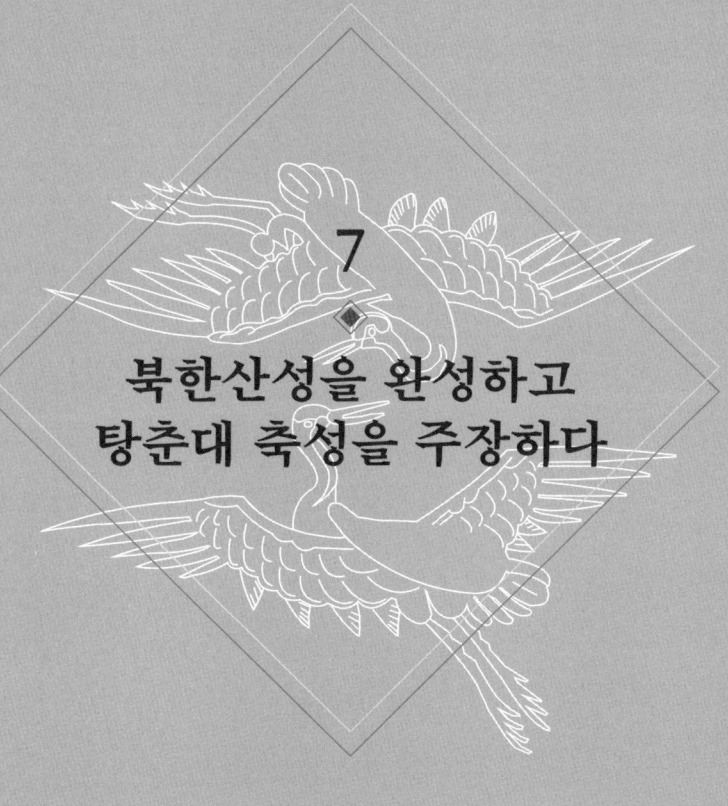

7

북한산성을 완성하고
탕춘대 축성을 주장하다

우의정 신완, 북한산 아래에 축성할 것을 주장하다

1674년 숙종이 즉위한 뒤 바로 북한산에 산성을 수축하는 문제가 대두되었다. 당시 청나라에서는 오삼계吳三桂가 주도하는 '삼번三藩의 난'이 일어나 정세가 불안했으며, 그 여파가 조선에도 미칠지도 모른다는 우려가 있었다.[304] 만일 전란이 있을 때 왕이 행차를 잠시 멈추고 머물거나 묵을 만한 곳이 필요한데, 강화도나 남한산성은 1637년(인조 15) 치욕 때문에 마뜩잖아 보였다. 11월 13일 지중추부사 유혁연柳赫然은 임금께 북한산에 성을 수축할 계책을 연구하는 것이 합당하다고 했다.[305] 그 이유로 북한산은 산세가 험하고 견고하며 사면이 막혀 있고, 유독 마을 입구로 하나의 길만 있어서 쌓는 역사도 많지 않으며, 또 도성과는 지척 사이라서 변란이 있더라도 군병과 기계, 백성과 재물을 남김없이 모두 피하여 들어갈 수 있으므로 형세의 편리함이 있음을 언급했다. 11월 23일 영의정 허적은 임금께 북한산에 성을 쌓는 일은 논의가 하나로 모여지지 않으므로 일을 잘 아는 사람을 보내어 형세를 살펴보게 하자고 했다.[306]

1675년(숙종 1) 1월 24일에도 허적은 북한산의 형세는 의논하는 자가 다들 임금이 머물기에 합당하다고 말하며, 의논하는 자 중에서 성을 쌓는 일이 괜찮다는 사람이 많고 안된다는 사람은 적다고 했다.[307] 하지만 북한산 축성을 반대하는 사람도 있어 임금도 쉽게 결정을 내리지 못했다.

북한산 축성을 결정하지 못하고 있는 동안 개성의 대흥산성이 새로운 대안으로 제시되었다. 특히 북한산 축성을 처음 제안했던 유혁연이 임금께 산의 형세가 담을 두른 듯하고 그 높이가 하늘에 닿은 듯하니, 백성들을 보호하고 군사를 조련하는 데는 이곳만 한 곳이 없다고 했다.[308] 10월 8일 임금은 허적·김만기金萬基·윤휴·오시수吳始壽·신여철을 파견하여 북한산의 형세를 정확히 살펴보도록 했다.[309] 이들의 보고 내용이 그다지 결정적이거나 인상적이지 못했던 것 같다. 임금은 앞으로 더는 바꾸지 말고 먼저 대흥산성을 쌓도록 하라고 지시했다.[310]

1685년(숙종 11) 호군 김신중金信重이 상소를 올려 북한산성의 수축을 청했으나,[311] 큰 주목을 받지 못했다. 1691년(숙종 17) 비국 당상인 윤이제尹以濟·오시복吳始復·권유 등이 상소하여 북한산성의 수축을 청했다.[312] 이에 임금은 대신들과 이 문제를 논의했으나, 강화도에 성 쌓는 일이 끝나지 않아 어렵다는 의견이 많아 북한산 축성 문제는 더는 진전되지 못했다.³¹³ 10년이 더 지난 1702년(숙종 28) 8월 11일 우의정 신완이 나라와 백성의 안정을 위하여 시급히 행할 필요가 있는 여덟 가지를 선정하고 그 내용을 상세히 기술한 소위 '시무 8조時務八條'를 올렸다. 신완은 ① 정치의 근본을 세울 것, ② 인재를 얻을 것, ③ 붕당을 없앨 것, ④ 백성들의 고통을 불쌍히 여길 것, ⑤ 군제를 바르게 정할 것, ⑥ 신역을 고르게 할 것, ⑦ 성지를 수축할 것, ⑧ 경계를 바르게 할 것 등을 주장했다.³¹⁴

특히 축성에 대해서는 창의문 밖 탕춘대의 옛터는 사면이 험준하여 산세를 따라 돌을 포개어 성을 쌓고 창고에 곡식을 예치하고 무기를 쌓아 두면 만약 사변이 있더라도 도성을 버리고 피난을 가야만 하는 근심이 없어질 것이라고 주장했다.

같은 해 9월 16일 좌의정 이세백은 우의정이 제안한 창의문 밖에 축성하는 일과 관련하여 그 터를 살펴볼 사람으로 녹천공과 한성판윤 이인엽 등을 추천했다. 10월 5일 임금이 신하들을 만나는 자리에서 신완은 창의문 밖 지도를 임금께 올렸다.³¹⁵ 녹천공은 나라에 변란이 있을 때마다 반드시 강화도나 남한산성을 돌아가는 곳으로 여기는데, 만일 양화도·삼전도 등에 배가 없으면 건너갈 수가 없으며, 임금의 가마는 혹시 건널 수 있지만 백성을 다 버리는 형편이 되니 진실로 염려된다고 했다. 그리고 양주목사로 있을 때 홍복산에 축성할 뜻을 말했으나 모두 근거 없는 의논이라 하여 저지당했는데, 만일 탕춘대에 성을 쌓으면 홍복산보다 더욱 가깝고 편리할 것이라며 신완의 주장에 힘을 보탰다.

당시에는 축성보다 더 시급한 문제가 양역 변통과 군정 개혁이었다. 축성의 문제는 잠시 수면 아래로 가라앉았다가, 1703년(숙종 29) 3월 25일 임금이 대신과 비국 신하들을 인견하는 자리에서 다시 거론되었다. 먼저 우의정 신완은 북한산성을 쌓는 큰 계획이 이미 정해졌으니, 바야흐로 군문에서 이를 맡도록 할 것을 제안했다. 시골 군사를 골라 뽑아서 서울의 군영으로 보내 교대로 부역하게 하면 민간을 번거롭고 요란스럽게 할 필요가 없으며, 지금 굶주린 백성이 서울에 많이 모였으니 만약 장정을 뽑아서 한편으로는 구제해 살리고, 한편으로는 일을 독려하면 서로 공평하게 될 것이라고 했다. 또 "흉년에 백성을 사역할 수 없다."고 하지만 옛날에 송나라 범중엄이 항주에서 흉년에 사찰을 동원하여 토목 역사를 크게 일으키게 했고, 송나라 조변趙抃은 (지금의 중국 절강성 소흥시 주변인) 월주越州를 다스릴 때 굶주린 백성을 모아 성을 쌓았으니, 모두 옛사람이 이미 행한 증거라고 하며 마땅히 여러 대장이 둘레를 살피고 헤아려서 각 군문이 어디를 맡을지를 정한 뒤 일을 시작하면 다행이라고 했다.[316]

녹천공은 북한산성으로 말하자면 재물과 곡식을 운송해 오는 일이 편리하고 가까우니 축성을 정한 뒤에는 혹 조금의 이해가 있더라도 일을 맡은 신하는 봉행하기에 조금도 쉴 틈이 없어야 하며, 만약 훈련도감·금위영·어영청의 삼군문三軍門에서 나누어 관장한다면 번거롭고 소란스럽지 않을 것이라며 우의정 의견에 힘을 실어주었다. 지금 굶주리는 백성이 대부분 서울에 모여 있는데, 마땅히 돌아가기를 원하는 자는 돌아가게 하고, 곧 죽으려는 자는 구호하여 살게 하며, 그도 저도 아닌 장정은 부역하는 곳으로 옮기자고 했다. 관아에서 이들에게 말린 양식을 주고 군문에서는 간호하여 건강이 회복되기를 기다려서 조금씩 일을 하도록 한다면 하루의 일을 수일 뒤에 완성하더라도 그 공이 반드시 적지 않을 것이니, 이는 백성을 살리고 성을 쌓는 일 양쪽에 다 이득이 된다고 하며 축성이 기민을 살리는 토목 사업임을 강조했다. 이에 임금이 축성을 허락했으며, 우의정과 여러 대장이 성 터를 살펴보고 날을 정하여 마침내 일을 시작하기로 했다.

3월 30일 판중추부사 서문중이 차자에서 굶주린 백성을 부역시키라는 명을 정지하고, 그대로 죽을 쑤어 먹여주기만 할 것을 건의했다.[317] 그는 "굶주린 자를 마땅히 먹여 살려야 하고, 이미 먹이고 나서 사역하면 비용을 줄일 수 있다."고 하지만, 이들이 먹지 못한 지가 이미 오래되었는데 다시 힘이 드는 일을 시킨다는 것은 옳지 못하다고 했다. 예조판서 김진귀金鎭龜는 만일 사변이 있으면 군신 상하가 마땅히 북성으로 들어갈 것인데, 이는 적을 가운데에 두고 우리는 좁은 비탈의 구석에 혹처럼 붙고 박처럼 달린 모양이 된다고 하며 축성을 은근히 반대하는 상소를 올렸다. 국가가 불행하여 해마다 수재와 한재가 일어나서 저축이 모두 고갈되어 백성이 대단히 위급한 처지에 있으니, 사변에 대비하는 것은 설사 먼 장래를 생각하는 것이라고 하더라도 재물을 손상하고 백성을 해롭게 하는 것을 경계할 필요가 있다고 했다.

판중추부사 윤지선도 차자에서 임금에게 축성할 계책이 이미 결정되었다고 하는데 도성의 백성이 참으로 부역하기를 원하고 있고, 굶주린 백성이 기뻐 뛰며 성을 쌓는 일을 감당할 만하다고 여겨 결심한 것인지를 물었다. 그리고 무릇 성을 지키는 방법의 근본은 민심을 얻고 잃음에 있다고 했다. 임금은 이 일은 이미 되풀이해서 생각하고 헤아려 결정한 것으로 결코 바꾸기 어려우며, 굶주린 백성을 부역시키는 것은 경비를 아끼는 문제를 떠나 그들을 구제해 살리는 방법에 있어서 죽을 쑤어 먹이는 것보다 낫다고 하며 축성 의지를 굽히지 않았다.

4월 4일 선정전에서 경연이 있었다. 이 자리에서 녹천공은 북한산을 살펴보고 온 다음이라 산의 형세를 자세하게 설명했다.[318] 북한산 바깥쪽의 형세는 비록 안쪽만 못하지만 험준한 곳에 깊은 골짜기도 많으며, 암석이 험악하게 솟아 있는 곳에는 사람이 다가갈 만한 곳이 아니므로, 성을 쌓지 않더라도 적이 들어올 수 없는 형세였다. 문수령에서 북한산성 옛터까지는 나무꾼이 왕래하는 길과 안으로 평탄한 곳이 있고 비록 암벽이 깎아지른 듯이 높고 험하지는 않더라도 중흥과 동네 입구까지는 멀리 떨어져서 적이 들어오는 것을 염려할 필요가 없었다. 보현봉에서 형제봉에 이르는 사이에 축성할 곳과 그렇지 않은 곳이 있으며, 북청산 조금 높은 곳에서 쌓기 시작하고 백운에 맞닿아 있다가 인왕산에 이르면 안쪽 절벽이 줄지어 서 있는 형상이니 그 험준함이 상당하다고 할 수 있었다. 다만 문수봉에서 조지서까지는 험준하고 길도 굽어서 위급한 상황에서 왕래할 때 혹 불편할 듯하니, 손을 보아 조금이라도 넓고 평탄하게 한다면 이런 근심은 없어질 것이라고 했다. 이에 임금이 성곽을 쌓지 않는다는 것은 과연 청나라와의 약속으로, 병자년 이후로 칙사가 1년에 서너 차례 와서 공갈하기를 그치지 아니하여 대응이 어려웠으나, 근래에는 칙사의 행차가 드물어 예전과는 아주 다르며, 비록 혹 물음이 있더라도 어찌 응답할 말이 없겠느냐며 축성에 대한 뜻을 굽히지 않았다. 공은 굶주린 백성을 부역에 나가게 하는 일을 세상에서 불쾌하게 여기며 논란이 많으니, 잠정적으로 이를 정지한 뒤 다시 검토할 것을 요청했다. 6월 23일 공의 직임이 병조판서에서 이조판서로 바뀌었다. 해가 바뀐 1704년(숙종 30) 1월 29일 임금이 여러 신하를 만난 자리에서 다시 북한산 축성에 대한 논의가 있었다.[319]

녹천공 : 북한산성의 수축에 대한 찬반 의논이 분분한 상태에서는 차라리 한양 도성을 굳게 지키고 죽어도 이를 버리고 떠나지 않는다는 의리를 보여줄 필요가 있습니다. 도성의 창고에 곡식을 저축하고, 백성과 군인들이 기계를 수선하고 파수를 잘하게 한다면 적의 침략이 있을 때 죽음으로써 지키게 하는 대비책을 마련할 수 있습니다.

영의정 신완 : 북한산성은 실로 험한 형세이지만, 사람들이 수축을 저지한다면 어찌할 수가 없으므로 도성에 성곽을 보수하여 굳게 지키는 것도 훌륭한 계책이 될 것이나 오직 성상께서 정하기에 달려 있습니다.

좌의정 이여 : 지세가 험한 측면에서는 북한산성이 도성보다 나으나, 도성은 종묘사직이 있는 곳입니다. 백성과 함께 지키며 각기 그들의 부모와 처자를 보호하게 한다면 누가 사력을 다하지 않을 수 있겠습니까. 신의 생각에는 도성을 사수하는 계책이 사리에 타

세검정 부근을 그린 겸재 정선의 「수문천석水門川石」. 세검정 근처의 탕춘대 동북쪽으로 200m 떨어진 곳에 조지서가 있었다. © 국립중앙박물관

20세기 초에 촬영한 세검정 부근 탕춘대성과 홍지문 © 대장경연구소

당하다고 여깁니다.

임금 : 도성을 쌓은 것은 애당초 성을 사수할 계책에 의한 것이 아니었기에 원래 군고 치밀하게 하지 않았다. 이를 모두 보수한다면 모르지만, 단지 (한양의 행정 관청인 동부·서부·남부·북부·중부) 오부五部에서 일부 수선만 하는 것도 무익할 것 같다.

한성부 판윤 민진후 : 신이 일찍이 도성을 기필코 사수해야 한다는 의견을 누차 올렸습니다. 장마를 당하면 성곽이 많이 무너지고 있으니, 만약 군문에서 담당하여 무너지는 대로 손을 본다면 오랜 뒤에는 저절로 완전히 보수하게 될 것입니다.

녹천공은 북한산성 축성에 대한 논란이 계속되고 있으니 차라리 도성을 잘 보수하고 적의 침략이 있을 때는 도성을 사수하겠다는 의지를 보여줄 필요가 있다는 의견을 피력했다. 좌의정과 영의정도 이에 동조했다. 2월 15일에도 임금과 대신, 비국 신하들은 축성과 도성의 개축 문제를 긴 시간 논의했다. 임금은 북성은 축조할 수 없고 도성을 축조해야 한다고 결론지었다.[320] 실록에는 이를 두고 이해와 편부가 전혀 임금의 마음과는 관계가 없는 듯, 오로지 남의 말만을 따라 '아침에 영을 내리고 저녁에 고치는〔朝令夕改〕' 등 임금의 행동거지가 잘못되었으니, 탄식을 금하지 못하겠다고 기록했다.

한양 도성을 개축하다

　　　임금의 최종 결정에 따라 삼각산에서 산신에게 도성 개축을 알리는 고유제를 지냈다.[321] 영의정 신완은 축성 작업에 필요한 기계를 준비하여 8월부터 일을 시작할 것을 청했다. 9월 2일 우승지 이희무와 2개월 전에 우의정에 임명된 녹천공은 임금 앞에서 도성 개축과 관련하여 논쟁을 벌였다.[322] 이희무는 도성 개축의 중지를 요청했으나, 공은 도성 개축의 역사를 멈추지 말라고 강조했다.

이희무 : 도성은 나라에서 소중히 여기는 곳입니다. 종사가 있고 신민이 있으므로 튼튼하게 쌓은 뒤에야 굳게 지킬 수 있습니다. 재력을 헤아리지 않고 갑자기 큰 역사를 일으키는 것은 국사를 위해 매우 염려됩니다. 아직 나타나지 않은 적을 가지고 먼저 국력을 피폐하게 함이 옳은지 알지 못하겠습니다.

녹천공 : 남한산성은 외따로 떨어져 있고, 강화도는 물의 형세가 지난날과 다르니, 만일 위급한 일이 있으면 실로 임금이 머물 땅이 없을 것입니다. 미리미리 빈틈없이 자세하게 준비하는 방책을 꾀하려면 도성을 개축하는 외에 다른 계책이 없습니다. 어찌 물자가 번거롭게 많이 든다고 해서 변란의 대비를 하지 않을 수 있겠습니까.

이희무 : 국가의 흥망은 "덕에 있고 험준한 데에 있지 않다."고 했습니다. 신의 혼미하고 융통성 없는 소견으로는 반드시 외적이 있을 것을 알지 못하겠습니다. 이미 떠낸 돌로써 무너져 허물어진 곳을 보수하고 서둘러 정지하는 것이 좋겠습니다.

녹천공 : 대체를 가지고 말한다면, "덕에 있고 험준한 데에 있지 않다."는 말이 진실로 지당하나, 성곽을 수선하여 완전하게 하는 것도 나라를 위하는 하나의 방도입니다. 재난이 심한 때를 당하여 스스로 보전할 계책을 생각하지 않고 시일을 미루다가 갑자기 변을 당한다면 종사를 받들고 장차 어디로 가겠습니까.

임금 : 강화도는 바다의 도적들이 염려스럽고, 남한산성도 외따로 떨어져 있어서 만일 위급한 사태가 있다면 장차 어디로 돌아가겠는가. 또 군량과 기계가 모두 이곳에 있는데 만약 성을 지키지 않는다면 이는 이른바 도둑에게 먹을 것을 가져다주는 꼴이다. 성안의 백성이 그 부모·처자를 위하여 각각 사력을 다한다면 지키지 못할 이치가 없을 것이다. 이미 결정한 뒤에 한두 사람의 근거 없는 의논으로 어찌 역사를 정지할 수 있겠는가.

도성의 개축을 정지할 수 없다는 임금의 생각은 단호하여 공사는 꾸준히 진행되었다. 이후에도 도성 개축을 청나라에 알리는 문제, 공사를 담당하는 훈련대장의 파직 문제 등이 거론되기도 했으나,[323] 수어청에서 동편의 도성 개축을 마무리했으며, 어영청에서 서편의 도성 개축을 완성했다.[324]

도성 개축이 착실하게 진행되어 가고 있던 어느 날 임금은 녹천공에게 정승이 될 적임자를 추천하는 소위 복상卜相을 하도록 명했다.[325] 공은 홍수헌, 최규서, 조태채趙泰采 등을 추천했으나, 그때마다 임금은 다른 사람을 다시 추천하도록 명했다. 급기야 임금은 오늘의 복상은 한심하고 공정하지 못하다고 말했다. 임금은 내심 서종태가 추천되기를 기대하고 있었다. 이러한 임금의 뜻을 잘 살피지 못하고 정승 추천을 공정하게 하지 못한 점에 대하여 죄를 청했다. 결국 11월 28일 1년 5개월 동안 재임했던 우의정 자리에서 해직됐다.

임금은 다음 날 공을 판중추부사에 임명했다. 이에 사직을 간청하는 상소를 올렸고, 매월 조정에서 나오는 월름月廩 수령도 거부했다.³²⁶ 임금은 양주 노원리 녹천 마을에 머물고 있던 공에게 신하를 보내어 위로의 말과 함께 하루빨리 조정에 나오라는 뜻을 전했다.³²⁷

1706년(숙종 32) 8월 임금과 종친, 신하가 함께하는 진연이 예정되어 있었다. 판중추부사 직을 거듭 사양했던 녹천공도 진연에 참석, 임금께 잔을 올렸다. 원래 1705년 초 왕세자와 많은 신하가 즉위 30년을 기념하기 위한 진연을 베풀 것을 간청했다. 임금이 처음에는 허락하지 않았으나 얼마 뒤 마지못해 허락하여 예조에서 진연 날짜를 1705년 4월 20일과 21일로 정했다.³²⁸ 이런저런 사정으로 진연이 거듭 연기되었고, 결국 해를 넘겨 1706년 8월 27일 창덕궁 인정전에서 진연이 있었다.³²⁹

1707년(숙종 33) 2월 검열檢閱 신정하申靖夏가 인정전 진연이 끝난 뒤 양주 노원촌 녹천 마을에 칩거하고 있던 녹천공을 찾아왔다. 공은 먼저 병으로 시골집에 있는 동안 갑자기 삼촌 숙부의 상³³⁰을 당하여 놀랍고 안타까운 마음을 금할 수 없다고 했다. 창황히 도성으로 들어가 숙부를 마지막으로 뵐 수 있었기에 조금이나마 애통한 마음을 추스를 수 있었는데, 바람과 추위를 무릅쓴 탓에 병이 더 심해져 곧 들것에 실려 돌아와서는 지금 쓰러져 정신을 차리지 못하고 있다고 했다. 그런데 뜻밖에 황공하게도 근시를 보내 전하는 성상의 뜻이 간절하고, 보잘것없는 미천한 몸으로 밝으신 성상으로부터 큰 은혜를 받게 되어 감당할 수 없다고 했다. 그리고 지난 가을에 입은 은혜가 실로 예사롭지 않았으나 끝내 만류하는 말씀을 우러러 받들 수 없는 것은 대개 사사로운 의리에 편안하기 어려운 바가 있기 때문이며, 물러난 뒤의 지극한 바람은 오직 분수를 지키고 병을 조리하여 죽을 때까지 시골에서 살며 천지가 만물을 생성하는 은혜를 끝까지 입는 데 있을 뿐이라고 했다. 끝으로 지금 물러나 있는 처지로는 감히 도성에 잠깐 갔다가 곧바로 올 수 없다며 성상께서 수고로이 도성으로 올라오라는 명을 내렸지만, 또다시 염치를 무릅쓰고 도성에 들어간다면 사사로운 의리로 헤아려 볼 때 편안한 바가 아니라고 했다. 병 때문에 억지로 나아가기 어려울 뿐만 아니라, 은혜로운 명을 어겨 죄를 지었으니 그저 스스로 땅에 엎드려 두려워하며 아뢸 바를 모르겠다고 했다.[331]

1707년(숙종 33) 10월 12일 우의정을 그만두고 판중추부사로 있은 지 1년 10개월 만에 다시 좌의정에 임명되었다. 간절한 심정으로 좌의정 임명을 취소해 줄 것을 간청하는 상소를 올렸다.[332]

삼가 아룁니다. 신이 천만뜻밖에 갑자기 새로운 임명을 듣고는 놀랍고 두려우며 정신이 어지러워 몸 둘 바를 몰랐습니다. 아, 신이 몇 해 전에 지은 죄가 있는데도 형벌을 면하고 시골에서 편안히 쉬고 있으면서 실로 천지의 지극한 사랑에 힘입어 올여름에 이르러서는 또 정중히 부르는 교지를 받아 다시 도성 문을 들어가 조정의 반열에 끼었습니다. 뜻밖에 성상의 돌보심이 갈수록 더욱 깊어져 이런 과분한 은혜를 내리시는데, 형편없는 신이 어떻게 임금으로부터 이런 은혜를 받을 수 있는지 모르겠습니다. 다만 생각건대 신은 본래 지극히 용렬하고 비루하여 남보다 나은 점이 없는데 성상의 특별한 대우를 과분하게 입어 외람되이 정승의 반열에 올라 구구한 일념으로 사심을 버리고 공평하고 올바른 도리를 넓혀 정성을 다해 보답하기를 도모하지 않은 적이 없습니다만, 학식과 견문이 어둡고 지혜롭게 생각하는 바가 부족하여 티끌만큼의 보답도 하지 못하여 스스로 낭패하는 것을 자초했으니 지은 죄는 만 번 죽어도 속죄하기 어렵습니다. 삼가 바라건대 자애로운 성상께서는 이미 시험하여 효과가 없는 신의 상황을 살피고 신의 피눈물과 절박한 심정을 헤아려 속히 신에게 새로 임명한 직임을 물려 공적으로나 사적으로나 편안하게 해 주신다면 매우 다행이겠습니다.

임금은 이미 지나간 일을 내가 일찍이 마음속에 접어두지 않았으니, 이번에 거듭 낙점한 데서 나의 뜻을 알 수 있다고 하며, 군신의 대의를 생각하여 속히 나와서 일을 보라고 했다.[333] 이후에도 거듭 사직 상소를 올렸다. 임금은 그때마다 조정에 나와 직임을 살피라는 답을 내렸으며, 한 번은 기거하고 있는 집으로 좌부승지를 직접 보내 출사할 것을 재촉했다. 결국 좌의정에 임명된 지 거의 한 달 뒤 조정에 나가 직무를 보게 되었다.

1708년(숙종 34) 1월 녹천공은 조상님으로부터 물려받은 집안 재산을 부친의 형제·자매 집안에 공평하게 배분하는「화회문기和會文記」를 작성했다. 각 집안을 대표하는 사촌이나 당질들은 수결로서 이의가 없음을 표명했다.³³⁴ 부친의 형제·자매는 모두 8남 4녀였다. 유산으로 받은 모든 재산을 조상님 제사를 모시는데 필요한 부분을 먼저 떼어 놓고, 나머지를 다시 종가와 일곱 숙부, 네 고모 댁에 골고루 배분했다. 이를 주도하고 직접 문서를 작성해서 모두 불만이 없도록 한 점을 보더라도 공의 훌륭한 인품을 엿볼 수 있다. 7월 14일 정언 구만리具萬理가 상소에서 은근히 녹천공을 비방했다.³³⁵

> 토지 등으로부터 세금을 거둬들이는 권리를 왕실의 개인에게 부여하는 절수折受는 백성에게 크게 해가 되므로 지난해 겨울에 이를 거듭 금하고, 비록 이미 시행한 것이라도 특별히 혁파하기를 허락한다고 하여 온 나라의 백성이 조정의 처분만을 크게 기다리고 있습니다. 하지만 어느 대신이 아뢰기를, "궁가宮家를 신설하여 1년을 지탱하여 나가는 방법을 만들어야만 모양을 갖출 수 있습니다."고 했으며, 성상께서는 대신이 말한 바가 내 생각과 서로 부합한다는 뜻으로 교시했습니다. 여러 궁가의 절수가 여러 도에 널리 있어서 깊은 산중과 먼바다까지도 포괄하여 국가가 병들고 백성이 날로 궁핍합니다. 이것은 진실로 조정의 근심인데도 도리어 여러 궁가의 모양을 이루고 지탱하여 나가야 한다고 말하는 것이 어찌 임금의 미덕을 찬성하는 생각이겠습니까.

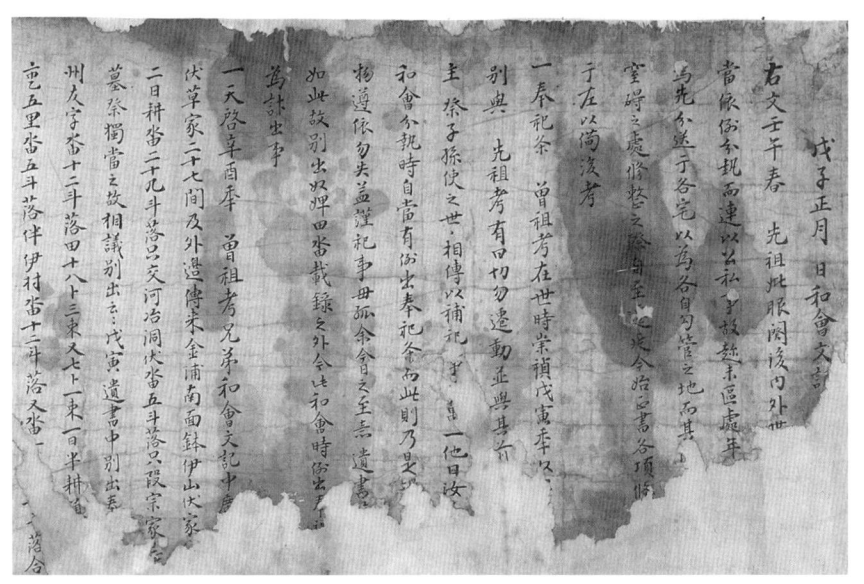

녹천공이 작성한 분재기인 「화회문기」 서문

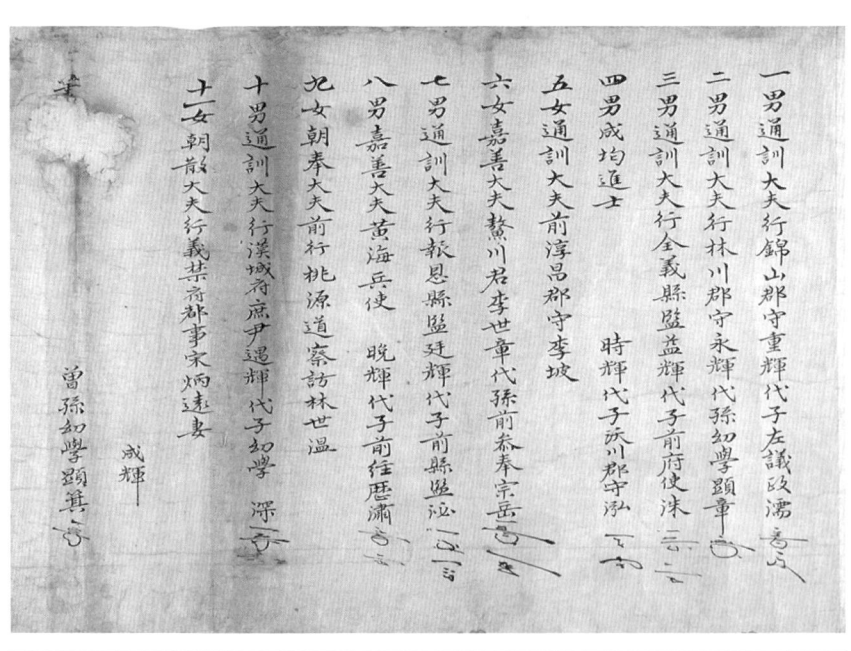

「화회문기」 끝에 12 집안을 대표하는 분들의 이름이 보인다.

구만리가 상소에서 언급한 대신은 물론 녹천공이다. 이에 공은 7월 16일 차자를 올려서 전에 궁가의 절수가 지나치게 된 것은 반드시 더 헤아려서 줄이도록 하자고 했으며, 또 강과 바다 포구의 어세를 침범하여 징수한 것이 백성에게 폐해가 되는 상황을 별도로 거론하여 일체 혁파하기를 청했다고 했다. 하지만 사간원 관리가 지적한 뜻이 지극하니 정승의 자리에 그대로 있을 수 없다며 직책을 파면해 달라고 간청했다. 이에 임금은 전에 아뢴 말의 뜻을 이미 상세히 알고 있는데, 사간원 상소에서 배척한 것을 어찌 깊이 불만스럽게 여기겠는가 하며 청을 물리쳤다.[336]

7월 27일 첫 번째로 사직을 청하는 정사呈辭를 올리고, 거듭 정사를 올려 9월 8일에는 무려 30번째 정사를 올렸다.[337]

녹천공의 사직을 허락하지 않았던 임금은 9월 9일의 31번째 정사에는 사직을 허락한다는 답을 내렸다. 결국 임명된 지 12개월 만에 좌의정 자리에서 물러나게 되었다. 이튿날 다시 판중추부사로 임명했다.[338] 여러 곡절을 겪었으나 도성 개축 공사는 계속 진행되어 시작한 지 거의 8년 뒤인 1712년(숙종 38) 성의 몸체가 되는 체성體城과 성 위에 낮게 쌓은 담인 여장女墻을 포함한 개축 공사가 끝나서 감독자들에 대한 시상을 논의하기에 이르렀다.[339]

1710년(숙종 36) 4월 경덕궁 숭정전에서 임금의 나이 50세가 되었음을 축하하는 진연이 열렸다.[340] 이때에도 왕세자를 비롯한 종친과 신하들이 번갈아 가며 술잔을 아홉 차례 올렸다. 녹천공도 참석해서 영의정 이여 다음으로, 신하 중에서는 두 번째 자리에 앉아 있었다. 이날의 진연 모습과 모든 참석자 명단을 기록한 「숭정전

경덕궁(경희궁) 숭정전의 오늘날 모습

진연도」가 전해지고 있다. 조선 숙종 대의 궁중 연회 모습이 간단하게나마 보인다.[341]

북한산성 축성을 다시 논의하다

1710년(숙종 36) 조선 조정은 청나라로부터 일부 해적이 관병과 싸우다가 패하여 배를 타고 도망갔는데, 이들이 혹시라도 조선에 가서 약탈한다면 미처 손을 쓰지 못한 채 해적에게 해를 받을까 두려우니, 연해 지방에 알려 방어에 유의하도록 하라는 황지皇

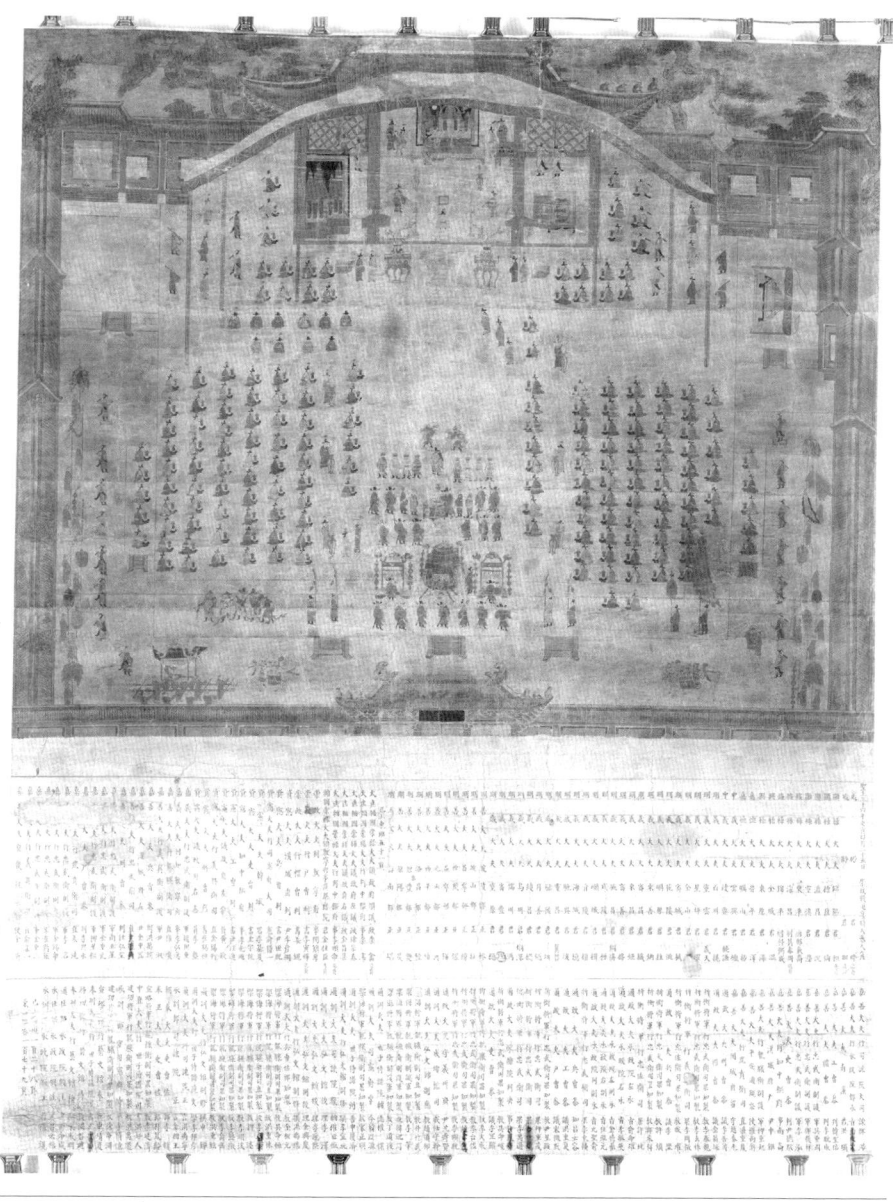

「숭정전 진연도」. 참석자 명단에 녹천공이 있다. ⓒ 국립중앙박물관

늠를 받았다.³⁴² 이에 조정은 연해 지방 방비책을 서둘러 논의하게 되었다. 논의하는 과정에서 판중추부사 이이명은 홍복산은 둘레가 남한산성보다 좁고 사면이 모두 산이며, 밖에 하나의 큰 들판이 있어서 백성들이 드나들며 경작할 수도 있으며, 녹천공이 양주목사로 있을 때 일이 거의 이루어질 뻔했으나 조정의 의논이 분분하여 그대로 중지했다고 하며 양주 홍복산에 축성할 것을 제안했고, 공도 이를 적극적으로 지지했다.

10월에는 훈련대장 이기하李基夏가 홍복산과 북한산에 성을 쌓을 터를 둘러보고 와서 형세로 봤을 때 북한산이 축성하기에 더 좋다고 했다.³⁴³ 홍복산의 지세는 성을 쌓는 데 적합하지만, 사방 5리 안이 모두 흙산이어서 돌을 캘 곳이 아주 멀어 일이 어려울 것이라고 했다. 북한산에서는 인수봉·백운대·만경대 등의 여러 봉우리가 깎아지른 듯이 우뚝 솟아 있어 한 사람이 관문을 지키면, 만 사람이 열지 못하는 지형으로 도성과 멀지 않은 곳에 이처럼 지세가 험한 곳을 지금까지 버려두었으니 애석할 뿐이라고도 했다. 며칠 뒤 두 산을 둘러보고 온 형조판서 민진후도 형세로서는 홍복산보다 북한산이 더 유리함을 말했다.³⁴⁴

10월 26일 녹천공은 차자를 올려 북한산성을 축성하여 변란에 대비해야 한다고 주장했다.³⁴⁵ 공은 옛날 효종께서는 변란이 있으면 도성이 먼저 무너질 수 있음을 염려하고, 북한산성을 수축하여 나라를 보전하며 백성을 보호하는 계책을 만들었다고 했다. 만약 북한산에 성을 쌓아 내성을 만들어 종묘사직을 옮기고, 또 조지서의 동쪽을 막아 한강에 있는 창고를 옮기면 나라의 모든 저축을 옮겨 올 수 있다는 논리였다.

12월 1일 임금은 여러 신하를 접견하는 자리에서 북한산성 축성 문제를 다시 논의했다.³⁴⁶ 어영대장 김석연金錫衍은 양주 홍복산 축성을 주장했고, 훈련대장 이기하는 이전처럼 홍복산보다는 북한산이 축성하기에 더 좋다고 했다. 좌의정 서종태는 북한산에 성을 쌓고 변란이 있을 때 임금의 가마를 옮겨 들어가 지키면 남한산성과 서로 앞뒤로 호응하여 적을 견제하고, 임금에게 충성을 다하는 군사가 사방에서 집결하여 적을 물리칠 수 있다고 했다. 하지만 동지중추부사 김진규는 북한산은 그 안이 좁아서 결코 도성의 백성들을 모두 수용하기 어려우며, 대흥산성·문수산성을 보더라도 큰 비용을 들여 쌓았으나 얼마 지나지 않아 버리는 바람에 빈 성이 되었다고 하며 새로운 축성 자체를 반대했다. 임금은 지금 북한산에 성을 쌓고자 하는 나의 뜻은 천혜의 험한 지세를 활용하여 축성함으로써 장구한 계책을 도모하려는 것이라고 했다. 또 북한산은 도성과 가까이 있어서 비록 식량과 기계를 따로 조치하지 않는다고 해도 도성의 저축을 모두 옮길 수 있는 끝내 버릴 수 없는 땅이므로 대신과 대장 한 사람씩 다시 가서 살펴보고, 어디에서 어디까지 마땅히 쌓아야 할 곳과 쌓아서는 마땅하지 못한 곳을 상세히 확정하는 것이 옳다고 했다.

1711년(숙종 37) 2월 5일에도 임금은 대신과 비국 신하를 접견하여 북한산성 축성을 논의했다.³⁴⁷ 이 자리에서 총융사 김중기金重器는 산 안에 우물물이 많은데다 계곡의 시냇물도 10여 곳이나 되며 둘레가 30리나 되어 그 가운데 험준한 곳을 제외해도 족히 도성

북한산성 성벽과 성문 © 국립중앙박물관(원판번호 無446-9)

의 절반은 된다고 했다. 이에 임금은 그동안 단지 물과 샘이 부족할까 염려했는데, 지금 물이나 샘도 넉넉하다고 하니, 축성을 결의하는 것이 옳다고 했다. 그리고 도성은 넓고 커서 수비하기가 어렵고, 남한산은 나루를 건너기가 어려우며, 강화도는 해구가 오거나 얼음이 녹아버리면 그 험한 형세를 믿을 수 없지만, 오직 북한산만은 지극히 가까워서 백성과 같이 들어가 수비하려고 할 때 군량 문제 등은 이들 먼 지역과는 달리 어렵지 않을 듯하다고 말함으로써 이제까지의 북한산성 축성 여부에 대한 논란에 거의 종지부를 찍었다.

민진후를 북한산성 축성을 담당할 구관당상으로 정하고, 훈련도감·금위영·어영청 등 소위 삼군문이 축성의 일을 나누어 감독하도록 했다. 김중기가 총융사의 밀부를 차고 왕래하며 전체를 감독하게 했다.[348] 북한산성의 공역을 1711년(숙종 37) 4월 3일부터 시작, 10월 18일 완공했다. 6개월 정도의 비교적 짧은 기간에 14개의 성문을 갖춘 면적 557,663m^2의 큰 성이 완성되었다.[349] 비변사는 쌓은 성의 주위 보수步數와 비용에 들어간 재력을 별도로 정리하여 임금께 올렸다. 총 보수는 7,620보(훈련도감 담당 2,292보, 금위영 담당 2,821보, 어영청 담당 2,507보)였다. 거리로는 21리 60보이며, 삼군문에서 쓴 재력 중 쌀은 총 16,381석이었다.[350]

영의정 겸 경리청 도제조로서 북한산성 관리를 총괄하다

1712년(숙종 38) 4월 9일 녹천공이 임금께 차자를 올려 북한산성 방비에 대한 견해를 밝혔다.[351] 먼저 도성이 넓고 커서 지키기 어려운 것은 실로 동쪽과 서쪽이 평탄한 데 있으나, 북한산성은 사면이 금탕金湯(금성탕지金城湯池. 쇠로 만든 성과 끓는 물을 채운 못이란 뜻. 매우 견고한 성과 해자를 의미)으로서 공격의 어려움과 수비의 쉬움이 도성에 비교할 바 아니라고 했다. 하지만 북한산성의 서문이 조금 낮아 만약 남쪽은 증봉을 한계로 하고, 북쪽은 영취봉을 한계로 한다면, 그 사이에 중성을 가로로 설치하고 중성에서부터 서문에 이르기까지 몇 리 남짓에 나무를 길러 마치 병졸들이 서 있는

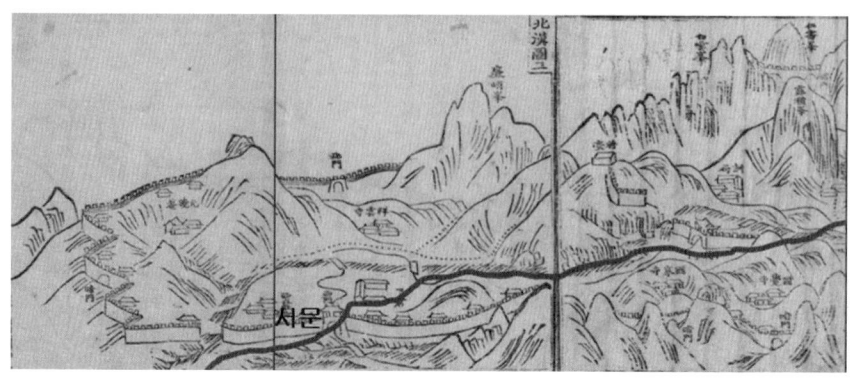

것처럼 보이도록 할 것이라고 했다.

　4월 10일 임금은 여러 신하와 함께 북한산성을 둘러보았다. 임금의 어가는 경덕궁을 출발, 서교를 지나 북한산성 서문에 이르렀다. 수문과 행궁을 돌아보고, 다시 시단봉에 오르고, 동장대에서 성 안팎을 둘러본 뒤 동문으로 나와 환궁했다.[352] 둘러보며 임금은 이 성은 과연 하늘이 내려 준 형세라고 하면서 이전에 성 밖에 창고를 설치하자는 의논이 있었으나 나는 꼭 안에 쌓아야 한다고 생각한다고 했다. 호조판서 김우항金宇杭은 축성하는 일은 이미 마쳤으나 주관할 사람이 없으니 양주 부근 4, 5면과 고양의 1, 2면을 이 성에 떼어 소속시켜 한 고을을 새로 만들고, 이름은 북한부사나 중흥부사로 하는 것이 좋겠다고 했다. 녹천공은 이곳은 곧 도성 안이니 따로 한 고을을 설치함은 이치에 맞지 않으며, 삼군문에 소속시켜 현재의 대신이 거느리게 하고 병란이 있으면 그대로 체찰사로 삼아야 한다고 했다. 이에 임금은 이는 즉각 정할 수 있는 일이 아니며 조정에서 의논해 처리하라고 했다. 같은 해 8월 영의정을 비롯

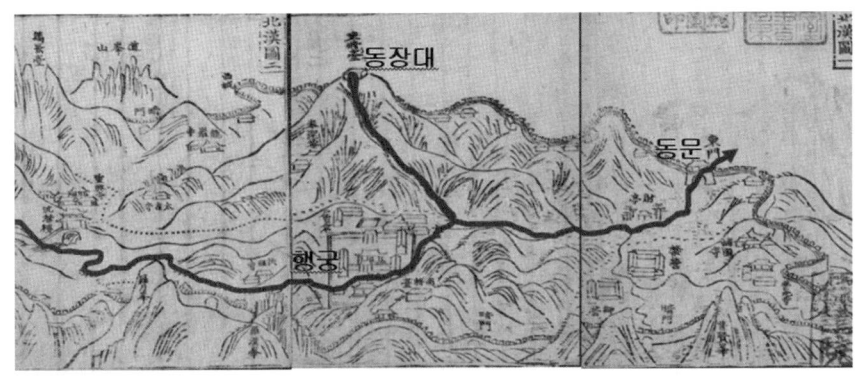

북한산성에 거둥한 숙종의 이동 경로 ⓒ 「북한지北漢志」, 규장각한국학연구원

한 신하들이 임금을 알현하는 자리에서 북한산성을 주관할 대신을 선정하고 구체적인 관리 방안을 마련할 것을 주청했다.[353]

임금은 주관 대신으로 녹천공, 당상으로 병조판서 조태채를 임명했다. 조태채는 비변사 낭관 한 사람과 서리·사령 각각 두 사람을 차출해 달라고 요청했다. 임금은 그대로 윤허했다. 또 9월에 도제조 이이명이 북한산성을 담당하는 관청의 이름을 경리청經理廳으로 할 것을 주청했다. 임금이 그대로 따랐다. 녹천공은 판중추부사이면서 북한산성을 담당하는 경리청 주관 대신이 되었다. 며칠 뒤 임금은 영의정 서종태와 좌의정 김창집을 각각 낮추어 좌의정과 우의정으로 삼고, 녹천공을 영의정에 임명하는 이례적인 인사를 단행했다.[354] 공은 세 차례나 상소를 올려 영의정 임명을 철회해 줄 것을 간청했다.[355]

신이 외람되이 무거운 직임을 맡아 근심과 두려움에 몸 둘 바를 몰라 간절한 마음을 대략 드러내어 임명을 철회하기를 바랐습니다.

북한산성 서문

중성문과 성벽

삼가 성상의 답을 받들어 보니 윤허해 주지 않았고, 말뜻이 지나치게 융숭하여 실로 예사롭지 않았으니, 신은 참으로 황공하고 감격하여 더욱 몸 둘 바를 모르겠습니다. 더구나 이 영의정의 직임은 온갖 책임이 모이는 자리로, 결코 신처럼 용렬하고 노둔한 자가 함부로 응할 수 있는 곳이 아닙니다. 어떻게 많은 사람의 마음을 진압하고 여러 업무를 처리하여 성상의 은혜와 의리를 감당할 수 있겠습니까. 삼가 바라건대 자애로운 성상께서는 불안한 마음을 굽어살피시어 속히 명을 거두어 어리석은 신의 분수를 편안하게 해 준다면 다행이겠습니다. 신이 두 번이나 간절한 마음을 아뢰었으나 그때마다 부지런히 애쓰는 답을 받들고 베푸는 은혜가 더욱 융숭하여 더욱 낭패스럽게 되었습니다. 분수와 역량을 헤아려 볼 때 끝내 염치를 무릅쓰고 나아갈 수 없고, 말과 뜻을 다하여 호소할 방법을 몰라 그저 스스로 황공스러워 움츠리고 있었을 뿐이었습니다. 또 감기에 걸린 병이 점점 더 심해져서 며칠 사이에 정신이 혼미해져 인사불성이 되었으니, 다시 글을 올릴 수 없었던 것은 이 때문이었습니다. 어제 우의정 김창집의 차자를 삼가 보니 인척으로서 피하는 문제를 다시 논했습니다. 꺼리는 바가 피차 다를 것이 없는데, 신의 사사로운 의리로 볼 때 어찌 잠깐이라도 마음이 편안할 수 있겠습니까. 더구나 신의 재주와 분수가 걸맞지 않고 노쇠하여 실로 감히 다시 정승의 자리를 차지하여 나랏일을 거듭 그르칠 수 없으니, 친척으로 말미암은 혐의가 아니더라도 마땅히 교체되어야 합니다. 삼가 바라건대 자애로운 성상께서는 속히 철회하여 미천한 신의 분수를 편안하게 해 주신다면 천만다행이겠습니다.

임금은 사직을 윤허하지 않고 조정에 빨리 나올 것을 재촉함으로써 공은 며칠 뒤 조정에 나갈 수밖에 없었다. 임금은 경리청 주관 대신을 도제조, 당상을 제조라 하고 삼군문의 대장은 제조를 겸임하도록 했다. 공은 영의정 직임을 수행하며 경리청 도제조 일을 맡아보게 되었다.

영의정에서 좌의정으로 낮추어 임명된 서종태는 병을 이유로 계속 사직 상소를 올리며 나오지 않아 결국 임명된 지 한 달여 만에 임명이 취소되고 거의 4개월이 지나서 이이명이 새 좌의정으로 임명되었다. 좌의정에서 우의정으로 낮추어 임명된 김창집은 녹천공의 외사촌 동생으로, 사촌이 함께 정승 자리에 있을 수 없다며 사직을 간청하며 조정에 나오지 않았다. 결국 김창집의 우의정 임명도 한 달이 지난 뒤 취소되고 말았다. 우의정 자리는 약 8개월 동안이나 공석으로 있다가 김우항이 임명되며 비로소 의정부의 면모가 갖추어졌다. 공은 영의정에 임명된 뒤 약 5개월 동안에는 좌의정과 우의정이 실질적으로 공석인 상태에서 혼자서 의정부 일을 처리할 수밖에 없었다.

이 무렵 이종사촌 동생 송상기로부터 받은 간찰[356]이 전해오고 있다. 1712년(숙종 38) 9월 26일 영의정에 임명되었을 때 우의정으로는 김창집이 임명되었다. 녹천공은 김창집은 외사촌 동생이므로 같이 정승 자리에 있을 수 없다고 사직을 청했다. 며칠 뒤 김창집도 공은 사촌 형이라 같이 정승 자리를 차지할 수 없다며 사직을

이종사촌 동생 송상기로부터 받은 간찰

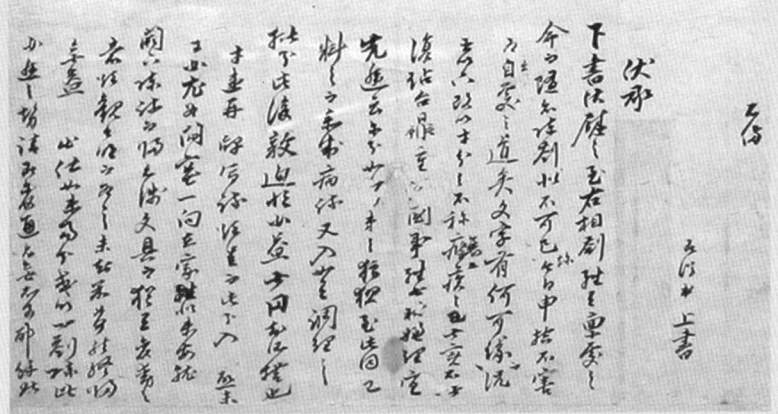

삼가 내려주신 서찰을 받으니 지극히 위안이 되었습니다. 우상의 차자는 비록 의논하여 처리하라는 명령이 있었지만, 또 차자를 올리는 것을 그만두어서는 안 될 듯하여 오늘에야 상소를 올리니 처신하는 도리에 해가 되지는 않을 것입니다. 문자는 어찌 의논할 만한 일이 있겠습니까만 '출이하出以下'를 '재주와 분수가 걸맞지 않고 쇠약하여 병세가 이미 심하니 실로 다시 정승의 자리를 더럽히고 거듭 국사를 그르칠 수 없습니다. 비록 친척으로 말미암은 혐의가 아니더라도 이치상 마땅히 먼저 교체되어야 할 뿐입니다.'고 고친다면 어떻겠습니까. 아우의 낭패가 이런 데에 이를 것은 진실로 벌써 헤아렸습니다. 참판이 병 때문에 올린 상소가 또 들어오니, 만일 잘 처리하라는 비답이 있다면 이 뒤에 자주 재촉하여 장차 기어코 더욱 심해지면 조처할 바를 모르겠습니다. 신속하게 두 번째 부름에 상소문을 써서 올리려고 합니다.

> 이는 임금에게 들어갈 수 있을지를 기약할 수 없으니 더욱 답답합니다. 한결같이 집에 있어서 비록 미안한 듯하지만, 대궐에 나아가 상소하고 돌아왔습니다. 또 형식적인 면이 있지만, 오히려 변동할 뜻을 지니고 금명간의 사태를 관찰하려고 하는데 과연 어떠할지 모르겠습니다. 하지만 끝내 무익한 것으로 결론이 나서 벼슬에 나가기가 만일 쉽지 않다면, 혹시 한 번 차자를 올려 이렇게 반드시 물러나는 형세를 즉시 고쳐 달라고 청하는 것도 괜찮지 않겠습니까. 나머지는 이만 갖추지 못합니다.
>
> — 서찰을 받은 날에 사촌 동생이 글을 올립니다.

청했다. 김창집은 여러 차례 사직을 청하는 상소를 올렸다. 10월 6일 올린 차자에서 김창집은 인척으로서 피해야 하는 법을 감히 쓸모없는 것으로 만들 수 없으니, 신이 올린 차자를 담당자에 내려 과거의 예를 조사하여 처리하게 해달라고 했다. 10월 7일 공은 다시 올린 사직 상소에서 더구나 신의 재주와 분수가 걸맞지 않고 몸이 노쇠하여 실로 감히 다시 정승의 자리를 차지하여 나랏일을 거듭 그르칠 수 없으니, 친척으로 말미암은 혐의가 아니더라도 마땅히 교체되어야 한다고 했다.[357] 이조판서 송상기는 대간의 배척을 받았다는 이유로 거듭 사직 상소를 올리며 조정에 나가지 않았다. 이조참판 신임申銋도 병세가 심하여 조정에 나갈 수 없다고 여러 차례 사직 상소를 올렸다. 이러한 상황을 종합해 볼 때 송상기는 이 간찰을 1712년 10월 8일 무렵 보낸 것으로 볼 수 있다.

영의정 겸 경리청 도제조인 녹천공은 북한산성을 지키는데 탕춘대의 역할이 중요함을 강조하고, 이곳에 창고를 세우고 이를 지키기 위하여 둘레에 성을 쌓을 것을 여러 차례 주장했다. 예를 들어 1712년 10월 탕춘대에 창고를 세우고 곡물을 저장하여 북한산성의 형세를 굳게 할 것을 주청했다.[358]

해가 바뀌어 1713년(숙종 39) 2월 공은 조지서를 문수봉 아래 조금 평평한 장소로 이전하고, 탕춘대 창고를 겨울의 추위가 풀리는 무렵에 짓자고 했다.[359] 이해에는 연초부터 왕세자를 비롯하여 여러 종친과 대신이 즉위 40년을 축하하는 의미에서 칭경의 예를 행하고 존호를 올리는 일을 허락하라고 청했다. 처음에 임금은 칭경은 허락했으나 존호는 윤허하지 않았다. 녹천공을 비롯한 여러 대신이 거듭 주청하는 바람에 마침내 임금도 존호를 허락했고, 3월 9일 숭정전에서 '현의광륜예성영렬顯義光倫睿聖英烈'의 존호를 받았다.[360]

3월 녹천공은 탕춘대에 창고를 설치하고 곡물을 저장한 뒤 근심을 막는 방법으로 마을 입구에 문을 설치하지 않을 수 없으니, 문을 설치하고 문의 좌우에 반드시 잇대어 쌓은 익성翼城을 두어 산기슭 아래로 연결해야만 간사한 무리가 도둑질하는 폐단이 없을 것이라고 했다. 임금은 처음에 이를 윤허했으나,[361] 탕춘대 축성에 대하여 좌의정 이이명 등의 반대가 심하여 창고만 짓고, 성 쌓는 일을 중단하라고 했다.[362] 공은 지금은 성 쌓는 공사를 비록 정지시켰으나, 창고를 짓고 이를 지키는 일을 결단코 그만둘 수 없다며 탕춘대 안의 창고를 지키기 위해서 도성과 북한산성을 잇는 탕춘대

성의 필요성을 강조했다.³⁶³

영중추부사에 오르고 탕춘대 축성을 강조하다

앞에서 언급한 바와 같이 녹천공은 7월에 영의정을 그만 두었으며, 그만둔 지 이틀 뒤 다시 판중추부사에 임명되었다. 서울 교외의 시골집에 가서 살고 싶다며 판중추부사의 사직을 간청했으나, 허락을 받지 못했다. 사직 상소를 올리면 임금은 이를 물리치며 조정에 나오라는 답을 내리는 일이 거의 4개월 이상 반복되었다. 이 무렵 도성을 떠나 양주 노원촌 녹천 마을에 있었음을 알 수 있다.³⁶⁴ 1717년과 1720년에 작성된 녹천공 호구장의 주소가 부친이 살아 있을 때 작성된 호구장의 주소와 동일하게 '한성부 중부 수진방 간동계'로 기록되어 있는 점으로 보아 조정에 나갈 때는 수진방 집에 있었으나, 관직에서 물러난 뒤에는 틈틈이 번잡한 도성을 벗어나 양주 녹천 마을의 시골집에서 머문 것으로 추정된다. 영의정에서 물러난 지 거의 4개월이 지난 10월 말, 임금의 환후가 좋지 않다는 소식을 듣고 대궐 앞까지 나왔으나, 직접 알현하지는 못했다.³⁶⁵ 사직을 간청하는 상소를 올리며 호조에서 보내오는 녹봉을 받지 않았으나 끝내 사직은 허락되지 않았다. 해를 넘겨 1714년(숙종 40) 5월 영의정을 그만둔 뒤 처음으로 경덕궁에서 임금을 알현했다.³⁶⁶ 이 자리에서 시골집에서 지내고 있는 상황을 말씀하고, 임금 환후의 회복을 위하여 글을 읽고 쓰는 일과 신하를 접대하는 일을 줄이기를 청했다.

임금을 알현하고 두 달이 지난 7월 17일 다시 판중추부사 사직을 청하는 차자를 올렸으며, 이에 임금은 다음과 같은 답을 직접 손으로 써서 보냈다.[367] 이 임금의 친필을 새긴 돌이 전해지고 있어 오늘날에도 숙종의 유려한 필체를 볼 수 있다.[368]

아, 지난해에 경이 도성을 떠난 것은 뜻밖의 일이었다. 내 마음이 섭섭했을 뿐만 아니라, 내 마음을 흔들게 하는 계책에도 딱 들어맞았다. 전후에 내가 내린 답에서 혐의를 다 풀고자 상세히 설명했고, 일전에도 직접 얼굴을 맞대고 자세히 이야기했다. 임금과 신하 사이에는 마음과 뜻이 서로 미더운 것이 중요하다. '종적蹤跡' 두 글자를 경은 다시 말해서는 안 된다. 더구나 올해 나이가 많다고는 하지만 정력이 여전히 왕성한데, 지금이 어찌 대신으로서 일을 그만두겠다고 하며 나랏일을 거들떠보지 않으려는 때이겠는가. 차자 끝에 책임을 지고 사퇴한다고 한 것도 대단한 일이 아니다. 이에 승지를 보내 내가 직접 쓴 글로써 거듭 알린다. 경은 잘 헤아려 다시는 사직서를 올리지 말고 안심하고 머물러 있으며 나의 지극한 바람에 부응하도록 하라. 아, 임금과 신하의 관계는 아비와 자식의 관계와 같다. 나의 이르는 말은 시간이 흐를수록 더욱 간절한 것이다. 경은 반드시 끝내 나의 뜻을 저버리지 않을 것이라 믿으며, 이에 이르는 바이다.

이후에도 승지가 임금의 명을 받아 녹천공 댁에 다녀갔으며, 사

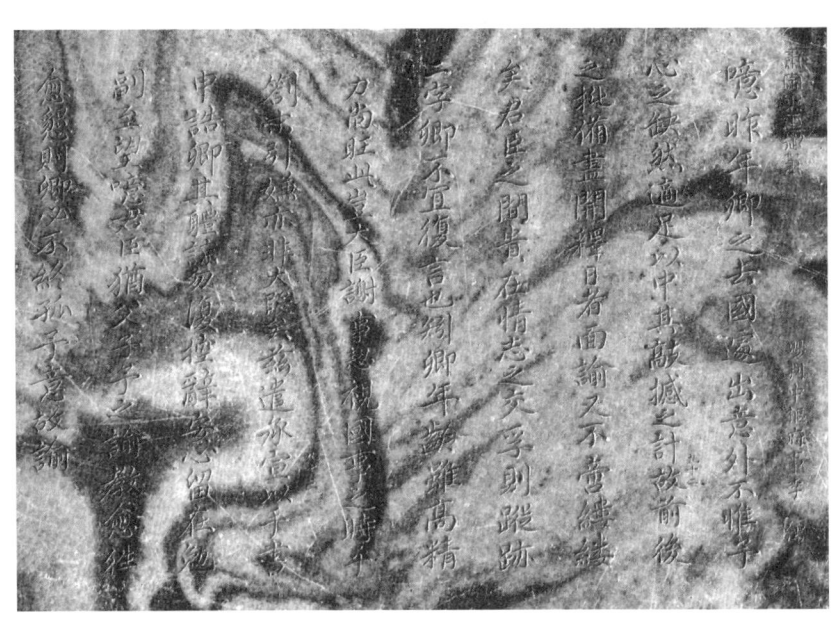

1714년 7월 녹천공께 내린 숙종 어필御筆 편지글 각석 © 국립고궁박물관

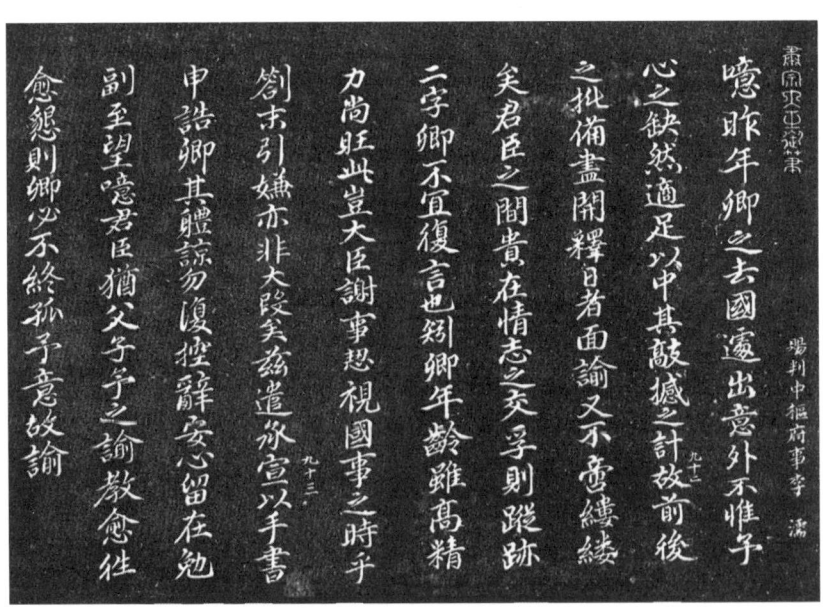

숙종 어필 편지글 각석 탁본 © 국립고궁박물관

직을 다시 간청하고 녹봉 수령을 거부했으나, 사직을 허락하지 않는 임금의 마음을 돌릴 수는 없었다. 9월에는 임금의 즉위 40년을 축하하는 진연이 이전과 마찬가지로 경덕궁 숭정전에서 있었고, 녹천공도 이 자리에 참석했다. 왕세자, 좌의정 김창집, 연잉군, 연령군, 판부사 서종태, 회원군檜原君 이륜李倫, 동평위 정재륜鄭載崙, 부원군 김주신金柱臣, 호조판서 조태구가 차례로 임금께 술잔을 올렸다.369

진연례가 끝나고 우의정 김우항이 근래 해마다 흉년이 들어 백성들이 곤궁하니, 한 해에 부담하는 신역에서 특별히 1필을 감하여 함께 즐거워하는 뜻을 보인다면 어찌 거룩한 은덕이 아니겠냐고 했다. 하지만 다른 대신들은 우의정의 뜻은 좋으나, 나라 재정 형편을 생각하면 쉽게 결정할 수 없는 일이라고 했다. 녹천공도 2필의 신역을 반으로 줄이자는 말을 근래 조정에서 연구해 보았으나, 모든 일은 꼭 먼저 뒷일을 생각한 뒤라야 할 수 있는 것이니 곧바로 시행할 수는 없다고 했다. 이어서 올해 삼남의 농사가 비록 작년보다 조금 낫다고 하나 피해 본 곳도 많다고 하니, 우상의 말은 참으로 충성과 간절함에서 나왔지만, 갑자기 정할 수는 없으며, 조용히 형편을 헤아려서 시행함이 알맞을 듯하다고 했다.370

여러 우여곡절이 있었으나, 끝내 녹천공의 판중추부사 사직은 받아들여지지 않았다. 며칠 뒤 다시 조정에 나와 북한산성 경비에 관한 의견을 내놓았다.371 북한산성 경비를 승려가 맡도록 하고 북한산성과 남한산성의 승려를 각각 350명으로 정할 것을 주청했다. 같은 해 12월 기로소耆老所에 들어갔다.

1715년(숙종 41) 7월 북한산성 수문과 관련하여 상소를 올렸다.[372] 공은 수문을 수축하는 것은 후일의 외적을 대비하기 위한 일뿐만 아니라, 식량을 쌓아 두기 위한 것이므로 산성 안에 수문을 세우고 마을 입구를 막을 것을 강조했다. 같은 해 9월 북한산성을 경영하는 방도에 대하여 차자를 올렸다.[373] 이 차자에서 외부의 곡물을 거두어 저축하고, 호조의 삼수량을 훈련도감에 귀속시키며, 북한산성을 동서로 나누어 주변 산의 전답을 귀속시킬 것 등과 같이 산성 관리를 위한 구체적인 사항을 제안했다.

　녹천공은 북한산성과 관련하여 늘 탕춘대의 중요성을 강조했다. 10월 임금이 대신과 비국 당상을 만나는 자리에서 탕춘대는 북한산성에 대해 진실로 순치지세脣齒之勢로서 도성 백성들의 저축을 일체 이곳에 옮겨 지키는 것이 바로 완전한 계책이 되며, 만약 탕춘을 지키지 못하면 북한의 형세도 홀로 지킬 수가 없으니, 전에 올린 글에서 탕춘에 토성을 쌓도록 청했던 일도 이 때문이었다며 탕춘대의 중요성과 이의 방어를 위한 축성의 필요성을 거듭 주장했다.[374] 하지만 여러 사람의 의논이 나누어져서 쉽사리 결론에 이르지 못했음을 아쉬워했다.

　1717년(숙종 43) 2월 12일 녹천공을 유도대신留都大臣에 임명했다.[375] 유도대신은 왕이 오랫동안 도성을 비울 때 임시로 도성의 치안과 경비를 총괄하는 직책이다. 임금은 신병을 치료하기 위하여 3월 3일 온양으로 출발하고, 4월 3일 환궁했다. 그런데 2월 26일 정경부인 함종어씨가 향년 74세로 별세했다. 부인의 상중에도 불구하고 한 달 동안 유도대신 직무를 충실히 수행했다. 임무가 끝난 뒤인 4월에 겸임하고 있는 경리청과 종묘서宗廟署 도제조 직임의 해직을 간청했다.[376] 부인을 먼저 저세상으로 떠나보낸 슬픔이 아직 남아 있는 상태에서 건강도 많이 나빠졌기에 더는 조정의 중책을 맡는 것이 어렵다고 판단했던 것 같다. 임금은 이를 윤허하지 않고 계속 직무를 수행하라고 명했다. 하는 수 없이 가끔 조정에 나가 임금을 알현하고 국정에 대한 의견을 피력했다. 당시 풍습으로는 남자는 부인의 상중이라 하더라도 평상시와 같은 일상생활을 했던 것으로 여겨진다.

이즈음 그려진 것으로 추정되는 녹천공 초상화를 종손이 소장하고 있다. 오랜 세월이 흘러 곳곳의 채색이 바랬으나 작은 눈매, 짙은 눈썹, 긴 턱수염이 사실적으로 그려져 있다. 이 초상화에서 공의 인자하면서도 위엄 있는 모습을 볼 수 있으며 바로 앞에 살아계신 것 같은 느낌을 준다. 화가가 누구인지 알 수는 없으나 붓 터치로 보아 당대의 최고 실력자가 그렸을 것으로 추정된다.

이 무렵 어느 재종에게 보낸 짧은 편지가 전해오고 있다.[377] 1717년 3월에서 1718년 2월 사이에 쓴 것으로 추정되며, 수신은 재종으로 되어 있다. 그가 누구인지 정확하게는 알 수 없다. 녹천공의 조부님에게는 형제분이 없었기에 친가에는 재종이 있을 수 없어서 여기서 말하는 재종은 친가 쪽이 아닌 외가 쪽 친척으로 추정된다.

1718년(숙종 44) 8월 녹천공은 북한산성은 바로 국가의 대계를 보존하는 곳이고, 탕춘대가 그 밖에서 보호하는 격이 되니 성을 쌓는 것은 형세로 보아서 그만둘 수 없으며, 바라건대 성상께서 마음을 써서 결단하고, 빨리 대신과 장수에게 명해서 성터를 살펴보도

녹천공 초상화

재종에게 보낸 간찰

서찰을 올립니다.

일전에 방문해주셔서 고맙게 여기고 있는데, 지금 보내주신 편지를 받으니 더욱 위로됩니다. 다만 병환이 심해졌다고 하시니 무척 염려됩니다. 부탁한 약재는 저의 집에서 몇 달 동안의 복용이 아직 끝나지 않았고 중추원에서 한 달 쓰는 인삼이 4전에 지나지 않으니, 이것으로 어떻게 다른 곳에 보내겠습니까. 이 때문에 기대에 부응하지 못하니 한탄스럽습니다. 나머지 두 가지 약재는 체하[378] 하여 보냅니다. 나머지는 이만 줄입니다.

- 서찰을 받은 날, 재종 기복인 유儒

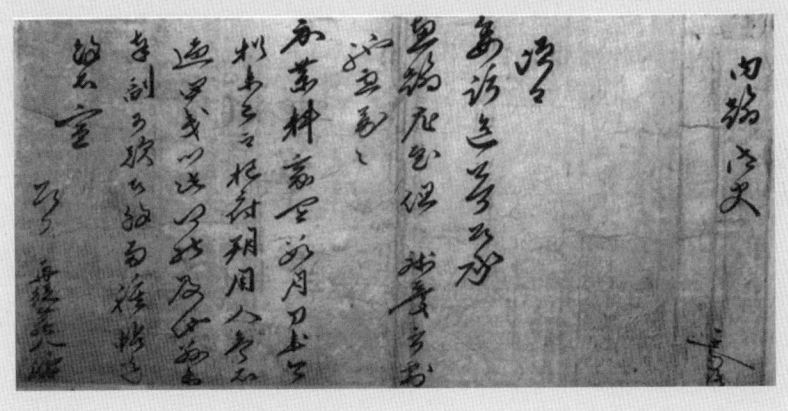

록 한 뒤에 기한을 정하여 일을 시작하게 하라고 탕춘대 축성을 다시 한번 간곡하게 말했다.[379] 윤 8월 기사를 보아도 탕춘대 축성을 거듭 요청했음을 말해주고 있다.[380]

북한산성이 비록 천혜의 형세라 하나 만약 탕춘대가 없다면 도성은 외롭고 위태로우며, 막아서 끊음을 면하지 못한다면 서로 상관할 수 없어 문득 적의 소굴이 될 때 그 이해득실은 너무나 분명하여 지혜로운 사람을 기다리지 않고서도 알 수 있습니다. 만약 이때 이르러 축성하여 뒷날에 의지할 곳으로 삼지 않는다면 급박한 사태가 이른 뒤에는 도성 백성들의 저축한 것을 북한산성에 수용해 들일 수 없으므로, 어지럽게 흩어지고 버려지는 바가 임진년 왜란과 병자년 호란의 지난 일과 같은 데 불과할 것입니다. 이런 처지에 이르게 되면 아무리 후회한들 다시 어찌할 수가 없습니다.

정언 유복명柳復命이 위와 같은 녹천공의 주장을 헐뜯고 비난하기를 그치지 않으니 공은 도성 밖으로 나간 뒤 조정에 들어오지 않았다.[381] 이에 세자가 사관을 보내어 공이 명을 받고 성 쌓는 일을 주관한 이래로 밤낮으로 헤아리며 정성을 다하여 경영한 바를 성상께서 잘 알고 계시니, 이러한 어긋난 말을 개의할 필요가 없다고 하며 위로했다. 임금이 세자에게 북한산성을 쌓는 일을 조금이라도 늦출 수 없으며, 공이 아니면 감당할 자가 없으니, 모름지기 이런 뜻으로 간절하게 타일러 돌아가려는 마음을 되돌리도록 하라고 했음을 털어놓았다. 며칠 뒤 어쩔 수 없이 다시 도성으로 들어왔다. 얼마 뒤 경리청 도제조 직임을 거두어 달라고 간청했으나, 임금은 이를 물리치고 북한산성 일을 계속 맡을 것을 명하며[382] 오히려 중추부 최고 관직인 영중추부사로 삼았다.[383]

같은 해 11월 경리청에서 보고하기를 탕춘대 서쪽의 축성 공사는 윤 8월 26일 시작하여 10월 초 6일 중지했다고 했다. 성곽 길이가 2,200여 보가 되는데, 체성을 모두 쌓은 것은 거의 반이고, 완성되지 못한 것도 3분의 2나 반에 이르며, 내년 봄에 가서 불과 열흘에서 보름이면 모두 마칠 수 있다고 했다.³⁸⁴ 또 12월 약방에서 임금을 진찰하는 자리에서 탕춘대 성역은 곧 완전히 마무리 단계여서 이 뒤로 20일을 지나지 않아 일을 마칠 수 있으며, 처음에 흙으로 쌓기로 했으나, 잡석이 많아 돌로 쌓는 일이 더 쉬우므로 잡석으로 쌓고 있다고 했다.³⁸⁵ 경리청의 보고나 공의 말에 비추어보면 1718년 12월에는 이미 탕춘대 축성이 많이 진행되고 있었음을 알 수 있다. 공은 성을 쌓는 일은 봄이 되면 한두 달 만에 마칠 수 있는 일에 불과하나 재원이 부족하므로, 평안도 자모산성慈母山城에은 3만 냥이 있다고 하는데, 1만 냥을 가져와 공사에 보태 쓰면 좋을 듯하다고 했다. 또 이인엽이 충청도 한원³⁸⁶에 성 쌓는 일을 주관했을 때, 당시 충주목사 이성한李聖漢이 재물과 곡식을 꽤 많이 모았는데 미처 일을 시작하지 못하고 조정에서 중지시켰기에 당시 모은 재물은 쓸모가 없게 되었으며 양곡 1,000여 석이 현재 충주에 그대로 있으므로 얼음이 풀린 뒤 즉시 배로 운반하여 탕춘대성에 보태 쓰는 것이 어떻겠냐고 간청했다.³⁸⁷ 이에 임금은 은이나 곡식을 말한 대로 가져다 쓰라고 했다.

  임금은 탕춘대 축성을 윤허했고, 공은 축성에 필요한 경비를 조달하기 위하여 전국적으로 재물이 여유가 있는 곳을 물색하여 이를 서울로 가져오기 위하여 애썼다. 탕춘대 축성을 반대하는 신하들의 목소리도 만만치 않았다. 결국 1719년(숙종 45) 2월 신하들이 모두 대궐에 나와 탕춘대 축성을 논의하고 그 결과를 아뢰도록 했다.[388] 2월 2일, 3일, 5일에 신하들이 조정에 나와서 회의를 하며 탕춘대 축성에 대한 찬성과 반대 의견을 피력했다. 특히 반대 의견을 나타낸 이우항, 신임 등은 북한산성이나 탕춘대보다는 도성을 더 중시하고 지킬 것을 주장했다. 표와 같이 축성을 찬성한 사람은 13명이었으나, 반대 의사를 표명한 사람은 35명이었다. 반대가 압도적으로 많은 상황을 고려하여 4월 1일 영의정 김창집, 판중추부사 이이명, 우의정 이건명 등은 우선 탕춘대의 역사를 정지하고, 기근과 돌림병이 없어지기를 기다려 천천히 의논하여 도모하는 바가 합당할 듯하다고 건의했다. 이에 임금은 북한산성을 쌓은 것은 진실로 뜻한 바가 있어서 큰 계책을 세우고 정한 것인데, 또 이를 버린다면 아이들 장난과 같다며 어찌 이러할 수 있는가 한탄하고, 마지 못해 신하들의 의견을 받아들였다.

북한산성을 지키려면 탕춘대에도 성을 쌓아야만 훗날 안전을 보장할 수 있다고 거듭 주장했던 녹천공은 임금의 축성 중지 결정이 내려진 상황에서 난감할 수밖에 없었다. 지난해에 성을 쌓자고 한 상소를 조정에 내리고 시행하도록 허락했을 때 대신들은 다른 의견이 없었으며, 성상의 명령이 내려진 뒤 봉행하는데 급하여 마음과 힘을 기울여 서쪽 2백여 보의 땅에 축성하고 일이 거의 완성되었는데, 이제 다시 중지하도록 했다고 아쉬움을 토로했다.[389] 만약 처음에 허락하지 않았더라면 또 공사에 낭패되는 일이 없었을 것인데, 신이 어리석어 기미를 살피지 못하고 마침내 일을 그르치고 말았으니, 저 이미 쌓은 성을 허물지도 않고 완성하지도 않은 채

1719년(숙종 45) 2월 탕춘대 축성에 대한 찬반 의견을 표명한 관리들 명단

일자	찬성	반대
2월 2일	사직司直 어유귀魚有龜, 공조참의 유숭兪崇, 전 병사 이한규李漢珪 등 4인	대사성大司成 홍치중, 사과司果 홍계적洪啓迪, 전 병사 이수민李壽民 등 15인
2월 3일	사직 민진원閔鎭遠, 이조참판 김유, 공조판서 송상기, 병조판서 조도빈趙道彬, 훈련대장 이홍술李弘述, 부사직 허윤許玧, 호군護軍 신한장申漢章·조이중趙爾重	이조판서 권상유權尙游, 강화유수 심택현沈宅賢, 호조참판 김덕기金德基, 호군 이홍조李弘肇, 훈련도정訓鍊都正 이우항李宇恒, 우참찬右參贊 신임, 호군 유성추柳星樞·윤헌주尹憲柱·장붕익張鵬翼, 좌윤 윤각尹慤
2월 5일		부제학副提學 이택李澤, 부교리 박사익朴師益, 수찬 김상옥金相玉, 사간司諫 윤석래尹錫來, 정언 어유룡魚有龍·신절申晢, 부교리 김운택金雲澤
이후		판중추부사 김우항, 사직 홍만조

그대로 둔다면 장차 후세에 비난을 면하지 못하게 될 것이라고 죄를 청했다. 세자는 죄가 없으니 불안해 할 것이 없다고 했다. 처음에는 임금이 공의 주장을 받아들여 탕춘대 축성을 허락했다가, 신하들의 반대가 많아지며 다시 중지하도록 하는 바람에 홍지문 부근에서 북한산 향로봉 사이로 이어지는 약 2,200여 보를 쌓은 상태에서 탕춘대성은 '미완의 산성'으로 남게 되었다.[390]

그림[391]에서도 볼 수 있듯이 탕춘대성은 도성과 북한산성을 이어주고, 위급한 상황에서 백성들을 구하기 위하여 탕춘대 부근에 세워 놓은 많은 창고를 보전하는데 절대적으로 필요한 방어 수단이

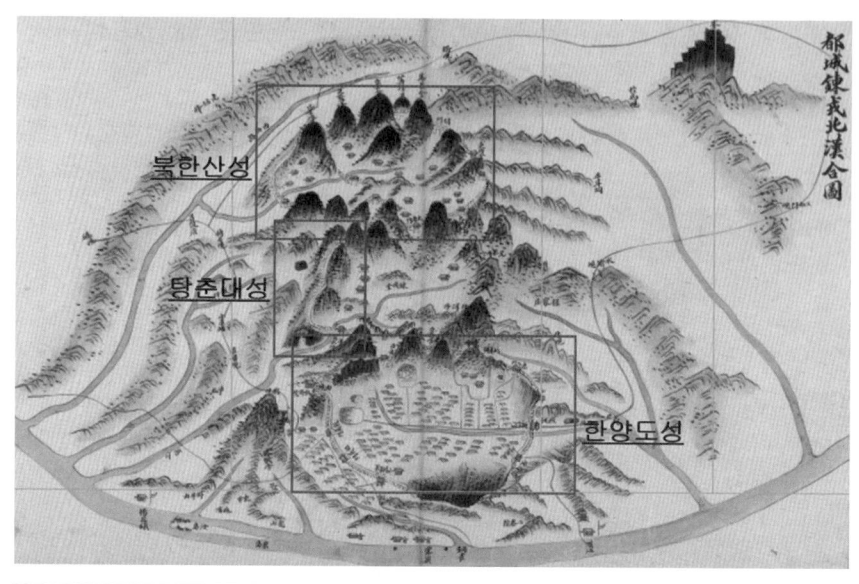

『동국여도東國輿圖』에 실린 북한산성, 탕춘대성과 한양 도성 ⓒ 규장각한국학연구원

었다. 처음부터 조정에서 충분히 논의하지 않은 상태에서 결정을 내리고 또 이 결정을 쉽게 번복한 임금도 문제가 있다고 볼 수 있다. 이러한 일련의 사태에 대하여 사관은 북한산에 성을 쌓지 않더라도 적이 여기에 웅거할 수 없으므로, 먼저 탕춘대에 성을 쌓았다면 도성과 이어져 있어서 서로 안팎이 되어 도성은 더욱 견고해질 것인데 애석한 일이라고 논평했다.

죄를 청한 녹천공에게 왕세자의 명을 전하러 좌승지 한세량韓世良이 찾아왔다. 공은 좌승지를 통하여 임금께 올리는 말에서 일전에 한 관리의 글에서 재물을 축내고 원망을 가져오고 백성을 병들게 하고 나라를 해롭게 한다는 말의 뜻은 실로 신을 두고 한 것인데, 그의 말이 사실이 아니라고 하며 신의 죄를 용서해 준다고 하더라도, 신이 어찌 감히 요행히 처벌을 면한 것을 다행으로 여겨 도성에서 편안히 쉬겠냐고 했다. 그리고 돌아보건대 지은 죄가 이미 무거워 결코 얼굴을 들고 뻔뻔하게 명을 받들어 나가기가 어렵다고 했다.[392] 또 어제는 임금으로부터 돈유敎諭(교지를 내려 신하가 애쓰고 노력할 것을 권하던 임금의 말)가 내려왔으나 명을 어기는 죄를 범했기에 황공한 마음

1904년에 촬영한 탕춘대성과 홍지문
ⓒ 대장경연구소

북한산 향로봉 아래에서 탕춘대성이 시작된다. 오른쪽 봉우리가 백악산(경복궁 주산)이다.

7. 북한산성을 완성하고 탕춘대 축성을 주장하다　**255**

'미완의 산성'인 탕춘대성 성곽과 암문

을 금할 수 없어 감히 위태로운 심정을 말한다며 먼저 신의 경리청 직임을 파직하고, 이어 형벌을 주관하는 관리에게 백성을 병들게 하고 나라를 해친 죄를 심문하게 하여 국법을 엄하게 하고 사헌부나 사간원 관리들의 주장에 대답할 것을 간청했다. 임금은 경리청은 본래 북한산성을 주관하므로 결코 없앨 수 없으며, 더구나 명을 받고 성의를 다한 것을 내가 잘 알고 있으므로 나의 간절한 부탁을 잘 헤아려 선뜻 마음을 바꾸어서 속히 대궐로 들어와 지극한 바람에 부응하라고 했다. 공은 계속 상소를 올려 조정에 나갈 수 없음을 하소연했고, 급기야 녹봉 수령도 거절하는 상황에서 시간은 흘러 1719년(숙종 45) 4월 18일을 맞았다.

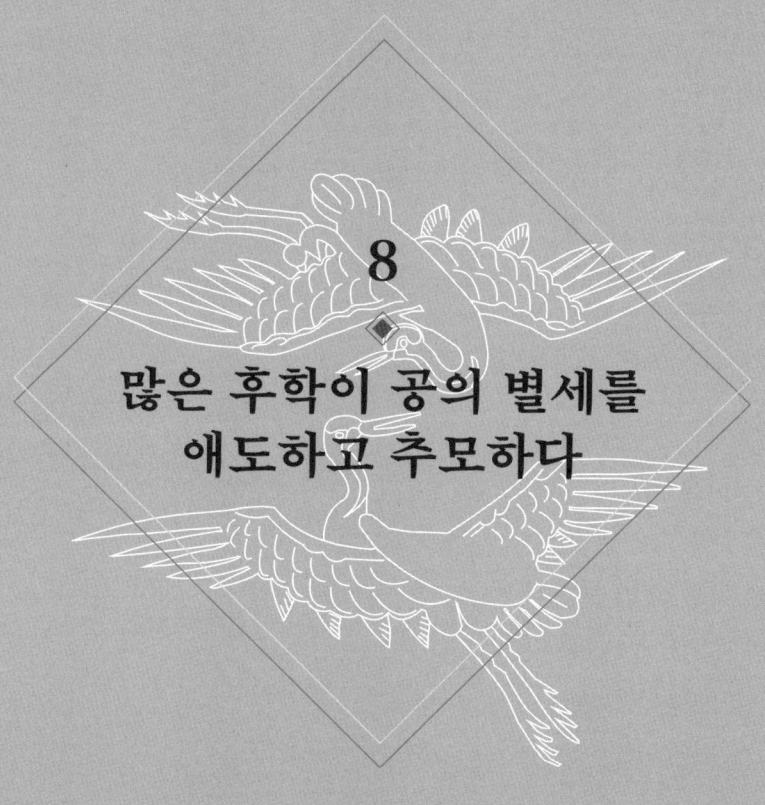

8

많은 후학이 공의 별세를 애도하고 추모하다

숙종 승하하고, 이듬해 공도 별세하다

녹천공은 영중추부사 사직을 청하는 상소를 거듭 올렸으나 임금은 한사코 윤허하지 않은 상태에서 1719년(숙종 45) 4월 18일을 맞이했다. 이날 임금은 경덕궁 경현당에서 여러 기로신에게 잔치를 베풀어 주었다. 기로신은 연로하고 덕이 높은 사람으로, 정2품 이상의 70세 이상인 문신이다. 이 잔치에 임금과 왕세자가 직접 참석했고, 기로신으로는 공을 비롯하여 영의정 김창집, 판중추부사 김우항, 지중추부사 황흠黃欽과 강현姜鋧, 사직 홍만조와 이선부李善溥, 한성부 판윤 정호, 우참찬 신임, 지중추부사 임방任埅이 참여했다.[393]

이날의 행사와 참석자의 초상화, 친필 축시 등을 기록해 놓은 『기사계첩』이 전해지고 있으며, 국보로 지정되어 있다.[394] 이 잔치

경현당 기로신 잔치 참석자 이름과 당시 관직	인정전 진연 (숙종 32/8/27)	숭정전 진연 (숙종 36/4/25)	숭정전 진연 (숙종 40/9/25)
영중추부사 녹천공	○	○	○
영의정 김창집	-	○	○
판중추부사 김우항	○	○	○
지중추부사 황흠	○	○	-
지중추부사 강현	○	○	-
사직 홍만조	○	○	-
사직 이선부	-	○	-
한성부 판윤 정호	-	○	-
우참찬 신임	○	○	-
지중추부사 임방	-	-	-

에 참석한 열 분의 기로신이 과거에 있었던 세 번의 진연 참석 여부를 정리해 보았다. 네 번의 잔치에 모두 참석한 사람은 의외로 공과 판중추부사 김우항 두 분뿐이었다. 다른 분들은 당시 진연이 있을 때 여러 이유로 잠시 관직에서 물러나 있었거나,[395] 건강과 기타 급박한 사정으로 참석하지 못했다.

녹천공은 당쟁과 재해로 혼란스럽고 불안한 혼돈의 시기에 거의 50년 넘게 관직에 있으면서도 비리나 부패 혹은 기타 불미스러운 일에 연루되어 처벌을 받은 일이 한 번도 없었다. 물론 관직이나 품계가 박탈되거나 귀양 길에 나선 적이 전혀 없었다. 그만큼 수신제가에 철저했으며, 당파는 노론에 가까웠으나 오히려 탕평론자라고[396] 할 만큼 온건한 주장을 하며 항상 나라와 백성의 어려움을 생각하고 이를 타개할 수 있는 실용적인 방안을 마련하는 데 힘썼다.

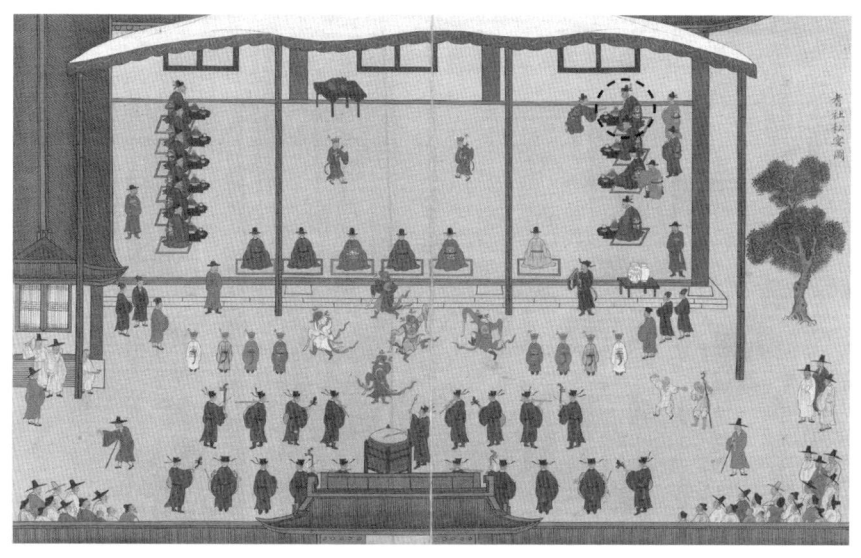

『기사계첩』에 실린 「기사사연도」 점선 표시 자리가 녹천공 © 국립중앙박물관

 임금은 잔치가 열린 날 사시에 익선관과 곤룡포를 갖추고 작은 가마를 타고 궐에서 나왔다. 집사자가 기로신들에게 꽃을 나누어 주었다. 임금에게 술과 음식을 바치는 중간에 음악이 연주되고, 무동이 춤을 추었다. 임금은 '사기로소賜耆老所' 네 글자를 새긴 은배를 내려주었다. 숙종은 이날의 잔치를 축하하는 글을 지었다. 훗날 경종이 이를 조정에 보여주고 『기사계첩』에 넣도록 했다.
 기로소 잔치가 있고 몇 달이 지난 뒤 녹천공은 조정에 다시 나갔다. 하지만 연이어 임금의 안부를 묻기 위하여 백관들이 늘어선 반열에 참석, 찬 바람을 쐰 탓으로 병세가 갑자기 위중해지는 바람에 자리에 눕게 되었다. 임금은 어의를 보내 간병했다.397 1720년(숙종 46) 6월 8일 숙종이 승하하고 닷새 뒤인 6월 11일 경종이 경덕궁에

『기사계첩』에 실린 숙종대왕 어제

親臨景賢堂耆老諸臣錫宴日作(친림경현당기로제신석연일작)

不覺吾年及六旬 親參耆社舊章遵(불각오년급육순 친참기사구장준)

強病陞殿羣官集 作樂行醪十老臻(강병승전군관집 작악행료십노진)

鐫字金盃光似玉 插花烏帽鬢如銀(전자금배광사옥 삽화오모빈여은)

斯筵本出尊高意 滿酌何妨到手頻(사연본출존고의 만작하방도수빈)

> **경현당에 직접 가서 기로신들에게 잔치를 베푸는 날 짓다**
>
> 내 나이 육순이 되어가는 줄 몰랐다가, 친히 기사에 참여함은 옛 제도를 따른 것.
>
> 병든 몸 궁전에 오르니 여러 관리 모여 있고, 풍악 속에 돌리는 술잔 열 분 기로신 앞에 놓였네.
>
> 금색 글자 새긴 잔 옥같이 빛나고, 꽃을 꽂은 오사모 밑의 살쩍은 은색
>
> 이 연회 본디 높이려는 뜻에서 나온 것, 가득한 술잔에 거듭 손이 가는 건 당연한 일이지.

서 즉위했다. 숙종의 장례를 치르기 전인 8월 어느 날, 병세가 깊어 병석에서 돌아눕는 데도 다른 사람의 도움이 필요한 공은 기로소에서 열린 제사에도 참석하지 못했고, 사간원에서 올린 글 때문에 죄를 청하는 차자를 올렸다.[398]

> 신은 경리청의 직임에 대해 선대왕께서 위임하신 명을 외람되이 받아 밤낮으로 힘을 다하여 보답하기를 도모한 지 거의 10년이 되어 가는데 끝내 성취한 바가 없어 한없이 비방만 초래했습니다. 신의 죄가 참으로 큽니다. 지금 모든 일이 다 마무리될 때 뜻밖에도 비방이 또 제기되었습니다. 이번에 사간원에서 올린 글의 말뜻이 지극히 엄하므로 신은 참으로 두려워 몸 둘 바를 모르겠습니다. 조정을 가볍게 여기고 여러 관사를 좀먹고 백성을 좀먹는다는 따위

『조선 명신 46인 초상화첩』에 실린 녹천공 초상화 ⓒ 국립중앙박물관

『기사계첩』에 실린 녹천공 친필 시 1

敬次耆社志喜韻(경차기사지희운)

堯齡常祝八千秋 耆社今逢億萬休(요령상축팔천추 기사금봉억만휴)

題出銅闈追故事 藏來寶帖起新樓(제출동위추고사 장래보첩기신루)

彤庭已獻呼嵩賀 玉體仍聞勿藥療(동정이헌호숭하 옥체잉문물약료)

何幸身親叨盛際 需雲解澤與同流(하행신친도성제 수운해택여동류)

기로소의 기쁨을 적은 시에 삼가 차운함

요임금 연세 늘 팔 천년을 빌었는데, 기로사에서 이제 억만 가지 좋은 일 만났네.

동궁에서 글제 내어 시 써낸 옛일 추억하고, 보첩을 봉안하려 새로운 누대를 지었네.

궁궐에선 이미 만세 부르는 하례를 올렸고, 옥체는 이제 약물치료 안 해도 된다고 들었네.

다행히 이 몸 외람되이 태평성대를 만났으니, 성대한 연회와 임금의 큰 은택 함께 흐르네.

『기사계첩』에 실린 녹천공 친필 시 2

謹次任尙書耆老 錫宴後韻(근차임상서기로 석연후운)

眷顧耆臣御宴開 先朝盛事此重來 (권고기신어연개 선조성사차중래)
恩光挿遍新裁萼 聖澤斟深別賜杯 (은광삽편신재악 성택짐심별사배)
近覲天顏知有喜 齊歌湛露欲無回 (근적천안지유희 제가담로욕무회)
更將不盡同歡意 長祝千秋萬歲陪 (경장부진동환의 장축천추만세배)
特許移筵帶樂行 古今曾有此恩榮 (특허이연대락행 고금증유차은영)
方知善養諸耆老 何幸生逢我聖明 (방지선양제기로 하행생봉아성명)
一社風流斯已極 兩朝休德詎能名 (일사풍류사이극 양조휴덕거능명)
爭言盛美眞堪繪 却恐丹靑寫不成 (쟁언성미진담회 각공단청사불성)

> 謹次任尚書耆老 錫宴後韻
> 眷顧耆臣 御宴開 先朝盛事此重來
> 恩光揷遍新裁萼 聖澤斟深別賜杯
> 近覲天顏知有喜 齋歌湛露欲無回
> 將不盡同歡意 長祝千秋萬歲陪
> 特許移筵帶樂行 古今曾有此恩榮方
> 知善養諸耆老 何幸生逢我聖明一社
> 風流斯已挺 兩朝休德詎能名爭言盛
> 美眞堪繪 奇恐丹靑寫不成
>
> 領中樞府事李濡

임판서의 기로사 석연 후의 시를 삼가 차운함

기로사 신하들을 사랑하여 어언 열었으니, 개국 선조의 장한 일을 이 자리에서 다시 보네.

영광스런 은총으로 어사화 두루 꽂았고, 거룩한 은택은 내려 주신 은잔에 술을 부었네.

천안을 가까이 뵈니 기쁜 빛 뚜렷했고, 담로의 가사 높이 불러 돌아가고 싶지 않네.

끝없이 함께 즐긴 마음 가실 줄 모르고, 천년의 가을 오래 축하하

며 만세토록 모시고자

고마우신 분부 자리 옮겨 풍악을 잡히니, 예로부터 이런 은총 일찍이 없었던 일.

여러 기로 잘 공양함을 이제야 알았는데, 우리 성상 살아서 만나니 얼마나 다행인가.

한 모임 풍류는 이만하면 더 할 수 없으니, 두 분의 거룩한 성덕을 무엇이라 이를까.

성대한 잔치 그림 그려 전하려 하나, 아마도 단청으로 이루지 못할까 염려하네.

숙종과 인현왕후의 능, '명릉明陵'

의 말을 어찌 하찮은 일개 관리가 감당할 수 있겠습니까. 공물을 매매하는 일은 관리가 마음대로 할 수 없으며 한꺼번에 본청에 여쭈어 행하므로, 신이 그때마다 모두 참여하여 알고 있으니 그 죄상을 논하면 신이 실로 으뜸입니다. 이에 감히 석고대죄하며 죄를 청합니다. 삼가 바라건대 성상께서는 엄한 벌을 가하여 사간원 관리의 상소에 답하신다면 매우 다행이겠습니다.

이에 막 즉위한 임금은 상소의 말이 지나치다고 해서 어찌 깊이 혐의할 필요가 있겠는가 하며 안심하고 몸을 잘 다스려 빨리 회복하라고 당부했다. 녹천공이 세상을 뜨기 몇 달 전 어느 지인에게 보낸 간찰[399]이 전해오고 있다. 여기서도 건강이 악화되었음을 언급했다. 수신인을 알 수 없는 이 간찰을 1721년(경종 1) 1월 18일에 썼다. 어느 분으로부터 새해 선물을 받고 감사하는 마음을 전하기 위하여 이 편지를 썼다. 7개월 전에 있었던 임금의 승하를 '포궁지통抱弓之痛'이라며 임금에 대한 간절한 그리움을 나타냈다. 안타깝게도 병세가 더욱 악화하여 회복이 어려움을 토로했다. 녹천공은 끝내 건강을 회복하지 못하고, 1721년(경종 1) 7월 29일 향년 77세로 세상을 떠났다.

친지와 후학이 추모의 만사를 쓰다

판부사判府事 이유가 졸했다. 이유의 자는 자우子雨, 세종대왕[장헌

새해 선물을 받고 고마운 마음을 전한 서찰

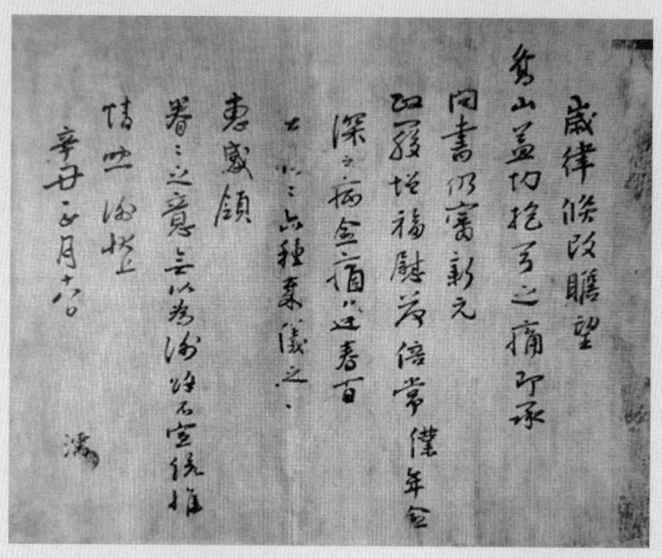

어느덧 해가 바뀌었습니다. 교산喬山(왕릉)을 바라보니 포궁抱弓(임금의 죽음)의 아픔이 더욱 간절합니다. 오늘 편지를 받고 새해에 형편이 더욱 복되다는 것을 살피고서 위로됨이 평소보다 배가 되었습니다. 저는 나이가 들수록 병도 점점 더 고질이 되었습니다. 봄을 만나 온갖 ○○○ 6종의 새해 선물은 고맙게 잘 받았습니다. 늘 보살펴 주는 뜻에 보답할 방법이 없습니다. 이만 줄입니다. 살펴주십시오. 답장 올립니다.

– 신축(1721년) 정월 18일 유濡

왕莊憲王)의 후손이다. 젊어서 과거에 합격했다. 강개하여 시무를 말하기를 좋아했다. 이조좌랑으로 있으며 연도燕都에 사신으로 나갔다. 이때 왜노가 트집 잡아 일을 꾸미려 하므로 숙종께서 성을 수축하여 왜구를 대비했다. 청나라 군주(淸主)가 과연 성을 수축한 일을 묻자 이유가 상세히 사실대로 대답했다. 연중燕中의 사람들이 잘 대답했다고 치하했다. 영의정 이단하의 천거로 비변사 부제조로 삼았고, 평안도 관찰사에 임명되었다. 내직으로 들어와 호조판서가 되었다가 이조로 옮긴 뒤 북한산성을 경리하여 우의정에 발탁되었으며, 영의정에 이르러 기사耆社에 들어갔다. 병으로 졸하니, 나이 77세였다. 시호를 혜정惠定이라 했다.

녹천공이 별세했을 때 실록에서 언급한 기록이다.⁴⁰⁰ 비교적 짧은 졸기卒記지만, 공의 인품이나 행장을 잘 압축하여 정리했다. "강개하여 시무를 말하기를 좋아했다(慷慨 喜言時務)."는 말은, 세상의 의롭지 못하거나 잘못된 것을 보면 이를 없애거나 고칠 것을 주장하며 당시의 시급하고 중요한 현안에 대한 대책을 꾸준히 제안했음을 의미한다. 이러한 일로 간혹 곤경을 당하기도 했으나, 끝내 관직이 영의정에 이르렀다. 조정에서는 장례를 지원하는 관청인 귀후서歸厚署의 별제別提 홍하상洪夏相과 임시로 임명한 가정관加定官 한두익韓斗翼을 내려보냈다.⁴⁰¹ 평소에 뜻을 같이한 친지들과 후학이 공의 별세를 애도하는 만사를 남겼다.

녹천공의 이종사촌 동생 송상기는 만사에서 공께서 한평생 나라를 위하여 애쓰셨고, 돌아가시는 날까지도 나라에 대한 충심이 깊었다고 회고했다. 또 공으로부터 많은 가르침을 받았고 조정에서 어려운 일이 있을 때는 장막과 같은 존재였음을 말하며 공의 별세

송상기, 「이종형 영부사 이유에 대한 만사」

姨兄李領府事濡挽[402](이형이영부사유만)

三朝元老位偏崇 藹藹羣公總下風 (삼조원로위편숭 애애군공총하풍)
諸葛一生唯盡瘁 子囊臨死尙深忠 (제갈일생유진췌 자낭임사상심충)
身名獨保滄桑際 事業長留簡策中 (신명독보창상제 사업장류간책중)
天不憖遺乘化遽 滿城冠盖望如空 (천불은유승화거 만성관개망여공)

婁公盛德范公仁 千載歸來可等倫 (누공성덕범공인 천재귀래가등륜)
擧世已能蒙利澤 一家何況篤情親 (거세이능몽리택 일가하황독정친)
爭瞻柱石支高廈 自幸姘幪庇老身 (쟁첨주석지고하 자행병몽비노신)
從此永無承誨日 白頭相仗更誰人 (종차영무승회일 백두상장갱수인)

前秋至痛在喬山 病裏悲懷死不刪 (전추지통재교산 병리비회사불산)
戀主孤忠長鬱結 憂時雙涕尙痕斑 (연주고충장울결 우시쌍체상흔반)
宗祊幸値新騰賀 劍履空思舊押班 (종팽행치신등하 검리공사구압반)
泉路亦聞消息否 也應歡忭似人間 (천로역문소식부 야응환변사인간)

세 조정의 원로로 높은 벼슬 두루 역임했고, 신료들 모두 공의 풍모 따랐네.

제갈량처럼 한평생 나라 위해 힘썼고, 자낭처럼 죽을 때도 오히려 충심 깊었지.[403]

몸과 명성을 격한 변화 속에서 홀로 지켰으니, 그 업적 영원히 역사에 남으리.
하늘이 남겨 주지 않아 홀연 떠나니, 성에 벼슬아치 가득해도 텅 빈 듯해라.

누공의 성덕과 범공의 인자함, 천년 뒤 그대가 짝할 만했네.[404]
세상 사람들 그 은택 입었으니, 하물며 한 집안의 돈독한 정이랴.
주춧돌이 큰 집 지탱함을 보았고, 장막으로 늙은 몸을 감싸주어 다행이었지.[405]
이제 영원히 가르침을 받을 날 없으니, 흰 머리로 다시 누구에게 기댈거나.

지난가을 임금의 죽음 애통했으니, 병중의 슬픈 마음 죽어서도 식지 않으리.
임금 그리는 외로운 충심 길이 맺히고, 시대 걱정하는 눈물 흔적 아직도 아롱졌네.
종묘에 새로 오를 경사가 있을 것 같아, 유물 보며 부질없이 옛 그대를 생각하네.
지하에서도 소식 듣는가, 생전처럼 응당 기뻐하리.

를 안타까워했다. 송상기는 1722년(경종 2) 신임옥사辛壬獄事 때 강진으로 유배되어 이듬해 그곳에서 죽었다.

이건명의 본관은 전주, 영조 때 좌의정을 지낸 문정공文靖公 이관

명李觀命의 동생으로 자는 중강仲剛, 호는 한포재寒圃齋다. 1686년(숙종 12) 춘당대 문과에 을과로 급제, 설서에 임명되고 수찬·교리·이조정랑·사간을 역임했다. 1698년(숙종 24) 서장관으로 청나라에 다녀온 뒤 대사간·강화유수·도승지·대사헌·이조판서 등의 요직을 두루 거쳤다. 호조판서, 병조판서를 지내고 좌참찬, 형조판서, 예조판서를 거쳐 우의정, 좌의정을 지냈다. 1721년(경종 1) 신임옥사로 노론이 쫓겨날 때 유배되었다가 죽임을 당했다. 1725년(영조 1) 신원되어 충민忠愍이라는 시호를 받았다. 이 만사에서는 녹천공이 언제라도 또다시 닥칠 수 있는 환란에 대비하여 미리미리 준비할 것을 강조하고, 이를 위해 한평생 노고를 아끼지 않았다는 점을 회고하고 있다. 삼청동에 있는 녹천공 댁을 방문하여 평상에서 함께 반나절을 보냈던 추억을 회상하며 서거를 슬퍼하고 있다.

이건명,「영부사 이공 유에 대한 만사」

領府事李公濡挽[406](영부사이공유만)

廿載巖廊重 三朝老大臣(입재암랑중 삼조노대신)
愛君輸悃愊 調鼎備甘辛(애군수곤핍 조정비감신)
每軫綢繆策 渾忘殄瘁身(매진주무책 혼망진췌신)
秦春今忽輟 世事日艱屯(진용금홀철 세사일간준)

憶拜三淸第 匡床半日陪(억배삼청제 광상반일배)

蕭然塵慮息 莞爾好懷開(소연진려식 완이호회개)

憂國言猶切 傷時意自哀(우국언유절 상시의자애)

皇天終不憖 俯仰淚盈腮(황천종불은 부앙누영시)

이십 년간 의정부의 중신이자, 세 조정의 원로대신이었네.
임금을 사랑하여 정성 바쳤고, 솥의 음식 조리하며[407] 갖은 일 맛보았네.
매양 주무의 계책[408] 염려한 나머지, 몸이 병드는 것도 모두 잊었다네.
지금 갑자기 진나라 절구질 멈추니,[409] 세상일 날로 어려워지네.

기억하건대 삼청동 댁을 방문해,[410] 평상에서 반나절 동안 모시니
초연히 속된 생각 사라지고, 미소 지으며 좋은 회포 풀었다네.
나라 걱정하는 말씀 오히려 절절했고, 시대를 상심하는 뜻 절로 슬펐었네.
하늘이 끝내 공을 남겨 두지 않으니, 우러르고 굽어보는 사이 눈물 뺨에 가득하네.

    이의현의 본관은 용인, 자는 덕재德哉, 호는 도곡陶谷이다. 할아버지는 연안부사를 역임한 이정악李挺岳, 아버지는 좌의정을 역임한 이세백이다. 1694년(숙종 20) 별시 문과에 병과로 급제해 검열·설서·정언·부교리를 거쳐 이조정랑·동부승지·대사간·대사성·황해도 관찰사·도승지·경기도 관찰사·예조참판 등을 역임했

다. 숙종이 승하하고 경종이 즉위하자 동지정사冬至正使로 청나라에 다녀온 뒤 형조판서에 올랐다. 신임옥사가 일어나 평안도 운산에 유배되었다. 영조가 즉위하고, 다시 형조·이조·예조 판서를 거쳤고 1727년(영조 3) 우의정에 임명되었다. 1735년(영조 11) 영의정에 임명되었으나 김창집·이이명의 신원伸寃 문제로 왕의 노여움을 사 물러나게 되었다. 곧 판중추부사로 발탁되었고 1739년 영중추부사로 승진했으며, 1742년(영조 18) 물러나 봉조하가 되었다. 김창협의 문인으로 문학에도 뛰어나 많은 시와 글을 남겼다. 시호는 문간文簡이다. 이 만사에서는 녹천공이 재주가 뛰어나 일찍 과거에 급제했고, 관직에 나가서는 이조·병조 등에서 사람을 뽑고 사무를 처리하는데 있어 공정함을 지켜 남들의 신망을 받았음을 회고하고 있다. 또 백성들의 굶주림과 당쟁으로 얼룩진 조정과 나라의 앞날을 늘 걱정했음을 말하고 있다. 이의현의 부친 이세백은 녹천공보다 열 살이 더 많은 이종사촌 형이었으나, 녹천공과의 교분이 두터워 조정이나 집안 관련 일을 자주 의논했다.

이의현,「녹천 영상 종숙 이유에 대한 만사 이십 운」

鹿川李領相從叔濡挽二十韻[411](녹천이영상종숙유만이십운)

銀潢餘派卽名家 挺出貞臣賁國華(은황여파즉명가 정출정신분국화)
特地精英金謝礦 妙齡符采玉無瑕(특지정영금사광 묘령부채옥무하)
磨礱道義承巴谷 薰襲芬芳自永嘉(마롱도의승파곡 훈습분방자영가)

桂籍題名輕拾芥 鑾坡起草爛生花(계적제명경습개 난파기초난생화)

旌麾湖陝淸威著 銓柄東西雅望媽(정휘호섬청위저 전병동서아망과)
德業固宜資粉黼 忠勞剩喜叶黃麻(덕업고의자분보 충노잉희협황마)
傾來悃愊捄時瘼 濟得沖和鎭俗譁(경래곤핍구시막 제득충화진속화)
自是秉心元不忒 誰將非意妄相加(자시병심원불특 수장비의망상가)

衰年綿綴嗟經久 世事艱虞莽未涯(쇠년면철차경구 세사간우망미애)
念軫飢荒頻有朕 悶看蠻觸互爭蝸(염진기황빈유특 민간만촉호쟁와)
臥痾尙結宗邦戀 鼓缶寧興大耋嗟(와아상결종방연 고부령흥대질차)
小子幸聯郗氏戚 多時得御李君車(소자행련치씨척 다시득어이군거)

長懷膠漆吾先契 未覺雲泥路徑賒(장회교칠오선계 미각운니로경사)
趨拜幾抃更僕話 奬褒深愧向人誇(추배기변경복화 장포심괴향인과)
纔欽逸趣盟山鳥 剛恨流光迅壑蛇(재흠일취맹산조 강한류광신학사)
壽躡康公驗平格 魂從寧考侍登遐(수섭강공험평격 혼종령고시등하)

深秋落景仍催暮 晩節寒香自吐葩(심추낙경잉최모 만절한향자토파)
元祐完名看竹策 馬家遺慶尙蘭芽(원우완명간죽책 마가유경상란아)
地埋爽氣光逾徹 天報明徵理豈差(지매상기광유철 천보명징리기차)
華屋山丘無限慟 西州門外淚橫斜(화옥산구무한통 서주문외루횡사)

왕족의 후손으로 바로 명문가,

충정忠貞의 신하로 나라 빛나게 했네.

특별히 영특함은 황금이 금광에서 갓 나온 듯,

묘령의 부채는 하자 없는 옥과 같았네.[412]

도의를 연마함은 파곡에서 이어받았고,[413]

아름다운 향기는 영가로부터 받았네.[414]

계적에 이름 올리는 일 지푸라기 줍듯 쉬웠고,[415]

난파에서 초안함에 찬란한 꽃을 피웠네.[416]

호섬에서 깃발 세워 깨끗한 위엄 드러나고,[417]

동전 서전에서의 전형은 고상한 명망 아름다웠네.[418]

덕업은 진실로 임금을 보좌하기에 마땅하고,

충성과 공로는 황마[419]에 걸맞아 매우 기뻤네.

온 정성 기울여 당시의 병폐를 구원했고,

담박하고 화평함으로 세속의 시끄러움 잠재웠네.

본래 마음가짐 어긋남이 없었으니,

누가 나쁜 뜻으로 함부로 침범하랴.

노쇠한 나이에 오랫동안 목숨 부지함을 한탄하니,

세상의 어려움 근심 걱정 아득히 끝이 없었네.

백성들 굶주림에 자주 해충이 있음을 염려했고,

만과 촉이 달팽이 뿔에서 서로 다툼[420] 고민했네.

병들어 누워서도 국가에 대한 그리움 맺혔으니,
질장구 침에 어찌 노년의 슬픔을 일으키랴.⁴²¹
소자가 다행히도 치씨의 친척⁴²²에 나란히 잇닿아,
이군의 수레를 오랫동안 몰 수 있었다오.⁴²³
선친과 두터웠던 교분⁴²⁴ 항상 생각했는데,
먼 길에 운니처럼 아득히 차이 날 줄 몰랐네.⁴²⁵
배알함에 몇 번이나 하인을 바꿔가며 이야기했나.⁴²⁶
장려하고 포창해 주니 남에게 자랑함 부끄러웠네.
산새와 놀기로 맹세한 고매한 의지와 취향 흠모했는데,
골짜기로 달려가는 뱀처럼 빠른 세월 몹시 한스럽네.
수명은 강공에 이르러 평격을 징험했고⁴²⁷
영혼은 영고의 승하를 따라가서 시종했네.⁴²⁸

깊은 가을 지는 해는 급히 저물어가고
말년의 절개 차가운 향기는 절로 꽃을 피우네.
원우 연간의 완전한 명성은 죽책에서 보고⁴²⁹
마씨 집안의 남은 경사 여전히 난초의 싹이네.⁴³⁰
땅에 묻힌 밝은 기운 그 빛이 땅을 뚫고 나오니
하늘이 보답하는 분명한 이치 어찌 어긋나리.
화옥과 산구⁴³¹에 애통함 끝이 없으니
서주의 문밖에서 눈물이 하염없이 흐르네.⁴³²

많은 분이 녹천공의 별세를 애도하는 만사를 남겼을 것으로 추정된다. '한국고전종합DB'에는 15명의 만사가 실려 있다. 그중 세 분의 만사를 소개했다. 이 만사에서는 녹천공이 조정에서 일을 처리할 때 언제나 공평함을 지켜 남들로부터 신망을 받았음을 회고하고 있다. 녹천공은 평생을 나라를 위하여 노고를 아끼지 않았다. 특히 양역 등에서 나타난 폐단의 혁파, 굶주리는 백성의 구호, 환란에 대비한 북한산 축성 등은 대표 업적이다. 이러한 일에 뜻을 같이했던 후학들은 만사를 통하여 녹천공의 빈자리를 몹시 아쉬워하고 있다. 별세한 지 만 5년이 가까워져 오는 1726년(영조 2) 7월 조정에서는 경종의 묘정廟庭에 배향할 신하로 녹천공과 민진후를 선정했다.⁴³³ 이 무렵 이의현이 시호를 청하는 시장을 올렸다. 조정에서는 봉상시의 의견을 따라 '혜정'이라는 시호를 내렸다.⁴³⁴

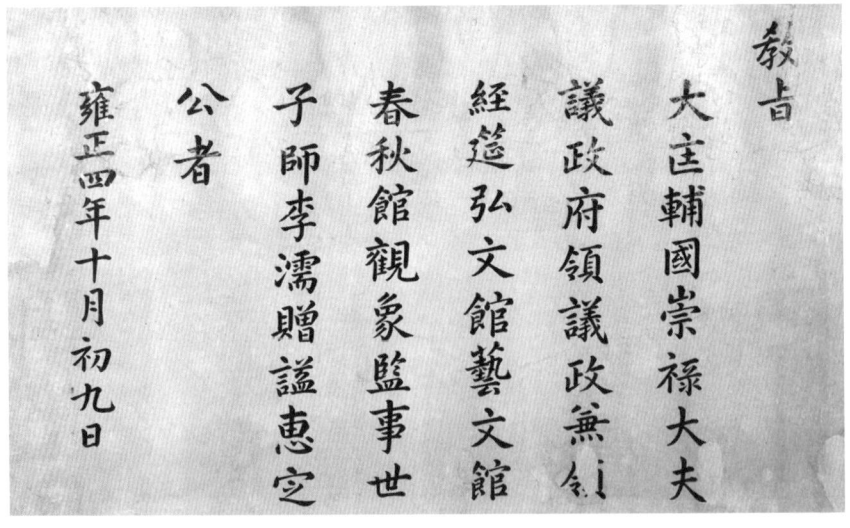

'혜정' 시호를 내린 교지

필경재 안채

필경재 뒤 광수산 끝자락 언덕에 있는 녹천공과 정경부인 함종어씨의 합장묘

8. 많은 후학이 공의 별세를 애도하고 추모하다

묘 앞에 신도비가 세워지다

녹천공이 세상을 뜨고 32년이 흐른 1753년(영조 29) 후손들과 평소 공을 존경했던 후학들이 뜻을 모아 묘 앞에 신도비를 세웠다. 신도비문을 지은[435] 이재의 본관은 우봉牛峰, 자는 희경熙卿, 호는 도암陶菴이다. 할아버지는 우의정 이숙, 아버지는 진사 이만창李晩昌이다. 1702년(숙종 28) 알성 문과에 병과로 급제해 가주서·승문원 부정자를 거쳐 예문관 검열이 되었다. 1707년 문과 중시에 을과로 급제했다. 이듬해 문학·병조정랑을 거쳐, 홍문관 부교리에 임명되었다. 수원도호부사·형조참의·병조참의·예조참의를 거쳐 동부승지가 되었다. 1721년(경종 1) 이조참판에 제수되었고 다시 예조참판을 거쳐 도승지가 되었으나 소론의 집권으로 파직되었다. 신임옥사 때 은퇴했다. 1725년(영조 1) 영조가 즉위한 뒤 복직해 대제학·이조참판을 지냈다. 1727년(영조 3) 정미환국丁未換局으로 소론 중심의 정국이 되자 파직되고 도성 밖으로 쫓겨났다. 그뒤 용인의 한천寒泉에 살며 많은 학자를 길러냈다. 1740년(영조 16) 이후 공조판서, 좌참찬 겸 예문관제학 등에 임명되었으나 모두 사직했다. 김창협의 문인이며, 시호는 문정文正이다. 이재는 공의 신도비 묘갈명墓碣銘에서 공의 인품을 다음과 같이 찬미했다.

氣質觀人 剛柔各殊 含弘巽順 坤德之符(기질관인 강유각수 함홍손순 곤덕지부)

彼哉褊隘 一小丈夫 休休有容 公其庶乎(피재편애 일소장부 휴휴유용 공기서호)

行本孝友 才合世需 晚遇主知 秉國之樞(행본효우 재합세수 만우주지 병국지추)

勤勞王室 捋茶蓄租 早夜周度 經遠之謨(근로왕실 날다축조 조야주도 경원지모)

憂國奉公 誠心攸孚 難平者事 寵辱斯須(우국봉공 성심유부 난평자사 총욕사수)

기질에 따라 사람을 보면 강剛과 유柔가 각기 다르네.
포용력과 겸손함은 곤덕의 징표.
잘다랗고 편벽됨은 못난 졸장부.
너그러이 포용하는 덕을 지닌 이 아마도 공이 그 사람이리.
행실은 효우에 바탕을 두었고 재주는 세상의 쓰임에 합당했네.
임금님 지우知遇를 늦게야 받아 나라의 추기樞機를 맡았네.
나라 위해 수고로이 축적에 힘을 썼네.
밤낮으로 치밀하게 요량한 것은 먼 앞날 내다본 뛰어난 경륜
우국의 마음으로 공무를 보니 그 정성 그 마음에 감복되었네.
일은 본래 공평키 어려운 것 그래서 반드시 총애와 모욕이 따르는 것

雖執仇仇 願切桑楡 進退險夷 一節不渝(수집구구 원절상유 진퇴

험이 일절불투)

耆社高讌 丹心白髮 黃扉昃日 缶歌自娛(기사고연 단심백발 황비측일 부가자오)

龍馭之遠 恨不先驅 黨禍溢世 萬事嗚呼(용어지원 한불선구 당화일세 만사오호)

有福先歸 達士增吁 風流篤厚 今世則無(유복선귀 달사증우 풍류독후 금세즉무)

廣陵之阡 有屹龜趺 太史作詩 不朽是圖(광릉지천 유흘귀부 태사작시 불후시도)

조정에 머물러 있도록 붙들었지만, 공의 소망은 물러나 쉬는 것
진퇴와 험이에도 한결같이 변함이 없었네.
기로사 큰 잔치에 단심의 백발노인,
황비에 날 저무니 장구치고 노래하며 즐기네.
임금님 승하하매 먼저 죽지 못한 게 유한이었고
당화가 세상에 가득하니 만사가 한심스러웠네.
복 받아 먼저 작고하여 선비들의 슬픔을 더 했네.
크나큰 공의 풍류 금세에는 없고말고…
광릉 언덕에 우뚝 선 큰 비석에
태사가 시 지으니 영원히 전하리라.

신도비의 옥개석은 사모지붕에 합각合閣을 얹은 형태로 처마 끝

필경재 뒤뜰에 있는 「영의정 이유 신도비」. 이재가 신도비 비문을 짓고, 녹천공의 손자 문정공文貞公 위암韋菴 이최중李最中 공이 글을 썼다. 전액篆額은 문익공文翼公 지수재知守齋 유척기兪拓基가 맡았다.

의 반전이 급하며, 비신碑身은 사각기둥형, 비좌碑座는 정방형 대좌다.[436] 크기는 비신 68×245×68cm, 비좌 123×124×63cm, 지대석 183×184cm, 전체 높이 387cm다. 비신의 4면에 비문이 새겨져 있다. 비 제목과 더불어 비문을 지은 찬자撰者 · 전액을 쓴 전자篆者 · 비문 글씨를 쓴 서자書者를 밝히고, 세종대왕 후손으로서의 가계와 출생 · 급제 · 관직 생활, 주요 행적과 업적을 밝히고 있다. 특히 지방 수령으로서의 활동과 구호 사업, 한성부 송금 사업, 군정과 관련하여 양역 변통 활동, 언론 활동, 도성 수축과 북한산성·탕춘대성 축조에 적극적으로 활동한 모습을 살필 수 있다. 이어 임종

서울시 노원구 월계동 초안산 정상 부근에 있는 녹천정

과 장례, 비의 건립 과정과 명문銘文, 자손 관계를 기록해 두었다.

녹천 마을의 수호신이 되다

　　녹천공은 벼슬에서 물러났을 때는 물론이고 관직에 있을 때도 가끔 도성을 떠나서 한적하며 조용한 시골인 녹천 마을로 내려가 머리를 식혔다. 이곳은 옛날에는 경기도 양주군 노해면에 속한 곳으로, 오늘날에는 서울시 노원구 월계동으로 녹천역 두산위브아파트가 들어서 있는 자리다. 언제부터인지는 정확하지 않으나 마을 뒤 초안산楚安山으로 올라가는 입구에서 마을 사람들이 음식을 간소하게 차려놓고, 생전에 마을에 많은 은혜를 베푼 녹천공을 기리는 치성을 드렸다고 한다. 지금은 마을을 재개발하여 높은 아파트가 들어서 있어 옛날 마을 풍경을 찾아볼 수 없으나 치성을 드린 곳과 산 위에 있는 소박한 정자가 공의 온화하고 인자한 체취를 조금이나마 느낄 수 있게 한다.

주

1. 광평대군 10대손으로 태어나다

1. 호구장戶口帳 : 호적등본을 의미한다. 조선 시대 호적은 식년인 3년마다 개편했다. 개편할 때 각호에서는 호구단자戶口單子라는 호구 신고서를 제출하도록 했다. 신고서에는 다음의 사항을 기재했다. ① 호적작성 연월일 ② 집의 소재지 ③ 호주의 관직, 신분·성명·연령(본관·부·조·증조의 관직, 신분·성명·연령), 모의 성·본관·연령, 외조부의 관직, 신분·성명·연령 ④ 호주의 처의 성·연령·본관·부·조·증조의 관직, 신분·성명·연령, 모의 성·연령, 본관, 외조부의 관직·신분·성명·본관·연령 ⑤ 호주의 자녀, 기타 동거하는 친족의 호주와의 관계·관직, 신분·성명·연령 ⑥ 가족들의 처의 성·연령·본관 ⑦ 동거하고 있는 사위의 관직, 신분·성명·연령·본관 ⑧ 소유 노비의 이름과 연령 등. 이정장里正長은 관하 각호의 호구단자를 수집, 서울에서는 이를 한성판윤에게 송부하고, 지방에서는 이를 관할지의 수령에게 송부했다. 한성판윤과 지방 수령은 이에 의하여 관내 각호의 호적을 작성하여 호적장戶籍帳으로 비치했다. 한성부는 2통을 작성하여 1부는 호조에 보내고, 1부는 한성부에 비치했다. 지방에서는 3통을 작성하여 1부는 호조, 1부는 관찰사에 보내고 다른 1부는 해당 지방관청에 비치했다.
2. 사변가주서事變假注書 : 승정원에 속한 정7품 벼슬. 승정원 주서注書가 사고를 당했을 때 그의 일을 맡게 하려고 정원 이외에 별도로 두었다. 주로 비변사備邊司와 국청鞫廳에 관계된 일을 맡아보았다. 가주서假注書·가관假官이라고도 했다.
3. 영가부부인 평산신씨永嘉府夫人平山申氏(1426~1498)는 제정공齊靖公 신효창申孝昌의 손녀, 동지중추부사 신자수의 따님이다. 영가부부인은 19세에 광평대군과 사별한 뒤 이듬해 지금의 서울시 강남구에 있는 봉은사인 견성암見性庵으로 출가했다. 법명은 혜원慧圓. 신효창은 음직으로 벼슬에 나아가 태조 대에 사헌부 대사헌, 태종 대에 충청도 관찰사, 좌군도총제左軍都摠制를 역임했다.
4. 한희숙, 「조선 초 광평대군가의 불교신행과 왕실 불교」, 『한국사학보』 79, 2020, 161쪽.
5. 이규봉, 『세종대왕 며느리는 왜 절에 들어갔을까』, 이엔지미디어, 2018, 40~41쪽.

6. 김제군부인 전주최씨金堤郡夫人全州崔氏(1441~1493)는 봉례奉禮 최승녕崔承寧의 손녀, 풍저창승豊儲倉丞 최도일崔道一의 따님이다. 최도일은 영가부부인의 고종사촌이다. 김제 군부인은 영가부부인의 며느리이고, 동시에 고종사촌 오라버니의 딸이다. 조부 최승녕 은 금성대군의 매형이고, 동시에 임영대군의 빙부가 된다. 금성대군은 임영대군의 동생 이고, 처고모부인 셈이다.

7. 장성현부인 교하노씨長城縣夫人交河盧氏(1464~1540)는 영의정 노사신盧思愼의 손녀, 영 중추부사 노공필盧公弼의 따님이다. 노사신은 1453년(단종 1)에 문과에 급제하여 집현전 학사를 제수받았다. 1492년(성종 23) 좌의정, 다음 해 영의정에 올랐다. 세조·성종의 총애를 받아 문치를 도왔다. 호조판서에 재직할 때 『경국대전』의 편찬을 주관하고, 「호 전戶典」을 직접 편찬했다. 성종 때는 여러 역사서의 편찬을 담당했다.

8. 신인 청주한씨愼人淸州韓氏(1484~1515)는 영중추부사 서원부원군西原府院君 한계미韓 繼美의 손녀, 목사 한금韓嶔의 따님이다. 한계미는 음직으로 벼슬에 나간 뒤 세조 대에 우승지, 호조·형조참판을 거쳐 이조판서, 의정부 좌찬성을 역임했다. 한계미의 아내는 세조의 왕비 정희왕후貞熹王后의 언니이다.

9. 증정부인 경주최씨贈貞夫人慶州崔氏(1503~1573)는 부사 최형손崔亨孫의 손녀이며, 경 상우도 병마절도사兵馬節度使 계림군鷄林君 최한홍崔漢洪의 따님이다. 최한홍은 중종반 정 2등 공신이다.

10. 이의건李義健(1533~1621)의 자는 의중宜中, 호는 동은峒隱. 1564년(명종 19) 사마시 에 합격했다. 시명詩名을 떨치고 이이李珥·성혼成渾·정철鄭澈·황정욱黃廷彧 등과 교 유했다. 이항복李恒福의 추천으로 공조좌랑이 되고 이어 공조정랑에 올랐으나 사퇴했 다. 인품이 어질고, 글씨를 잘 썼다. 문집으로『동은집』, 글씨로는「광평대군 신도비」가 있다.

11. 증정경부인 청송심씨贈貞敬夫人靑松沈氏(1527~1574)는 사인舍人 심순문沈順門의 손 녀, 영의정 심연원沈連源의 따님이다. 심연원은 1522년(중종 17) 문과에 급제했다. 명종 대에 호조판서, 우의정, 좌의정을 거쳐 영의정이 되었다. 명종의 국구國舅 심강沈鋼은 증정경부인 심씨의 오라버니이기에 아산공이 인순왕후仁順王后와「광평대군 신도비」 비문을 지은 서인의 초대 영수 심의겸의 고모부다.

12. 선혜청宣惠廳: 대동법大同法 실시에 따라 설치된 대동미大同米·대동포大同布·대동전 大同錢의 출납을 관장하는 관청. 현재 서울 남대문 부근에 있었다.

13. 낭청郎廳: 관아의 당하관堂下官. 주로 육조의 정랑正郎·좌랑佐郎이나 그 밖의 실무를 담당하는 6품의 관원을 이르며 낭관郎官이라고도 한다.

14. 증정경부인 장수황씨贈貞敬夫人長水黃氏(1558~1616)는 부호군副護軍 황열黃悅의 손 녀, 장계부원군長溪府院君 황정욱黃廷彧의 따님이다. 1558년(명종 13) 문과에 급제한 황 정욱은 대제학, 예조판서, 병조판서 등을 역임한 문신으로, 영의정 황희黃喜의 6대손이

다. 1584년(선조 17) 종계변무宗系辨誣 주청사奏請使로 명나라에 가서 임무를 완수하고 돌아와 광국공신光國功臣 1등에 책봉되었다.

15. 완남부원군 이후원完南府院君李厚源(1598~1660)의 자는 사심士深, 호는 오재迂齋. 인조반정 뒤 정사공신靖社功臣 3등으로 책록되고, 1624년 이괄이 난을 일으키자 이를 수습하는데 공을 세웠다. 1635년(인조 13) 증광 문과에 급제했다. 1636년 병자호란이 일어나자 척화파로 청나라에 결사 항전할 것을 주장했다. 1650년(효종 1)부터 효종의 북벌 모의에 참모가 되어 전함 200척을 준비하는 등 북벌계획에 앞장섰다. 한성판윤, 형조·공조 판서를 거쳐, 대사간이 되었으며 곧이어 이조판서가 되었다. 김집金集, 송시열, 송준길, 윤선거尹宣擧, 김육金堉, 강석기姜碩期, 이유태李惟泰, 장유張維 등과 같이 사계沙溪 김장생金長生의 문하생이다. 1657년 우의정에 올랐을 때 송시열을 이조판서, 송준길을 병조판서에 임명하도록 힘썼다. 시호는 충정忠貞이다. 완남부원군은 초취 광주김씨光州金氏(김장생의 손녀, 이조참판 김반金槃의 따님)와 재취 영월신씨寧越辛氏 사이에서 3남 2녀를 두었다. 1남은 충훈부도사忠勳府都事 이주李遇, 2남은 요절한 이운李運, 3남은 정간공正簡公 이선李選이다. 1녀는 우의정 청성부원군淸城府院君 김석주金錫冑의 부인, 2녀는 문열공文烈公 박태보朴泰輔의 부인이다.

16. 증정부인 풍양조씨贈貞夫人豊壤趙氏(1581~1645)는 사인 조정기趙廷機의 손녀, 현감 조수륜趙守倫의 따님이다. 1612년(광해군 4) 신율申慄이 황정욱의 아들 황혁黃赫과의 오랜 원한으로 역옥逆獄을 일으켰는데, 조수륜은 이에 연루되어 옥사했다. 시서화詩書畵 삼절三絶로 일컬어지며 까치나 수금水禽 등을 소재로 한 수묵화·조화鳥畵에서 한국적 화풍을 이룩하여 조선 중기 이 분야의 대표적 화가로 꼽히는 창강滄江 조속趙涑은 풍양조씨의 동생이다.

17. 증정경부인 파평윤씨贈貞敬夫人坡平尹氏(1601~1641)는 윤유선尹惟善의 손녀, 생원 윤홍파尹興坡의 따님이다. 선조대에 부평부사, 양주목사, 평안도 경차관敬差官, 내섬시정內贍寺正 등을 역임한 윤명선尹明善은 윤홍파의 생부다.

18. 식년시式年試 : 3년마다 돌아오는 자년子年, 묘년卯年, 오년午年, 유년酉年에 실시된 과거.

19. 증정경부인 안동김씨贈貞敬夫人安東金氏(1620~1656)는 병자호란 때 척화론을 주장했던 좌의정 청음淸陰 김상헌金尙憲의 손녀이며, 동지중추부사 김광찬金光燦의 따님이다. 김광찬은 슬하에 3남 5녀를 두었다. 장남은 공조참판 김수증金壽增이며, 친형 김광혁金光爀의 양자로 출계한 2남 김수흥과 3남 김수항 두 아들이 영의정을 지냈다. 1녀는 목사 이정악李挺岳의 부인으로 좌의정 이세백의 모친이며, 2녀는 현감 홍주천洪柱天의 부인으로 좌참찬左參贊 홍만조의 모친이다. 3녀는 녹천공의 모친이다. 4녀는 예조판서 송규렴宋奎濂의 부인으로 이조판서 송상기의 모친이다. 5녀는 지평 이광직李光稷의 부인으로 양자는 경력經歷 이수형李秀衡이다. 녹천공과 이세백, 홍만조, 송상기, 김수항의 아들 김창집 등은 서로 사촌 간이다.

20. 녹천공보다 5살 위인 공의 누님(1640~1711)은 16세에 권상하와 혼례를 올렸으며 아들 하나를 두었다.

21. 증정경부인 안동김씨(1639~1677)는 김득신金得臣의 따님이다. 김득신은 임진왜란 때 진주대첩의 주역인 김시민金時敏 장군의 손자로 1642년(인조 20) 사마시에 합격해 진사가 되었고, 가선대부에 올라 안풍군安豊君에 책봉되었다. 김득신은 어촌이나 산촌과 농가의 정경을 그림같이 묘사한 유명한 시를 많이 남겼다. 문집으로 『백곡집栢谷集』이 있다.

22. 정경부인 함종어씨貞敬夫人咸從魚氏(1644~1717)는 수군판관水軍判官 어한명魚漢明의 손녀, 관찰사 어진익魚震翼의 따님이다. 어진익은 경종의 계비 선의왕후宣懿王后의 증조부이기도 하다. 녹천공의 아드님 현응공이 쓴 『가장家狀』에, "18살에 관찰사 어진익공이 사위로 맞이했다〔十八觀察使魚公震翼迎之爲壻〕."는 글이 있다. 녹천공은 18세가 되는 1662년(현종 3) 혼례를 올렸음을 알 수 있다.

23. 송시열宋時烈(1607~1689) : 본관은 은진, 자는 영보英甫, 호는 우암尤菴. 충청도 옥천군 구룡촌九龍村 외가에서 태어나 26세 때까지 그곳에서 살았다. 뒤에 회덕의 송촌宋村·비래동飛來洞·소제蘇堤 등지로 옮겨가며 살았다. 1625년(인조 3) 무렵부터 연산連山의 김장생에게서 성리학과 예학을 배웠고, 1631년 김장생이 죽은 뒤 아들 김집 문하에서 학업을 마쳤다. 27세에 생원시에서 장원으로 합격, 1635년(인조 9) 봉림대군의 사부로 임명되었다. 병자호란으로 낙향했다. 1649년 효종이 즉위하며 세자시강원世子侍講院 진선進善·사헌부 장령 등의 관직이 제수되어 출사했다. 1653년(효종 4) 충주목사, 1654년 사헌부 집의·동부승지 등에 임명되었으나 모두 사양하고 취임하지 않았다. 1658년 효종의 간곡한 부탁으로 다시 관직에 나갔고, 9월에는 이조판서에 임명되었다. 1659년(효종 10) 5월 효종이 급서한 뒤, 현종에 대한 실망으로 12월 벼슬을 버리고 낙향했다. 1668년(현종 9) 우의정, 1673년(현종 14) 좌의정에 임명되었을 때 잠시 조정에 나갔으나, 현종 15년간 거의 관직을 단념하고 재야에 머물러 있었다. 재야에 은거하는 동안에도 사림의 중망重望으로 막대한 정치적 영향력을 행사할 수 있었다. 1675년(숙종 1) 정월 덕원德源으로 유배되었다가 뒤에 장기長鬐·거제 등지로 옮겨졌다. 1680년(숙종 6) 경신환국으로 서인들이 다시 정권을 잡자, 유배에서 풀려나 중앙 정계에 복귀했다. 10월 영중추부사 겸 영경연사領經筵事로 임명되었고, 봉조하奉朝賀(전직 관원을 예우하여 종2품의 관원이 퇴직한 뒤 특별히 내린 벼슬. 종신토록 신분에 맞는 녹봉을 받으나 실무는 보지 않고 다만 국가의 의식이 있을 때만 조복을 입고 참여함)의 영예를 받았다. 제자 윤증尹拯과의 불화로 1683년(숙종 9) 노소 분당이 일어나게 되었다. 1689년(숙종 15) 초 기사환국이 일어나 서인이 축출되고 남인이 재집권하며 제주도로 유배되었다. 6월 서울로 압송되어 오던 중 정읍에서 사약을 받고 죽었다. 1694년(숙종 20) 갑술환국으로 다시 서인이 정권을 잡자 관작이 회복되고 다음 해 문정文正이라는 시호

가 내려졌다. 송시열은 주자의 사상을 신봉하고 실천하는 것을 평생의 과업으로 삼았으며, 정통 성리학의 입장에서 조선 중기의 지배적인 철학·정치·사회 사상을 정립했다. 실제 정책 면에서는 민생의 안정과 국력 회복에 역점을 두었고, 이를 위하여 국가의 용도를 절약하여 재정을 충실하게 하고, 토목 공사를 억제하며, 군포를 감해 양민의 부담을 줄이며, 사노비의 확대를 억제하여 양민을 확보할 것 등을 건의했다. 가장 역점을 두었던 사회 정책은 양민의 생활 안정이었다. 이를 위해 공안貢案을 개정하고 대동법을 확대, 시행하며 양민들의 군비 부담을 줄이는 호포제의 실시를 주장했다. 자신이 빈민의 구제를 위한 사창社倉을 설치하기도 했다. 문집은 1717년(숙종 43) 왕명에 따라 167권을 철활자로 간행, 『우암집尤菴集』이라 했다. 1787년(정조 11) 다시 빠진 글들을 수집, 보완하여 평양 감영에서 목판으로 215권 102책을 출간, 『송자대전宋子大全』이라 명명했다.

2. 과거에 급제하고 현종의 조정에 출사하다

24. 이현웅, 『가장家狀』, 1723, 4쪽.
25. 민홍도閔弘道(1635~1674) : 1668년(현종 9) 별시가 있을 당시 민홍도의 관직은 헌릉참봉獻陵參奉이었다. 장원급제 뒤 사포별제司圃別提(종6품)에 올랐다. 그 뒤 벼슬이 예조좌랑, 병조좌랑에 올랐으나, 향년 40세로 세상을 뜨고 말았다. 기사환국으로 남인이 집권하며 서인 송시열, 김수항 등을 죽음으로 몰고 간 남인의 우두머리 민암閔黯(1636~1693)의 조카다. 민암은 민홍도의 숙부이지만 나이는 1살 어렸으며, 1668년 별시에서 민홍도에 이어 을과 1위로 급제했다. 민암은 우의정에 이르렀으나 갑술환국 때 제주도 대정大靜으로 위리안치圍籬安置되었다가 사약을 받고 죽었다.
26. 『승정원일기』 1669년(현종 10) 8월 19일.
27. "다리에 둘러서서 보는": 한나라 시대에 태학太學 주위의 도랑 안에 사문四門을 세우고 그 문밖에 다리를 놓았다. 강연이 열리면 구경하는 사람들이 그 다리 위에 모였다는 고사에서 나온 말로, 세자가 공부하러 가는 것을 지켜본다는 뜻이다.
28. 『승정원일기』 1669년(현종 10) 8월 10일.
29. 『승정원일기』 1670년(현종 11) 3월 3일.
30. 포폄褒貶 : 벼슬아치들의 성적을 고려하여 우열을 매기는 일. 해마다 6월 15일과 12월 15일에 행했다. 경관京官은 해당 관아의 제조와 당상관이, 지방관은 관찰사와 절도사가 고과하여 상·중·하의 등급을 매겨서 임금에게 보고하여, 벼슬의 등급을 올리고 깎아내리는 데 반영했다.
31. 『승정원일기』 1670년(현종 11) 12월 3일.

32. 약略 : 책을 암기할 때 성적을 매기는 등급의 하나. 순純·통通·약·조粗·불不의 다섯 등급에서 셋째인 중간 등급이다.
33. 비변사備邊司 : 조선 중·후기 의정부를 대신하여 국정 전반을 총괄한 실질적인 최고의 관청으로, 비국備局·묘당·주사籌司라고도 했다. 1510년(중종 5) 삼포왜란三浦倭亂이 일어나자 임시로 비변사라는 비상시국에 대비하는 기구를 만들었다. 그 뒤에도 여러 차례 비변사를 임시로 설치했으나 1554년(명종 9) 후반부터 독립된 합의기관으로 발전했다. 1592년(선조 25) 임진왜란이 일어나자 비변사를 전쟁 수행을 위한 최고 기관으로 활용하며 그 기능이 확대, 강화되었다. 숙종과 영조 때는 인원과 관장 업무가 더 확장되었다. 비변사 관원은 정3품 통정대부 이상의 당상관과 실무를 맡아보는 당하관 낭청으로 구성되었다. 당상 중에서 군사에 정통한 4인을 뽑아 유사당상有司堂上으로 임명했다. 1713년(숙종 39)에는 팔도구관八道句管 당상을 두어 8도의 군무를 나누어 담당하도록 했다.
34. 『비변사등록』 1671년(현종 12) 7월 20일
35. 『비변사등록』 1671년(현종 12) 9월 10일
36. 『현종실록』 1671년(현종 12) 5월 9일
37. 『현종개수실록』 1671년(현종 12) 4월 5일
38. 김수항金壽恒(1629~1689) : 본관은 안동, 자는 구지久之, 호는 문곡文谷. 아버지는 청음 김상헌의 양자이며, 녹천공의 외조부인 동지중추부사 김광찬이다. 1651년(효종 2) 알성 문과에 장원으로 급제, 전적典籍이 되었다. 병조좌랑·사서·지평·정언을 거쳐, 1653년 동지사冬至使의 서장관書狀官으로 청나라에 다녀왔다. 1655년 수찬·응교·보덕輔德을 지냈으며, 중시에서 을과로 급제해 형조참의·부제학을 지냈다. 1662년(현종 3) 예조판서에 발탁되었으며, 그 뒤 육조의 판서를 두루 거쳤다. 1672년(현종 13) 우의정에 발탁되고, 좌의정에 승진해 세자부世子傅를 겸했다. 숙종 즉위 뒤 허적·윤휴尹鑴를 배척하고, 추문을 들어 종실 복창군福昌君·복선군福善君 형제의 처벌을 주장하다가 남인의 미움을 받아 영암에 유배되고, 1678년(숙종 4) 철원으로 옮겼다. 1680년 경신대출척이 일어나 남인들이 실각하자 영중추부사로 복귀, 영의정이 되어 남인의 죄를 다스리고 송시열·박세채朴世采 등을 불러들였다. 이후 8년 동안 영의정으로 있다가 1687년 영돈녕부사領敦寧府事로 체임되었다. 1689년(숙종 15) 태조 어진을 전주 경기전慶基殿에 봉안하고 돌아오는 길에 기사환국이 일어나 남인이 재집권하자 탄핵을 받아 진도로 유배, 위리안치되었다. 예조판서 민암을 비롯한 여러 남인의 공격과 사헌부·사간원의 탄핵으로 사약을 받고 죽었다. 김장생의 문인 송시열·송준길과 교유했다. 1694년(숙종 20)에 신원, 복관되었다. 시호는 문충文忠이다.
39. 『승정원일기』 1671년(현종 12) 3월 22일
40. 『현종개수실록』 1671년(현종 12) 6월 3일

41. 『현종개수실록』 1672년(현종 13) 4월 17일.

42. 『승정원일기』 1672년(현종 13) 6월 11일. "本院, 以吳挺昌事, 論列已久, 而尙靳一兪, 竊未曉聖意之所在也. 挺昌, 乘機投疏, 語意不正, 其譸張捭闔, 反覆眩亂之態, 有不可掩者, 聖明亦必洞燭其情狀矣. 今日之苦口爭執, 而不知止者, 可見公議之益激也. 儒臣憂愛之章, 蓋出無隱之衷, 而挺昌, 私意所牽, 必欲攻斥, 外假和平之談, 內懷窺覘之計, 張皇抑揚之辭, 自以爲使人不能摸捉, 而亦不覺其眞形之畢露, 無一句一字, 不出於甚間售機之心. 身居臺閣, 何憚不爲洞辨, 只以詢廟堂懸是非爲言, 而反責他人之不能明曉耶. 脅持公議, 肆行胸臆, 顚倒國是, 熒惑天聽之罪, 不可不痛懲, 持平吳挺昌, 削奪官爵, 門外黜送. 近以執義李翔遞差還收事, 累日論列, 而每以不允爲批, 猶以爲悶鬱, 不料備忘辭旨, 極嚴且峻, 勒加情外之敎, 至有削奪之命, 尤不勝驚惑之至. 李翔, 以林下之士, 職其言責, 適當別諭之日, 慨然於殿下之不承權輿, 而爲慮消長之機, 由是判焉. 封章進言, 實出無隱之忱, 而聖明不諒, 遽加震怒, 疑之以黨論, 斥之以奔走, 至以引喩之過中, 作爲罪案. 噫, 草野之臣, 以言獲罪, 決非治世之事, 貽累聖德, 莫此爲大, 臣之所以苦爭至此者, 非爲李翔地, 只恐言路閉塞, 士氣摧沮, 而終至於國不爲國也, 請加三思, 還收執義李翔削奪官爵之命. 夫急於黨論, 先私後公, 乃是人臣之大罪, 何可以此, 加之於臺閣爭論之臣, 而摧折至此哉. 不究本心, 勒加譴責, 擧措失當, 物情駭嘆, 請還收行大司憲張善澂, 掌令鄭載禧, 持平柳尙運遞差之命."

43. 『승정원일기』 1672년(현종 13) 9월 2일. "尹敬敎削黜及拿問還收之請, 連日論列, 而天聽一向邈然, 聖意所在, 臣竊未曉也. 敬敎, 以言事之臣, 重觸天威, 初旣補外, 繼以安置, 末乃削黜, 今又拿問, 臣未知此後, 復將何以加其法也. 假令敬敎, 誠有其罪, 放竄絶域, 旣是重律, 則又何必刻期督迫, 使之顚仆而後, 快歟. 況其到配, 雖或差遲, 揆之理勢, 在所不免, 則亦何可摘此小過, 必至深究而後已乎. 人君臨下之體, 貴在寬大, 而用罰之道, 必須和平, 不當以微細之故, 輒加深刻之法也. 噫, 宋仁宗, 慮唐介之死於道路, 命中使而護送, 今殿下, 怒敬敎之滯於道路, 竝羅卒而拿問, 豈料以殿下之盛德, 其所以待言者之道, 反有歉於宋帝耶. 臣竊爲聖明痛惜焉. 請加三思, 還收前宜寧縣監尹敬敎削奪官爵門外黜送及拿問査處之命."

44. 『승정원일기』 1672년(현종 13) 9월 12일. "伏以, 臣之父母, 俱有痼疾, 迭相重輕, 蘇快無期, 其在情理, 實無供職之勢, 而不敢每將私悃, 猥瀆宸嚴之下矣. 卽今父病復劇, 痰火挾風, 精神虛眩, 委頓床席, 殆不省事, 雜施鍼藥, 僅免危境, 而顧此證情, 源委旣深, 有非旬望之內, 所可差復, 不得不冒死陳懇於天地父母之前, 伏乞聖慈, 俯察悶迫之忱, 亟賜遞臣職名, 以便救護, 不勝幸甚. 臣無任戰灼祈懇之至."

45. 『승정원일기』 1672년(현종 13) 9월 21일. "臣於昨日, 以當該承旨從重推考事, 論啓蒙允矣. 卽以連啓事, 來詣臺廳, 得見承旨李之翼等疏本, 則援引前例, 至以稟定與

啓請, 有以異乎, 爲言, 臣竊訝焉. 凡事, 有可以稟定榻前者, 可以啓辭直請者, 注書之單望啓下, 旣是破格變通之事, 則稟定榻前, 亦是一時不得已之擧, 而遂以爲例, 有若尋常啓請之事, 則豈可謂之無異乎. 若此不已, 則堂后之職, 備擬之規廢矣, 寧有是理也. 臣之所論, 只在於直請一款, 而承旨之疏, 語涉譏斥, 臣何敢晏然仍冒. 請命遞斥臣職."

46. 『승정원일기』 1673년(현종 14) 2월 6일
47. 『현종개수실록』 1673년(현종 14) 4월 23일
48. 『승정원일기』 1673년(현종 14) 5월 16일. "伏聞今日榻前, 自上以本院前啓中李元禎事, 不改措語, 不卽停止, 有嚴峻之敎, 筵席說話, 雖未得其詳, 而臣不勝驚惶愧恧, 罔知置身之所也. 凡臺閣共公之論, 不得輕易停止者, 自是規例, 而至於措語之間, 觀其大意, 而或改或否者, 未有定規, 今此都承旨李元禎特除之命, 出於銓注之外, 物情咸以爲駭, 當初請遞之啓, 實循公議, 則固非一人之所可遽停, 而其所措辭, 亦可見其未愜之意, 則不必添以他語, 故仍前連啓, 而不之改矣. 聖敎旣以無一字加減, 爲無據, 則臣於此, 實無以逃其罪矣. 何敢一刻抗顔仍冒乎. 請命罷斥臣職."
49. 『승정원일기』 1673년(현종 14) 6월 2일. "臣雖無狀, 亦嘗粗識命召不俟駕之義, 頃於嚴旨之下, 情迹萬分跼蹐, 而召牌臨門, 不敢不奔走祗赴者, 非以有可進之勢, 蓋出於揣量分義而然也. 第惟臺官去就, 亦不宜苟且, 至於再承嚴敎之後, 猶且抗顔冒進, 則非徒有傷於廉隅, 不亦貽羞於臺閣乎. 昨承召命, 徊徨踧踖, 竟未趨詣, 可見其情勢之悶蹙, 而不但爲疾病之難强而已也. 臣旣有難冒之嫌, 又犯逋慢之誅, 以此以彼, 決不可一刻晏然於臺席, 請命罷斥臣職."
50. 『승정원일기』 1673년(현종 14) 10월 23일
51. 큰 역사役事는 건원릉 서쪽에 있었던 효종의 능을 세종대왕릉 동쪽으로 옮긴 것을 말한다. 효종이 1659년(효종 10) 5월 4일 승하하자, 같은 해 10월 29일 경기도 구리시 건원릉 서쪽에 능을 조성했다. 1673년(현종 14) 병풍석에 틈이 생겨 능 안으로 빗물이 스며들었을 가능성이 제기되며 능을 옮겨야 한다는 주장이 불거져 결국 경기도 여주시 지금의 자리로 옮겼다.
52. 『승정원일기』 1674년(현종 15) 6월 4일. "伏以日月不居, 靈轝已駕, 復土有制, 神隧將閉, 終天之痛, 曷有極哉. 惟我聖上, 孝思出天, 誠禮無憾, 凡在臣民, 孰不欽悅, 第伏聞長湍忠義鄭鐸之疏, 自內備送供佛之資, 將以今月初五日, 爲慈聖, 薦齋山寺云, 不審內間, 果有是事否乎, 臣等驟聞驚惑, 不勝慨然之至, 夫佛者, 夷狄之一法, 而輪回報應之說, 尤其淺陋者也, 求福祈祥, 其道虛妄, 惑世誣民, 爲害滋甚, 闢之廓如, 聖明在上, 而亦信此等事哉. 孔子曰, 葬之以禮, 祭之以禮, 孝親事亡之道, 如斯而止矣, 捨此而更有何求哉. (中略) 往在宣廟朝, 女尼, 以內命, 往金剛山, 作佛事, 有司糾發, 儒臣陳疏, 宣祖優答之, 仁順大妃違豫之時, 妖巫祈禳於禁中,

주 295

三司啓請治罪, 宣祖竟許之, 內間如許之事, 未必皆人主之所知, 設或出於上命, 發情止禮, 轉圜若此, 我聖祖盛大之德, 豈非今日之所當法者哉. 君子, 不以天下儉其親, 苟於追遠之道, 在所當爲, 則財力之費, 非所可論也, 第今民窮財竭, 危亡迫近, 仰觀俯察, 憂虞萬端, 此正殿下惕然警動, 務實德省浮費, 以祈天永命之日, 而顧乃費了許多米布, 供了許多僧徒, 爲此無益之事, 而駭遠近之聽聞, 豈不重可慨惜也哉. 伏願聖上, 快下明旨, 亟寢山寺設齋之擧, 不勝幸甚, 取進止.

53. 『현종개수실록』 1674년(현종 15) 6월 3일
54. 『현종개수실록』 1674년(현종 15) 7월 6일
55. 1674년(현종 15) 2월 효종의 왕비 인선왕후가 승하하자, 인조의 계비 장렬왕후가 입을 상복을 두고 갑인예송甲寅禮訟이 일어났다. 초상 직후 정권을 잡고 있던 서인들은 9개월간 상복을 입는 대공복으로 결정했다. 이는 대통을 계승했더라도 적장자가 아니면 삼년복을 입지 않는다는 송시열의 '체이부정體而不正(서자庶子를 세워 후사를 삼은 경우)'의 논리를 반영하여 인선왕후를 인조의 장자부長子婦가 아닌 중자부衆子婦로 본 것이다. 하지만 7월 6일 대구 유생 도신징이 상소하여 대공복의 오류를 지적했다. 이에 현종은 효종의 종통을 비하하는 대공복의 논리에 분노하여 복제를 개정하고 서인들을 조정에서 쫓아내려고 했다.
56. 『현종개수실록』 1674년(현종 15) 7월 15일, 16일
57. 『현종개수실록』 1674년(현종 15) 7월 16일, 26일
58. 『현종개수실록』 1674년(현종 15) 7월 23일

3. 환국의 정국에서도 승정원과 삼사의 직임을 다하다

59. 『숙종실록』 1674년(숙종 즉위년) 8월 23일
60. 『숙종실록』 1674년(숙종 즉위년) 9월 25일
61. 『숙종실록』 1674년(숙종 즉위년) 11월 15일
62. 『승정원일기』 1674년(숙종 즉위년) 12월 22일. "王若曰, 國將岌岌乎始哉, 罔知攸屆, 卿何望望然去也. 毋庸復辭. 或未深思, 玆申敷告. 念卿以柱石元老, 爲國之喬木世臣. 論材猷則著通敏練達之譽, 語志操則有貞亮剛方之蘊. 至於歷踐勤勞之績, 不須更言, 姑以危急存亡之機, 復此懇諭. 小子新服, 若涉川而無津, 大禮纔完, 哀役民之已極. 況今邊虞之方切, 加以朝著之不寧, 縱君臣上下之協心, 猶懼難濟, 而左右輔相之求退, 誰與爲治. 若在周成之世, 未聞召公之歸休, 雖以漢昭之明, 亦賴博陸之匡輔. (중략) 於戲, 鞠躬盡瘁, 宜追先后之恩, 諒忠弼違, 克篤乃祖之烈. 須遵前旨, 亟斷來章. 所辭宜不允, 故玆敎示, 想宜知悉."

63. 교목세신喬木世臣 : 여러 대를 이어 중요한 지위에 있으면서 나라와 운명을 같이하는 신하를 말함. 『맹자』 「양혜왕梁惠王 하下」에서, "이른바 오랜 나라는 교목이 있음을 말하는 것이 아니라, 대를 이어 벼슬하는 신하가 있음을 말함이다〔所謂故國者 非謂有喬木之謂之 有世臣之謂之〕."고 했다.
64. 『숙종실록』 1674년(숙종 즉위년) 12월 27일
65. 김석주金錫胄(1634~1684) : 본관은 청풍, 자는 사백斯百, 호는 식암息庵. 영의정 김육金堉의 손자, 병조판서 김좌명金佐明의 아들이다. 완남부원군 이후원의 사위이며, 현종의 왕비 명성왕후 김씨의 사촌 오빠다. 1661년(현종 2) 왕이 직접 성균관에 거둥해서 연 시험에서 바로 전시殿試에 응시할 수 있는 특전을 받았다. 이듬해 증광 문과에 장원, 전적典籍이 되었다. 이조좌랑·수찬·헌납·교리 등을 역임하고, 1674년(현종 15) 좌부승지가 되었다. 당시 서인의 한당漢黨에 가담해 집권당이던 산당山黨에게 중용되지 못했다. 1674년 제2차 예송이 일어나자 남인 허적許積 등과 결탁해 송시열·김수항 등 산당을 숙청하고 수어사에 이어 도승지로 특진되었다. 남인의 정권이 강화되자 이를 제거하기 위해 다시 서인들과 제휴해 송시열을 제거하려는 남인들의 책동을 꺾어 송시열과 밀접한 관련을 맺었다. 1680년(숙종 6) 이조판서, 1682년 우의정으로 호위대장을 겸직했다. 1683년에 사은사로 청나라에 다녀온 뒤 음험한 수법으로 남인의 타도를 획책했다 하여 같은 서인의 소장파로부터 반감을 사서 서인이 노론·소론으로 분열하는 원인을 제공했다. 시호는 문충文忠이다.
66. 민정중閔鼎重(1628~1692) : 본관은 여흥, 자는 대수大受, 호는 노봉老峯. 송시열의 문인으로 1649년(인조 27) 정시 문과에 장원해 성균관 전적으로 벼슬에 나갔다. 직언으로 뛰어나 사간원 정언·사간에 제수되고, 홍문관 수찬·교리·응교, 사헌부 집의 등을 지냈다. 1659년 현종이 즉위한 뒤 병조참의에 제수되었으나 부친상으로 관직에서 물러났다. 상복을 벗은 뒤 사간원 대사간으로 나아갔다. 승정원 동부승지·이조참판·사헌부 대사헌을 거쳐, 이조·호조·공조 판서, 의정부 참찬 등을 역임했다. 1675년(숙종 1) 이조판서가 되었으나 남인이 집권하자 파직되고 귀양 길에 올랐다. 경신환국으로 귀양에서 풀려 우의정이 되고, 좌의정에 올랐다. 1685년(숙종 11)부터는 판중추부사로 물러나 국왕을 보필하던 중 1689년(숙종 15) 기사환국으로 다시 남인이 집권하자 평안도 최북단의 벽동碧潼에 유배되어 그곳에서 죽었다. 시호는 문충文忠이다.
67. 이단하李端夏(1625~1689) : 본관은 덕수, 자는 계주季周, 호는 외재畏齋. 1662년(현종 3) 증광 문과에 을과로 급제했다. 그 뒤 정언·부교리·헌납 등을 역임했다. 1669년 이조정랑이 되어 관청 노비의 문서를 정리할 것을 청하여 노비가 내는 세금인 신공身貢을 반 필씩 줄이게 했다. 숙종이 즉위한 뒤 서인으로서 제2차 복상 문제로 숙청당한 의례를 담당하는 신하들의 처벌 부당성을 상소하다가 파직되었다. 경신환국으로 풀려났다. 1686년(숙종 12) 우의정이 되어 사창 설치의 다섯 가지 이익을 건의했다. 죽을 죄인에

게 삼복三覆(사형에 해당하는 죄인에게 억울함이 없게 하려고 세 번 심리하던 일) 삼번 제三審制의 실시를 청했다. 이듬해 좌의정에 올랐으나 병으로 사직하고, 행판돈녕부사로 있다가 죽었다. 사창제도를 철저히 실시해 굶주리는 백성을 돌보라고 역설했다. 시호는 문충文忠이다.

68. 『승정원일기』 1675년(숙종 1) 1월 19일
69. 『승정원일기』 1675년(숙종 1) 1월 20일
70. 계묘癸卯 24년 : 동주東周 안왕安王 희교姬驕 24년을 말함.
71. 계해癸亥 11년 : 동주 현왕顯王 희편姬扁 11년을 말함.
72. 『숙종실록』 1675년(숙종 1) 1월 22일, 『승정원일기』 1675년(숙종 1) 1월 22일
73. 『숙종실록』 1675년(숙종 1) 3월 12일
74. 『숙종실록』 1675년(숙종 1) 3월 14일
75. 『승정원일기』 1675년(숙종 1) 3월 18일
76. 『숙종실록』 1675년(숙종 1) 7월 9일
77. 『승정원일기』 1675년(숙종 1) 8월 19, 20, 23일
78. 『승정원일기』 1677년(숙종 3) 1월 21일
79. 이유, 『가보家寶』, 1677.
80. 권상하權尙夏(1641~1721) : 본관은 안동, 자는 치도致道, 호는 수암遂菴・한수재寒水齋. 송준길・송시열의 문인이다. 1660년(현종 1) 진사가 되어 성균관에서 수학했다. 1689년(숙종 15) 기사환국으로 스승 송시열이 제주도에 위리안치되고, 사약을 받게 되었을 때 임종을 지켰다. 송시열의 유언에 따라 괴산 화양동에 만동묘萬東廟와 대보단大報壇을 세워 명나라 신종神宗과 의종毅宗을 제향했다. 1704년(숙종 30) 호조참판, 1705년 이조참판, 1712년(숙종 38) 한성판윤과 이조판서, 1717년 좌찬성・우의정・좌의정, 1721년(경종 1) 판중추부사에 임명되었으나, 사직 상소를 올리고 나가지 않았다. 숙종 재위 중 경신환국(1680)・기사환국(1689)・갑술환국(1694)을 거치며 서인과 남인 사이에 당쟁이 치열했지만, 당쟁에 초연한 태도로 학문과 교육에만 전념했다. 이이-김장생-송시열로 이어지는 기호학파의 학통을 계승하고, 문인들에 의해 전개되는 인성人性과 물성物性의 동이논쟁同異論爭인 '호락논변湖洛論辨'의 학술토론 문화를 일으키는 계기를 주었다. 이단하・박세채・김창협 등과 교유했다. 시호는 문순文純이다.
81. 『한수재선생문집寒水齋先生文集』 권23/제문祭文. "維歲次戊午八月己巳朔十日戊寅. 外甥權尙夏. 謹以醴盎翰音. 再拜敬奠于外舅通訓大夫行錦山郡守李公之靈. 嗚呼. 小子結髮而登公門. 今雙鬢蕭蕭而膝置兩孫矣. 深恩厚德. 欲言哽塞. 嗟夫我生不天. 百毒備經. 俯仰人間. 此身伶俜. 尙幸尊舅. 巋若靈光. 庶期百年. 仰戴爲命. 今也則亡. 吾將安放. 嗚呼痛哉. 去歲公病在牀. 余往省之. 公喟然曰吾老且病. 離懷良苦. 汝終不可歸洛乎. (중략) 嗚呼天乎. 此何等時. 貪愚者髮黃. 險狠者軒朱. 震

耀昌大. 百祿完具. 而善人何厲. 天獨仇之, 君子何罪. 鬼實儺之, 孝友慈仁. 行備於內. 而壽則促之, 廉公忠勤. 效著於外, 而位則嗇之, 遂使長德醇人. 不克享有晚福. 而終於寂寥而埋沒. 時耶命耶. 孰司其權. 仰呼蒼蒼. 太空無言. 嗚呼已矣. 萬事黃梁. 田園慘悷. 几席虛涼. 清漢之陰. 窣如玄堂. 公于歸稅. 永閟容光. 天長地久. 此別茫茫. 至哀無文. 言不成章. 灑血秋山. 情溢單觴. 嗚呼尙饗."

82. 『숙종실록』 1680년(숙종 6) 4월 3일
83. 『승정원일기』 1680년(숙종 6) 윤 8월 14, 27일
84. 『숙종인현후가례도감도청의궤肅宗仁顯后嘉禮都監都廳儀軌』, 규장각한국학연구원. 1681년(숙종 7) 3월 6일, 가례도감 구성을 위한 이조 별단別單이 제출되었다. 여기에는 도제조 영의정 김수항, 제조 예조판서 여성제呂聖齊, 호조판서 조사석趙師錫, 공조판서 신여철申汝哲 등 3명이 올라 있다. 낭청으로는 부호군 이유, 이조정랑 이수언李秀彦, 병조정랑 안규安圭, 예조정랑 윤협尹悏, 공조정랑 이여악李汝岳, 호조좌랑 조지정趙持正, 상의원尙衣院 주부 한두상韓斗相, 사재감司宰監 주부 김석령金錫齡 등 모두 8명이 발탁되었다. 이 명단은 가례가 끝난 뒤 가례도감에서 제작한 『의궤』 끝에 나와 있는 명단과는 다소 차이가 있다. 이는 그동안 다소의 변동이 있었음을 말해준다. 의궤 편찬을 관장한 사람들의 관직과 성, 수결이 함께 실려 있는 명단을 보면 도제조에는 영의정 김, 제조에는 예조판서 여, 공조판서 신, 호조판서 정이 있다. 도청으로는 부응교 이, 이조정랑 이가 있으며, 낭청으로는 공조정랑 이, 호조좌랑 조가 있다. 이것으로 보아 제조 호조판서가 조사석에서 정재숭鄭載嵩으로 변경되었음을 알 수 있다. 가례도감을 구성한 3월의 이조 별단에 나오는 낭청 8인 중 녹천공과 이수언은 도청으로 변경되고 이여악과 조지정은 그대로 낭청이지만 나머지(병조정랑, 예조정랑, 상의원 주부, 사재감 주부 등) 4명의 이름은 나오지 않는다. 아마도 이 4명은 의궤 편찬에는 관여하지 않은 것으로 추정된다.
85. 『승정원일기』 1681년(숙종 7) 4월 9일
86. 『숙종실록』 1681년(숙종 7) 4월 28일, 『승정원일기』 1681년(숙종 7) 4월 28일
87. 준직準職 : 당상관으로 올라갈 때 반드시 거쳐야 하는 당하관에서 제일 높은 당하 정3품 관직. 준직에 해당하는 정3품 당하관 자리는 경관京官으로는 각 시寺나 각 감監의 정正, 승문원 판교承文院判校, 교서관 판교校書館判校, 통례원좌통례通禮院左通禮 등이 있고 외직外職으로는 부사府使나 목사牧使가 이에 해당한다.
88. 『승정원일기』 1681년(숙종 7) 5월 19일
89. 승정원의 최고 책임자는 도승지다. 그 밑으로 좌승지, 우승지, 좌부승지, 우부승지, 동부승지가 있다. 6명 모두 품계가 같은 정3품 당상관이다. 아래에 정7품 주서 2명, 정7품 사변가주서 1명이 있었다.
90. 『승정원일기』 1681년(숙종 7) 6월 23일. "선정신 송준길은 학문과 도덕이 사림의 추

앙을 받았고, 주상께서도 반드시 통촉하고 계시니 더 아뢸 말씀이 없습니다. 다만 그가 죽은 뒤에는 법으로 보아 시호를 추증해야 합니다. 듣건대 그가 평소 자손들에게 시호를 청하지 말도록 분부했습니다. 이는 진실로 겸손한 뜻에서 나온 것이지만, 자손이 이로 인하여 감히 장계로 시호를 청하지 않아 시호를 내리는 은전이 지금까지 시행되지 못하고 있습니다. 국가가 어진 이를 높이고 덕이 있는 이를 숭상하는 도리로 볼 때 참으로 흠결이 되니, 시호를 의정할 때 특별히 하사하는 조치가 있어야 합니다. 비록 그 스스로 겸손한 말로 인하여 자손들이 시호를 청하지 않는다고 해도 시호를 내려주는 은전이 끝내 없을 수 없으니 시호를 내리는 것이 가합니다.〔先正臣宋浚吉, 學問道德, 不但爲士林之所推仰, 自上亦必洞燭, 無復可陳. 第其沒後, 法當贈諡, 而聞其平日, 戒子孫, 俾勿請諡, 此固出於謙撝之意, 而子孫, 因此不敢有狀陳請, 以致易名之典, 尙今闕焉. 其在國家尊賢尙德之道, 誠爲欠缺, 方當議諡之時, 合有特賜之擧矣. 雖因其自謙之言, 子孫, 不爲請諡, 不可終無易名之典, 賜諡可也.〕"

91. 『승정원일기』1681년(숙종 7) 7월 3일. "王若曰, 安危係於輔相, 固切倚毗之誠, 典刑存於老成, 宜審進退之道. 謂或諒前旨, 復何有此來章. 試觀國家之多虞, 寧容鼎席之暫曠. (중략) 矧天災地異之沓臻, 而旱乾雨潦之相繼. 念前頭之事, 殆得有甚於庚辛, 懷中心之憂, 曷敢自安於乙丙. 爲今計須得賢而共濟, 當此時所以望卿者愈深. 惟卿, 以四朝舊臣, 爲予之一介良弼. 陸贄之奏議勤懇, 忠愛根於秉彛, 彥博之器度凝嚴, 朝野倚以爲重. 方當畀協贊之責, 奚遽上遜讓之辭. 年齡雖衰, 寔喜精力尙旺, 神明所相, 何患榮衛之少愆. (중략) 蓋古人出處之惟義, 況今日去就之可輕. 於戲, 論道經邦, 只在啓沃之切, 扶腋上殿, 何嫌步趨之艱. 亟回遐心, 勉副至意, 所辭宜不允, 故玆敎示, 想宜知悉."
92. 『승정원일기』1681년(숙종 7) 7월 11일.
93. 『숙종실록』1680년(숙종 6) 5월 18일.
94. 『숙종실록』1680년(숙종 6) 11월 22일.
95. 『승정원일기』1681년(숙종 7) 8월 23일.
96. 김우진,『숙종의 대청인식對淸認識과 수도권 방어 정책』, 민속원, 2022, 36쪽.
97. 이선李選(1632~1692) : 본관은 전주, 자는 택지擇之, 호는 지호芝湖. 아버지는 우의정 이후원. 어머니는 김반의 따님이다. 송시열의 문인. 1664년(현종 5) 춘당대 문과에 병과로 급제하여 검열에 임명되었다. 그 뒤 정언·교리·이조좌랑 등을 역임했다. 1673년 노산군의 묘에 제사를 지내고 황보인·김종서 등의 신원을 상소했다. 1675년(숙종 1) 형조참의로 있다가 송시열이 쫓겨나고 남인이 득세하자 사직했으나, 뒤에 개성유수가 되었다. 예조참관이 되어 사신으로 청나라에 다녀와 이조참관이 되었다가 1689년 대간의 탄핵을 받고 경상도 기장機張으로 귀양을 가 죽었다. 1694년(숙종 20) 복관되어 왕의 사제賜祭를 받았다. 시호는 정간正簡이다. 김향숙(2005),「지호 이선의 생애와 사

98. 『숙종실록』1680년(숙종 6) 12월 22일; 전주이씨 광평대군파 지호공 종중, 『한글 지호집』제1권 「임금의 유지에 응하여 진언하는 상소〔應旨進言疏〕」, 도서출판 문진, 2015, 186쪽.
99. 『숙종실록』1691년(숙종 17) 12월 6일
100. 『숙종실록』1719년(숙종 45) 4월 30일
101. 『영조실록』1746년(영조 22) 12월 27일
102. 『숙종실록』1681년(숙종 7) 7월 21일
103. 『숙종실록』1681년(숙종 7) 7월 27일, 『승정원일기』1681년(숙종 7) 7월 27일. "臣伏見各道狀啓, 旱乾之餘, 慘被水災, 年事不免凶歉, 蓋已決矣. 今日急務, 只在於來春賑救之策, 必須自上頻接臣僚而後, 凡事可以及時講究, 庶無稽緩之弊. 頃因筵臣所達, 恭靖大王廟號, 有令該曹議大臣稟處之命, 此是累朝欠典, 而今乃追擧, 則豈非盛德事也. 第念追議廟號, 事體莫重, 非如追封大君之事, 則不可因一筵臣之言, 而循例議大臣而已, 似當有令公卿會議賓廳之擧矣."
104. 『숙종실록』1681년(숙종 7) 9월 18일
105. 『승정원일기』1681년(숙종 7) 8월 20일
106. 『세종실록』1430년(세종 12) 8월 3일
107. 『승정원일기』1681년(숙종 7) 8월 21일
108. 『승정원일기』1681년(숙종 7) 10월 28일
109. 『승정원일기』1681년(숙종 7) 11월 9일
110. 홍만조洪萬朝(1645~1725) : 본관은 풍산, 자는 종지宗之, 호는 만퇴晩退. 아버지는 현감 홍주천洪柱天, 어머니는 김광찬의 따님이다. 1678년(숙종 4) 증광 문과에 병과로 급제한 뒤 검열을 거쳐 지평·정언을 지냈다. 1688년 부수찬, 이듬해 부응교를 거쳐 1690년(숙종 16) 충청도 관찰사로 나갔다가 다음 해 돌아와 승지·전라도 관찰사·도승지가 되었다. 1693년 강화유수가 되고, 1696년(숙종 22) 사은부사로 청나라에 다녀온 뒤 함경도·경상도·경기도 관찰사를 역임했다. 대사간·한성판윤·좌참찬·형조판서를 거쳐 1718년(숙종 44) 우참찬을 지내고, 이듬해 기로소에 들어갔다. 1721년(경종 1) 판의금부사·좌참찬을 역임하고, 이듬해 판돈녕부사에 이르렀다. 시호는 정익貞翼이다.
111. 『승정원일기』1681년(숙종 7) 11월 19일. 『승정원일기』의 승정원 좌목座目에 따르면 11월 10일부터 녹천공의 관직이 동부승지에서 우부승지로 변경되어 있다. 우부승지로 삼았다는 기록은 12월 14일 기사에 나온다.
112. 『승정원일기』1681년(숙종 7) 11월 25일. "伏以, 臣於今夏, 猥忝嘉禮都監都廳之任, 及其事訖之後, 遵舊例而造契屛分送也, 臣亦與焉. 蓋設局董役之餘, 記諸人

之姓名, 敍其事之始終, 欲以傳於日後者, 其意固非偶然, 而其來亦已久矣. 第其物力, 無他出處, 收聚各房用餘, 付諸卽應, 使之料理造成者, 亦是舊例然也. 當初物力磨鍊之數, 本不過濫, 則其所謂用餘者, 豈至於累百金之多, 人固疑其有所侈靡, 而亦不能無傳說之過者矣. 伏乞聖明, 俯察臣前犯侈靡之習, 後有不職之失, 亟賜鐫罷, 仍治臣罪, 不勝幸甚."

113. 『승정원일기』 1682년(숙종 8) 1월 7일
114. 『승정원일기』 1682년(숙종 8) 1월 9일. "伏以, 臣之忝叨邇列, 已七朔矣. 自度庸陋之資, 決不堪喉舌之任, 而感激聖恩, 冒昧承當, 唯以奔走供仕, 爲一分報效之地矣. 日昨傳諭大臣, 夜深復命之後, 忽覺頭腦作痛者若鍼刺, 叫苦靡定, 轉動不得, 適當僚員不齊之日, 而病勢如此, 旣無以自力察任, 亦不敢徑先出去, 委頓直廬, 已經兩宵, 事事苟艱, 莫此爲甚, 公私狼狽, 惶悶罔措. 伏乞聖慈, 俯垂矜察, 亟遞臣職名, 以便公私, 不勝幸甚."
115. 『비변사등록』 1684년(숙종 10) 6월 14일
116. 『승정원일기』 1684년(숙종 10) 6월 22일
117. 『비변사등록』 1684년(숙종 10) 9월 5일, 10월 8일
118. 이의현李宜顯(1669~1745) : 본관은 용인, 자는 덕재德哉, 호는 도곡陶谷. 녹천공의 이종사촌인 좌의정 이세백의 아들이다. 김창협의 문인으로 문학에 뛰어나 숙종 때 대제학 송상기에 의해 당대 명문장가로 천거되었다. 1694년(숙종 20) 별시 문과에 병과로 급제해 검열·정언·금성현령·부교리를 거쳐 1707년(숙종 33) 이조정랑에 이어 동부승지·이조참의·대사간을 역임했다. 황해도 관찰사로 2년여 재임한 뒤 도승지·경기도 관찰사·예조참판을 역임했다. 1720년 경종이 즉위하자 동지정사로 청나라에 다녀온 뒤 형조판서에 올랐다. 예조판서에 재임하던 중 왕세제의 대리청정문제로 소론의 공격을 받아 벼슬에서 물러났다. 뒤이어 신임옥사가 일어나 많은 노론 관료가 죄를 입었을 때, 평안도 운산에 유배되었다. 1725년(영조 1) 형조판서로 임용되었다. 이듬해 예조판서로 옮기고 1727년 우의정에 발탁되었다. 노론의 지나친 강경책에 염증을 느낀 왕에 의해 정권이 소론에게로 넘어가는 정미환국 때 파직되어 양주로 물러났다. 1735년(영조 15) 특별히 영의정에 임명되었으나, 김창집·이이명을 신원할 수 없다는 한밤중의 하교에 사직을 청하다가 왕의 노여움을 사서 파직되었다가 곧 판중추부사로 임용되었다. 1739년 영중추부사로 승진, 1742년(영조 18) 치사致仕(나이가 많아 벼슬을 사양하고 물러남)하여 봉조하가 되었다. 노론 4대신(김창집·이이명·이건명·조태채)의 신원과 신임옥사가 죄를 꾸며낸 것임을 밝히는데 진력했다. 1740년의 경신처분庚申處分, 1741년의 신유대훈辛酉大訓으로 신임옥사 때의 충역忠逆 시비를 노론 측의 주장대로 판정나게 했다. 청렴과 검소를 스스로 실천, 청백리로 이름났다. 시호는 문간文簡이다.

119. 이의현, 「의정부영의정이공시장議政府領議政李公諡狀」, 『도곡집陶谷集』 권22.
120. 『승정원일기』 1685년(숙종 11) 7월 3일. "伏以, 臣近得暑感, 呻痛日久, 而强起奔走, 症情添苦, 素患火症, 乘時棄發, 胸膈煩悶, 頭目眩疼, 委頓床席, 顧此病狀, 差復未易. 臣兼帶賑廳之任, 自知其決非所堪, 故當初瀝血陳籲, 固已屢矣, 而迫於嚴命, 不堪一向撕捱. 姑爲泯默, 以至于今, 恒懷恧縮, 若無所容, 終始冒居, 豈臣之本意哉. 伏乞聖慈, 察臣病勢情勢, 亟賜遞改臣本職及兼帶賑廳之任, 以便公私, 不勝幸甚."
121. 『승정원일기』 1685년(숙종 11) 7월 12일. "近來守令要譽之習, 反甚於剝割之政, 惟以減削姑息爲務, 馴致日後, 弊端滋生, 遂至於莫可收拾之域者, 多矣. 若此類, 設有一時稱頌之聲, 其實有害而無益也. 然得其譽言者, 輒蒙褒賞之典, 或有任怨奉公, 爲民所毀者, 則率不免顚沛之患, 此其所以任怨盡職者無人, 而違道要譽者成風也. 前年則大同田稅, 盡爲除給, 還上未收, 亦爲蕩減, 更無可施之事, 今春朝家, 盡以賑政, 故國無餘蓄. 卽今所患, 惟在國儲之竭乏. 江都軍糧十餘萬石, 而所存者僅八萬石, 兩處軍糧之所餘者, 如是零星, 將何以賑民乎. 江都還上, 散在民間三萬餘石, 而尹堦爲留守, 前秋所捧, 幾至二萬餘石, 以此致有民怨, 堦之見敗, 未必不由於此也."
122. 『숙종실록』 1686년(숙종 12) 12월 14일.
123. 『승정원일기』 1686년(숙종 12) 12월 22일.
124. 『승정원일기』 1688년(숙종 14) 10월 24일. "乃者纔離南臬, 遽叨新命, 自知不似, 人謂斯何, 而臣於上年, 重經奇疾, 行路感傷之餘, 痛楚益深, 尋單請急, 蓋出於此, 而昨日召牌之降, 適在叫苦方極之中, 終未能祗赴, 伏聞前席, 有未安之敎, 臣不勝震悚之至. 臣雖無狀, 粗識不俟駕之義, 亦嘗病近來違牌之弊矣. 祗緣疾病之難强, 自速逋慢之誅, 臣罪尤大, 請命遞斥臣職."
125. 조례皁隸: 서울의 각 관아에서 부리던 하인. 사령使令(관아의 심부름꾼) · 마지기(내수사와 각 궁방에 속한 하인) · 가라치(정2품 이상의 벼슬아치가 출입할 때 긴요한 문서를 넣어 둘 수 있도록 만든 기름을 먹인 종이봉투를 끼고 앞서서 다니던 하인) · 별배別陪(벼슬아치 집에서 사사로이 부리던 하인) 따위가 있다.
126. 『숙종실록』 1688년(숙종 14) 11월 12일.
127. 『승정원일기』 1688년(숙종 14) 11월 17일. "伏聞校理兪得一疏中, 斥臣以循套不誠, 尙何望感格天心. 臣於此, 不勝懍恧. 且臣伏見修撰朴泰萬之疏, 以不劾李翔, 譏斥兩司之噤默, 翔乃從前禮待之臣, 而臣旣未詳其事之顚末, 則不可只憑人言, 而輕加糾劾. 況臣所叨之職, 自知其萬萬不似, 必欲辭遞而後已者, 是臣本意, 尙此因仍苟居, 憂愧式積, 罔知攸處, 何暇出而論人之是非乎. 以此以彼, 決難一刻抗顔於諫席, 請命遞斥臣職."

128. 녹천공은 한 달 보름 동안 병조참의(숙종 14년 12월 7일), 호조참의(12월 13일), 좌부 승지(숙종 15년 1월 4일), 우승지(1월 7일), 좌승지(1월 9일), 대사간(1월 22일) 등 6개의 관직에 임명되었다.
129. 『숙종실록』 1689년(숙종 15) 2월 1일
130. 대일통大一統 : 하나로 통일됨을 드높인다는 의미. 『춘추공양전春秋公羊傳』에 나오는 말이다. 천하가 하나의 천자에게로 통일되는 것을 뜻함.
131. 기묘년己卯年 : 조광조를 죽음으로 몰고 간 기묘사화가 일어난 1519년(중종 14).
132. 이세백李世白(1635~1703) : 본관은 용인, 자는 중경仲庚, 호는 우사雩沙. 1657년(효종 8) 진사시에 합격해 성균관에 들어가 송준길의 가르침을 받았다. 1666년(현종 7) 의금부도사를 거쳐 홍천현감에 이르렀다. 1675년(숙종 1) 증광 문과에 을과로 급제했다. 1681년 지평이 되고 그 뒤 정언·교리·이조좌랑·집의·동부승지 등을 역임하며 활발한 언론 활동을 했다. 1684년(숙종 10) 황해도 관찰사를 거쳐, 이듬해 평안도 관찰사로서 선정을 베풀었다. 1689년(숙종 15) 기사환국 때 도승지로 있으며 송시열의 유배에 반대하다가 파직되었다. 1694년(숙종 20) 갑술환국으로 서인이 집권하자 도승지에 올랐다. 선혜청 당상·한성부 판윤을 거쳐 이듬해 예조판서가 되었으며, 동지정사로 청나라에 다녀왔다. 1697년 이조판서가 되어 지방관의 인사를 엄격히 해 관의 기강을 바로 세우는데 힘썼다. 1698년(숙종 24) 우의정에 올랐고, 1700년 좌의정이 되어 세자부를 겸했으며 인현왕후의 국상을 총괄했다. 예학에 밝아 국가의 중요 예론에 깊이 참여했다. 시호는 충정忠正이다.
133. 송상기宋相琦(1657~1723) : 본관은 은진, 자는 옥여玉汝, 호는 옥오재玉吾齋. 송시열의 문인. 1684년 정시 문과에 병과로 급제, 승문원에 등용되었다. 홍문관 부수찬으로 있을 때 장희빈의 어머니가 가마를 탄 채 대궐에 출입하므로 가마를 불태워야 한다고 청했다가 파면되었다. 1694년(숙종 20) 사헌부 장령에 임명되었고 홍문관 부교리·충주목사를 지냈다. 1697년(숙종 23) 세자 책봉 주청사의 서장관으로 청나라에 다녀왔다. 돌아온 뒤 품계가 올라 승지가 되었다. 충청도 관찰사와 대제학·대사헌·예조판서 등의 요직을 거쳐 이조판서가 되었다. 경종에게 세제 청정을 청하는 상소를 올렸다. 이 일로 1722년(경종 2) 신임사화에 휘말려 강진으로 유배되어 이듬해 그곳에서 죽었다. 1725년(영조 1)에 관작이 복구되었다. 시호는 문정文貞이다.
134. 『숙종실록』 1689년(숙종 15) 윤 3월 12, 13, 24, 27, 28일, 4월 21일

4. 굶주리는 백성의 구호에 온 힘을 다하다

135. 『비변사등록』 1682년(숙종 8) 9월 22일

136. 『숙종실록』 1682년(숙종 8) 10월 8일
137. 이재李縡(1680~1746) : 본관은 우봉, 자는 희경熙卿, 호는 도암陶菴·한천寒泉.. 김창협의 문인이다. 1702년(숙종 28) 알성 문과에 병과로 급제, 가주서·승문원 부정자를 거쳐 예문관 검열이 되어 『단종실록』 부록 편찬에 참여했다. 1707년 문과 중시에 을과로 급제, 이듬해 문학·정언·병조정랑을 거쳐, 홍문관 부교리에 임명되었다. 1709년 헌납·이조좌랑, 1711년 이조정랑으로 승진했다. 1712년 장악원정·수원도호부사, 1713년 형조참의·대사성, 1715년 병조참의·예조참의를 거쳐 다음 해 동부승지가 되었다. 1719년(숙종 45) 형조참판·부교리 등을 거쳐 경상도에 균전사均田使로 파견된 뒤, 당면한 토지 정책을 논하다가 파직되었으며 이듬해 함경도 관찰사가 되었다. 1721년(경종 1) 이조참판, 실록청 도청 당상으로 승진했다. 같은 해 예조참판을 거쳐 도승지가 되었으나 소론의 집권으로 파직되었다. 1722년 임인옥사 때 숙부 이만성李晩成이 옥사하자 은퇴하고, 강원도 인제에 들어가 성리학 연구에 전념했다. 1725년(영조 1) 부제학에 복직해 대제학·이조참판에 올랐으나 1727년 정미환국으로 소론 중심의 정국이 되자 도성 밖으로 쫓겨났으며, 그 뒤 용인의 한천에서 많은 학자를 길러냈다. 1740년(영조 16) 공조판서, 1741년 좌참찬 겸 예문관제학 등에 임명되었으나 모두 사직했다. 시호는 문정文正이다.
138. 이재, 「영의정이공신도비」, 『도암선생집陶菴先生集』 권28.
139. 이주李週·이선李選·이중휘李重輝 등, 『사창의社倉議』, 1674년(숙종 즉위년).
140. 『승정원일기』 1685년(숙종 11) 7월 23일. 윤지완은 녹천공 장녀의 시아버지이므로 녹천공과는 사돈지간이다.
141. 『승정원일기』 1685년(숙종 11) 9월 3일
142. 『숙종실록』 1686년(숙종 12) 8월 20일
143. 『승정원일기』 1685년(숙종 11) 12월 16일, 『승정원일기』 1686년(숙종 12) 6월 15일
144. 『승정원일기』 1686년(숙종 12) 12월 13일, 『비변사등록』 1686년(숙종 12) 12월 15일
145. 박세당朴世堂(1629~1703) : 본관은 반남, 자는 계긍季肯, 호는 잠수潛叟·서계초수西溪樵叟·서계西溪. 할아버지는 좌참찬 박동선朴東善, 아버지는 이조참판 박정朴炡이다. 1660년(현종 1) 증광 문과에 장원해 성균관 전적에 제수되었다. 예조좌랑·병조정랑·함경북도 병마평사 등 내, 외직을 역임했다. 1668년 서장관으로 청나라를 다녀온 뒤 당쟁에 혐오를 느낀 나머지 관료 생활을 포기하고 양주 석천동으로 물러났다. 당쟁의 소용돌이 속에서 맏아들 박태유朴泰維와 둘째 아들 박태보朴泰輔를 잃자 여러 차례에 걸친 출사 권유에도 불구하고 석천동에서 농사를 지으며 학문 연구와 제자 양성에만 힘썼다. 죽을 때까지 홍문관 부제학·공조판서·대사헌·한성판윤·예조판서·이조판서 등의 관직이 주어졌지만 모두 부임하지 않았다. 해서 지방의 암행어사와 함경북도 병마평사를 역임한 뒤, 홍문관 수찬으로 있을 때 「응구언소應求言疏」를 올린 적

이 있다. 그 내용은 양반 지배 세력의 당쟁과 착취로 비참한 지경에 이른 백성들의 생활 안정책과 무위도식하고 있는 사대부에 대한 고발이었다. 시호는 문절文節이다. 녹천공의 사촌 동생으로 황해감사 · 이조참판 · 평안감사 · 예조참판 · 대사간 등을 역임한 이제李濟의 외숙이다.

146. 박세당,「간독簡牘」,『서계집西溪集』권19.
147.『승정원일기』1687년(숙종 13) 8월 5일. "臣病發積傷垂死之中, 精神悅惚, 末由搆疏, 今始自列, 益增惶隕. 亟罷臣職, 且治臣罪事."
148.「대나무, 전라도 산업의 근간이 되었다.」, 전남일보, 2019. 2. 21.
149.『승정원일기』1688년(숙종 14) 1월 27일
150.『승정원일기』1688년(숙종 14) 7월 9일
151.『승정원일기』1688년(숙종 14) 9월 24일
152. 송시열,「서書」,『송자대전』권99.
153. 이덕일,『당쟁으로 보는 조선 역사』, 석필, 1997. 320쪽. 1689년(숙종 15) 윤 3월 28일 녹천공의 외숙 김수항이 유배지 진도에서 사사되었으며, 6월 3일에는 공의 스승인 송시열이 유배지 제주에서 서울로 압송되어 오는 도중 정읍에서 사사되었다. 그 외 16명이 죽임을, 59명이 유배형, 26명이 삭탈 관작을 당했다.
154. 녹천공 부친의 형제는 모두 8분이다. 부친은 중휘 공이다. 숙부로는 영휘永輝(1624~1688), 익휘益輝(1626~1671), 시휘時輝(1628~1666), 정휘廷輝(1633~1691), 만휘晚輝(1636~1692), 우휘遇輝(1648~1707), 성휘成輝(1639~ 1705) 공이다. 기사환국으로 공께서 관직을 그만두고 칩거하고 있는 동안 정휘 공과 만휘 공께서 돌아가셨다.
155.『숙종실록』1694년(숙종 20) 4월 1일
156.『비변사등록』1694년(숙종 20) 4월 28일
157.『승정원일기』1694년(숙종 20) 5월 13일
158.『승정원일기』1694년(숙종 20) 5월 13일. "敎平安道觀察使李濡書, 王若曰, 才非利器, 不足以別盤錯, 處非大藩, 不足以興事績. 肆畛卿屢試之效, 庸畀予分閫之權. 睠彼西關一方, 寔我東國重鎭. 箕師八條之敎, 風化猶存, 檀君千歲之基, 幅員斯廣. 關防鎖鑰, 雄據浿薩之襟喉, 謠俗人民, 允爲海岱之都會. 隴蜀之貨物湊集, 冠帶諸邦, 燕代之士馬精强, 鈐鎋一路. 然侵剝餘數十載, 故凋瘵難一二言. 冠蓋相望, 此是走幽 · 薊之道, 儲蓄已竭, 無以副庚癸之呼. 關阨最要, 而餉械俱蹶, 供頓難繼, 而賦役猶繁, 矧前歲旱澇之荐仍, 而今日殿屎之方極. 當齊民填壑之際, 詎可緩於煦濡, 顧漢吏宣化之方, 實惟在於安集. 須得愷悌敏達之士, 可責守禦撫摩之功. 惟卿端慤之資, 淸通之識, 騫飛早歲, 入金門而上玉堂, 歷敭華塗, 伏靑蒲而懷白簡. 試之喉司, 則夙夜惟勤, 試之股肱, 則才幹不著. 東關按節, 操益礪於淸修, 南國觀風, 頌更溢於蔽芾. 惟其無職不辦, 是以所至有聲. 邇來家食之多年, 幸

茲彙征之有吉. 周旋省闥, 豈無補拾之心. 擢授藩維, 俾展澄清之志. 非無內外輕重之別, 於此時勢緩急之殊. 茲授卿以平安道觀察使云云. 仍褒加二品之階, 畀按廉一道之柄. 王事惟其棘矣, 唯汝有諧, 寵命豈徒然哉. 得君之重, 卿其勉膺重寄, 益展弘猷, 先惠而後威, 明教而善俗, 考字幸幽明之績, 黜陟必公, 恤黎庶忧離之歎, 賙賑宜急. 其他責應經理, 正合商量, 乃若稟處裁專, 自有典例 何煩告諭. 只在弛張. 於戲, 方群賢必萃之辰, 正萬化維新之會, 屈望之於馮翊, 元非左遷, 遠畢誠於禁庭, 蓋為西顧, 伊不憚於夷險, 可永垂於功名. 故茲教示, 想宜知悉."

159. 공명첩空名帖 : 성명을 적지 않은 백지 임명장. 국가의 재정이 몹시 어려울 때 국고를 채우는 수단으로 사용된 것. 중앙의 관원이 이것을 가지고 전국을 돌며 돈이나 곡식을 바치는 사람에게 즉석에서 그 사람의 이름을 적어 넣어 명목상의 관직을 주었다.

160. 『비변사등록』1695년(숙종 21) 8월 24일

161. 『비변사등록』1695년(숙종 21) 9월 29일

162. 『숙종실록』1695년(숙종 21) 11월 22일, 1698년(숙종 24) 1월 22일

163. 『승정원일기』1696년(숙종 22) 10월 17일

164. 『승정원일기』1696년(숙종 22) 2월 6일

165. 『승정원일기』1696년(숙종 22) 2월 18일

166. 『숙종실록』1696년(숙종 22) 7월 9일

167. 『승정원일기』1696년(숙종 22) 8월 24일

168. 『승정원일기』1696년(숙종 22) 11월 24일

169. 『승정원일기』1696년(숙종 22) 12월 1일. "臣曾所按治叛奴之獄, 因其逋囚之上言, 自該曹, 取其文書而更查, 則固已有不安於心者, 而得聞罪人之年八十者, 不能詳察推官稟報之語, 混施一次之刑, 仍以病斃云, 刑獄人命, 所關非如尋常, 失錯之比, 尤不勝瞿然. 自叨喉司, 欲一陳章, 而第其年八十一款, 考諸其時修啓中所錄, 有相左處, 必見元文書, 可知其真的, 故姑有所遲待矣. 頃者始得取來其草本而觀之, 則果如所聞, 問于該曹, 他文書亦已上來云, 此臣之出而引避者也. 且緣情病俱極, 不得行公, 而請命罷斥臣職."

170. 『숙종실록』1696년(숙종 22) 12월 6일

171. 부사직副司直 : 오위五衛의 종5품 관직으로 현신교위顯信校尉, 창신교위彰信校尉, 섭사직攝司直이라고도 불렸다. 조선 후기에 오위의 기능이 유명무실하게 되며 무보직자, 다른 군영과 여러 관직 벼슬아치에게 녹봉을 주기 위한 관직으로 바뀌었다.

172. 『승정원일기』1697년(숙종 23) 1월 5일

173. 『승정원일기』1697년(숙종 23) 윤 3월 22일

174. 「평안감사 이유가 올린 장계狀啓」, 『서원등록書院謄錄』. 1695년(숙종 21) 9월 17일. "영유현에 있는 제갈무후의 사당에 악무목을 합쳐서 제향하는 일은 이전에 전교한 대

로 해당 부처에서 분부한 뒤 이 사당에 약간 수리하여 고칠 곳이 있어 공사를 마치기를 기다렸다가 해당 부처에 보고했습니다. 지난 8월 29일 향과 제문이 비로소 내려왔으므로, 이번 달 초 9일로 길일을 택하여 제갈무후의 위패를 봉안했을 때의 예에 따라 도사와 수령을 제관과 집사로 임명, 제향하는 예를 거행하고 그 사연을 보고합니다.〔永柔縣諸葛武侯廟岳武穆合享事, 前因傳敎自該曹今付之後, 同祠宇有些修改之處, 待其畢役徃後該曹, 去八月二十九日, 香幣祭文始爲下來爲白有等. 以本月初九日涓吉, 依武侯位版奉安時例, 都事及守令差定祭官執事, 設行合享之禮緣由馳啓.〕"

175. 『승정원일기』 1697년(숙종 23) 4월 5일
176. 『숙종실록』 1697년(숙종 23) 2월 30일, 3월 5일
177. 『숙종실록』 1697년(숙종 23) 4월 6일
178. 조선 수도 한성의 최고 책임자의 명칭은 '판한성부사判漢城府事→한성부윤漢城府尹→한성부판윤漢城府判尹'으로 바뀌었다.
179. 『승정원일기』 1697년(숙종 23) 5월 12일
180. 『숙종실록』 1697년(숙종 23) 5월 12일
181. 『승정원일기』 1697년(숙종 23) 5월 20일
182. 『성학집요聖學輯要』: 율곡 이이가 『대학大學』의 본뜻을 따라서 성현들의 말을 인용하고 설명을 붙인 책(13권 7책). 통설統說, 수기修己, 정가爲正家, 위정爲政, 성학도통聖學道統의 다섯 편으로 되어 있다. 1575년(선조 8) 간행.
183. 『승정원일기』 1697년(숙종 23) 7월 22일
184. 『승정원일기』 1697년(숙종 23) 8월 3일
185. 『숙종실록』 1701년(숙종 27) 3월 15일
186. 겸집의兼執義: 중국으로 파견되는 서장관이 임시로 겸직한 사헌부의 관직을 겸대兼臺라 했다. 겸집의는 그중의 하나다. 다른 겸대 직명으로는 겸지평兼持平·겸장령兼掌令 등이 있었다.
187. 『승정원일기』 1699년(숙종 25) 4월 3일
188. 『승정원일기』 1699년(숙종 25) 4월 10일
189. 『승정원일기』 1699년(숙종 25) 4월 13일
190. 『숙종실록』 1704년(숙종 30) 6월 8일
191. 『숙종실록』 1704년(숙종 30) 6월 30일, 『승정원일기』 1704년(숙종 30) 6월 30일, 7월 3일
192. 『숙종실록』 1704년(숙종 30) 7월 8일. "周詳謹畏, 遂被眷注, 以至大拜." 권주眷注는 임금이 돌보고 마음을 씀, 대배大拜는 정승 벼슬을 의미한다.
193. 『숙종실록』 1704년(숙종 30) 9월 10일

194. 『숙종실록』 1705년(숙종 31) 11월 5일
195. 『숙종실록』 1714년(숙종 40) 9월 25일, 『국조보감』 권55, 「숙종조 15」, 40년(갑오, 1714)
196. 『숙종실록』 1716년(숙종 42) 7월 13일
197. 『숙종실록』 1717년(숙종 43) 1월 5일
198. 『숙종실록』 1718년(숙종 44) 8월 10일

5. 양역 변통을 통하여 경세제민의 길을 찾다

199. 『숙종실록』 1698년(숙종 24) 11월 6일. 도감의 업무가 종료된 후, 제조 일을 맡아 보았던 녹천공은 품계가 올랐다. 공의 동생 이담李港(1652~1716) 공도 도감의 낭관에 임명되어 일을 보았는데, 그 공로로 종9품 감역관監役官에서 종6품 귀후서歸厚署 별제別提로 승진했다.
200. 『승정원일기』 1698년(숙종 24) 11월 11일
201. 『승정원일기』 1698년(숙종 24) 11월 23일
202. 『비변사등록』 1699년(숙종 25) 5월 2일
203. 『비변사등록』 1699년(숙종 25) 6월 9일
204. 『비변사등록』 1699년(숙종 25) 6월 21일
205. 『비변사등록』 1699년(숙종 25) 5월 28일
206. 아시아경제, 「이승종의 환율 이야기」, 2015년 7월 5일
207. 『승정원일기』 1699년(숙종 25) 9월 18일
208. 권상하, 「이군회 대부인 만사」, 『한수재선생문집寒水齋先生文集』 권1. 군회는 이우휘의 자. 녹천공의 숙부, 한수재의 처삼촌이다. 대부인은 이우휘 모친이고, 한수재의 처조모다.
209. 박세당, 「이신계 우휘 대부인에 대한 만사」, 『서계집西溪集』 권4. 이우휘는 경학에 밝고 행실이 바르다고 하여 1694년(숙종 20) 형조판서 이수언李秀彦의 천거를 받아 벼슬에 나갔으며, 1699년(숙종 25) 신계현령을 역임하고, 뒤에 한성부 서윤, 순창 군수 등을 지냈다.
210. 담제禫祭: 3년의 상기喪期가 끝난 뒤 상주가 일상으로 되돌아감을 고하는 제례 의식. 일반적으로 대상大祥 뒤 3개월째, 즉 상 뒤 27개월이 되는 달의 정일丁日이나 해일亥日에 지냈다.
211. 『승정원일기』 1702년(숙종 28) 1월 15일
212. 녹천공이 조모상으로 관직에서 물러나 있는 동안 1701년(숙종 27) 8월 14일 승하한

인현왕후가 12월 9일 경기도 고양시 명릉明陵에 안장되었다.
213. 편지의 수신자 홍정랑이 누구인지를 자세히는 알 수 없다. 『조선시대 명현 간찰첩』, 수원박물관, 2010. "洪正郎宅入納. 前後惠書, 俱未卽修謝. 蓋緣近間病憊益甚, 而事皆不入心故也. 伏惟數日來仕履增福慰漾慰漾. 弟病兒入送城裡之後 始取相聞之便. 近來在郊庄地. 雖靜僻身不得安, 呻吟無已時, 可悶. 兒病亦無漸快之勢, 憂念靡弛. 惠兒尙未見, 此鬱何極. 聞痘患在近, 可慮可慮. 兵判所遭, 前古罕有, 世道誠可怕也. 任先達, 老而始伸, 奇哉. 餘不宣, 伏惟下照 謝狀上. 壬午 四月初五日, 服弟 濡頓."
214. 『숙종실록』 1702년(숙종 28) 3월 22일
215. 『승정원일기』 1702년(숙종 28) 4월 21일. "伏以臣, 瀝血封章, 再干天威, 實出於情迫勢蹙, 萬不獲已, 而伏承聖批, 又未蒙開許, 益增悶塞, 置身無所. 記曰, 量而後入, 不入而後量, 以臣衰耗之精力, 沈痼之疾病, 叩此已試蔑效之地, 其何能任重責而當劇務乎. 在朝家任官之道, 與其譴斥於僨敗之後, 不若審愼於簡寄之際. 伏乞聖慈, 察臣前後至懇, 非出外飾, 亟遞臣新授職名, 毋使曠日虛帶, 千萬幸甚."
216. 『승정원일기』 1702년(숙종 28) 4월 22일
217. 『승정원일기』 1702년(숙종 28) 5월 12일. "事有本末, 本者, 君上一心與朝廷是已, 末者, 軍國事爲之間也. 本旣不正, 則何以治其末乎. 臣於軍役一款, 竊有所慨然者, 敢此仰達. (戶布之論自前有), 大意雖好, 臣則以爲不若口布之爲愈也. 凡査覈汰定之類, 如落講校生, 則勿爲汰定, 只收贖布一疋, 仍存儒名, 使得出入於學宮, 而至明年更許試講, 能通者免其布. 如是則渠輩, 旣無目前定役之怨, 而亦有益於勸奬之方. 以所收之布, 留置監營, 各邑逃故未代定者, 以其布移給, 則需用亦不乏矣. 各項冒屬之類, 亦皆存其名而收其布, 各邑逃故之數, 漸至充補而布有餘, 則如二疋三疋之役, 以此減爲一疋, 似是均平之一道矣. 因此而又至於行口布之法, 亦無不可. 自上留心詢訪而變通好矣."
218. '백골징포白骨徵布'·'인족침징隣族侵徵': 죽은 사람의 이름을 군적과 세금 대장에 올려놓고 군포를 받던 일을 '백골징포'라고 한다. 경작자가 실종되어 10년이 지나면 면세하게 되어 있는데도 그 규정을 무시하고 실종자의 이웃에 사는 사람들에게 실종자의 과세까지 내게 하던 인징隣徵과 생활의 곤궁으로 군역을 피해 도망한 사람에 대해서 그 친족이 대신하여 군포를 내게 하던 족징族徵을 통틀어 '인족침징'이라고 한다.
219. 『숙종실록』 1703년(숙종 29) 1월 10일, 『승정원일기』 1703년(숙종 29) 1월 10일, 『비변사등록』 1703년(숙종 29) 1월 13일, 14일
220. 대정大政: 해마다 12월에 행하는 도목정사都目政事를 말한다. 도목정사는 6월과 12월에 두 차례 행한다. 12월의 것이 규모가 커서 대대적으로 행하므로 이 이름이 생겼다. 이를 통하여 벼슬아치의 성적이 좋고 나쁨에 따라 벼슬자리를 떼어버리거나 더 좋은

데로 올렸다.
221. 오위五衛 : 1451년(문종 1) 개편을 시작, 1457년(세조 3) 완성한 중앙 군사 조직. 다섯 위로 개편했다. 중위로 의흥위義興衛, 좌위로 용양위龍驤衛, 우위로 호분위虎賁衛, 전위로 충좌위忠佐衛, 후위로 충무위忠武衛를 두고, 한 위를 다섯 부部, 한 부를 네 통統으로 나누어 전국의 군사를 모두 여기에 속하게 했다.
222. 김창집金昌集(1648~1722) : 본관은 안동, 자는 여성汝成, 호는 몽와夢窩. 좌의정 김상헌의 증손이다. 할아버지는 동지중추부사 김광찬, 아버지는 영의정 김수항이다. 1672년(현종 13) 진사시에 합격했으나, 1675년(숙종 1) 아버지 김수항이 귀양을 가게 되자 과거 응시를 미루었다. 1684년(숙종 10) 정시 문과에 을과로 급제했다. 1689년(숙종 15) 기사환국 때 아버지가 진도의 유배지에서 사사되자, 귀향해 장례를 치르고 영평의 산중에 은거했다. 1694년(숙종 20) 갑술환국 이후 강화유수·예조참판·개성유수 등을 역임하고, 호조·이조·형조 판서를 지냈다. 1705년(숙종 31) 지돈녕부사를 거쳐 이듬해 한성판윤·우의정, 좌의정까지 이르렀다. 1712년(숙종 38)에는 사은사로 청나라에 다녀왔다. 1717년(숙종 43) 영의정에 올랐다. 숙종이 승하한 뒤 원상이 되어 정사를 총괄했다. 경종에게 후사가 없어 영중추부사 이이명, 판중추부사 조태채, 좌의정 이건명 등과 함께 연잉군(훗날 영조)을 왕세제로 세웠다. 왕세제의 대리청정 문제로 소론의 극렬한 탄핵으로 노론이 축출되는 신임사화가 일어나자, 거제도에 위리안치되었다가 이듬해 성주에서 사사되었다. 영조 즉위 뒤 관작이 복구되었다. 시호는 충헌忠獻이다.
223. 『비변사등록』 1703년(숙종 29) 1월 23일
224. 『비변사등록』 1703년(숙종 29) 2월 13일
225. 삼수량三手糧 : 조선 후기 훈련도감에 소속된 삼수병三手兵(포수砲手·살수殺手·사수射手)을 양성하는데 필요한 재원을 충당한다는 명목으로 징수한 조세의 하나로, 삼수미三手米라고도 한다. 본래 삼수병 육성에 필요한 군량을 충당하기 위해 둔전을 설치했으나 충분치 못하자 1602년(선조 35) 경기·충청·전라·경상·황해·강원의 6도에서 토지 1결당 쌀 2두 2승씩을 징수했다가 나중에는 경상·전라·충청의 지방에서는 1두씩을 감했으며, 나머지 지방에서는 전액을 면제해 주었다.
226. 『숙종실록』 1703년(숙종 29) 2월 26일, 『승정원일기』 1703년(숙종 29) 2월 26일
227. 금위영禁衛營에서 줄인 7,000여 명을 『숙종실록』에는 70여 명, 『승정원일기』에는 7,000여 명으로 기록되어 있다. 하지만 당시 금위영 규모가 10만 명 내외였고, 『승정원일기』 1703년(숙종 29) 2월 8일, 3월 6일 등의 기사를 살펴보았을 때 '7,000여 명'이 더 적절한 것으로 보인다.
228. 『승정원일기』 1703년(숙종 29) 3월 6일
229. 『승정원일기』 1703년(숙종 29) 9월 15일

230. 이정청釐整廳 : 임진왜란을 겪는 동안 훈련도감이 설치되고, 모병제가 성립되었다. 종전까지 군역을 지던 양민에게는 그 역을 면해주는 대신 군포 2필씩을 바치게 했다. 이를 양역이라고 했다. 그 뒤 5군영이 설치되며 점차 포를 내는 대상이 확대되었다. 더구나 어린이에게 역을 지우는 황구첨정黃口簽丁, 죽은 사람에게서 거두는 백골징포, 친척과 이웃에게서 대신 거두는 족징·인징 등의 폐단이 발생했다. 이러한 폐단을 개혁하기 위하여 1703년(숙종 29) 이정청을 설치했다.
231. 『비변사등록』 1703년(숙종 29) 9월 26일.
232. 『비변사등록』 1703년(숙종 29) 10월 10일.
233. 『승정원일기』 1703년(숙종 29) 10월 10일.
234. 『숙종실록』 1703년(숙종 29) 11월 27일.
235. 『숙종실록』 1704년(숙종 30) 1월 29일.
236. 『숙종실록』 1704년(숙종 30) 12월 28일. 양역 이정청에서 양역 변통을 위하여 마련한 방안은 '오군문五軍門 개군제급改軍制及 수군변통절목水軍變通節目', '군포軍布 균역급均役及 해서수군海西水軍 변통절목變通節目', '교생校生 낙강자落講者 징포절목徵布節目'이다.
237. 『숙종실록』 1711년(숙종 37) 9월 24일.
238. 교생을 명목상으로 군역을 피하는 자라고 하여 한유자閑游者라고도 불렀다. 이들에게 군포를 거둔다고 하여 유포론游布論이라고도 했다.

6. 청나라 외교에서도 민생과 실리를 우선하다

239. 『승정원일기』 1683년(숙종 9) 11월 28일.
240. 『숙종실록』 1684년(숙종 10) 6월 18일.
241. 영고탑寧古塔 : 청나라 만주 지방의 지명. 발해 시대에는 상경 용천부가 설치되어 있었으며, 현재 중국 헤이룽장성 무단장시牡丹江市 닝안시寧安市에 있다. 조선 초 건주여진의 올적합兀狄哈이 근거하던 지역이다.
242. 이재李縡, 「영의정이공신도비」, 『도암선생집』 권28.
243. 『승정원일기』 1696년(숙종 22) 10월 14일. "臣頃自西還, 情病俱極, 既不得親自納符, 及遞諫職之日, 即爲昇出郊廬, 一味縮伏, 適緣年深祖母, 病勢猝劇, 蒼黃入城, 此際以賓廳會議事, 召牌忽降, 嚴畏分義, 冒昧趨承, 始就朝列, 而重致觸感, 還家委頓, 方在昏昏之中, 千萬意外, 新命遽下, 不但才分之不敢, 即今賤疾, 決無陳力之望, 亟賜遞改, 以便公私事."
244. 『승정원일기』 1696년(숙종 22) 11월 4일. "上候未寧之中, 他不敢煩陳, 而事有切急

者, 不得不仰達. 聞三南與畿內農事, 比昨年稍勝, 而太半陳廢, 明春飢饉, 必無異
於今年, 此誠國家存亡之秋, 而至於關西·淸北, 則將爲棄地, 朝廷特加軫念, 江
都木之許貸, 海西米之移給, 可謂大惠, 而以此決難濟活, 百爾思度, 更無善策. 近
日考見辛亥日記, 先王以請穀彼中事, 下詢于筵臣則以爲, 若請穀, 彼必許之, 而
後事難處云云. 以卽今言之, 苟有一分推移之地, 則亦不當爲此, 而國儲蕩竭, 無
復着手之處, 其爲汲汲之狀, 實有甚於辛亥, 自前代, 或有請糴於隣國者, 到此地
頭, 不可無變通之道."

245. 『승정원일기』 1696년(숙종 22) 11월 7일
246. 개시開市 : 중국과의 변경지역과 왜관에서 이루어진 대외무역. 교역이 행해진 지역을 붙여 회동관會同館 개시, 책문柵門 개시, 의주의 중강中江 개시, 회령과 경원에서 열렸던 북관北關 개시, 왜관倭館 개시 등으로 구분했다.
247. 『비변사등록』 1682년(숙종 8) 1월 6일
248. 『숙종실록』 1697년(숙종 23) 9월 21일 기사에는 녹천공이 한 말이 나와 있으나, 『승정원일기』 1697년(숙종 23) 9월 21일 기사에는 전혀 나오지 않는다.
249. 『승정원일기』 1697년(숙종 23) 11월 13일
250. 『숙종실록』 1698년(숙종 24) 1월 2일
251. 『승정원일기』 1698년(숙종 24) 1월 3일
252. 『승정원일기』 1698년(숙종 24) 1월 3일
253. 『승정원일기』 1698년(숙종 24) 1월 21일
254. 『숙종실록』 1698년(숙종 24) 2월 7일
255. 『숙종실록』 1698년(숙종 24) 4월 13일
256. 『숙종실록』 1698년(숙종 24) 5월 1일
257. 『숙종실록』 1698년(숙종 24) 5월 15일
258. 『숙종실록』 1698년(숙종 24) 3월 10일
259. 『숙종실록』 1698년(숙종 24) 4월 10일
260. 『숙종실록』 1698년(숙종 24) 4월 29일
261. 『승정원일기』 1698년(숙종 24) 3월 12일. "伏以臣得見弼善丁時潤之疏, 有云乞憐貽辱, 不善謀始, 許多財力, 從中消磨, 旣廢汚吏, 遽請收用, 凡此數者, 似皆指臣而發也. 臣誠慙恧, 繼以危怖, 不知所以自措也. 國家不幸, 連歲大侵, 孑遺之民, 擧將顚堅, 而中外蓄積, 俱竭, 束手坐觀, 拯救無策, 誠可爲痛哭而流涕. 追先朝辛亥間講論之意, 據名臣壬辰後已行之事, 輒敢一陳愚見, 蓋出於萬不獲已也. 至於節抑橫生, 勞費多端者, 非臣淺慮之所能逆覩, 而卒至有貽辱聖朝之語, 則不善謀始之責, 自知難逭, 故日昨前席, 已請其罪人之爲言, 固其宜也. 第其內府之貨, 江都之餉, 不特鉅萬, 而從中消磨云者, 語意至深, 有若全不救民, 而盡爲私用者然.

江都之餉, 爲念前頭輸納之難, 別爲備置四萬兩之銀. 以爲待時料理還充之地, 此等實狀, 一番行査, 可以立見, 泉流庫儲, 亦宜從憲臣之言, 亟行追覈, 明示處分, 以快人心也. 噫, 今日在廷之臣, 只自懷憂, 遑遑罔措, 而同朝之人, 不思協心共濟之道, 乃反有覓疵求過之意, 比如中流遇風, 舟楫將傾, 而傍觀者, 略無惻隱驚動之心, 又從而擠陷之, 其亦不仁, 甚矣. 臣旣被其無限詆斥, 何敢一刻靦然苟冒於職次乎. 伏乞聖明, 亟命鐫削臣職, 乃治臣罪, 以嚴國體, 以謝人言, 不勝幸甚, 臣無任云云."

262. 『만기요람』 재용편 6 / 제창諸倉/천류고泉流庫. 인조 원년에 설치했다. 중국 칙사의 접대와 조선 사신의 행차에 필요한 것을 이 창고에서 보탠다. 평양부에 있다.

263. 『숙종실록』 1698년(숙종 24) 7월 19일

264. 권상하, 「서書」, 『한수재선생문집』 권7. "與李子雨, 西米事. 初出於朴泰淳疏. 廟堂通共議斷云. 而近聞言者或云右相專主. 或云台監專主. 何言爲是耶. 李臺疏後. 領相一辭卽出. 而台則久入不出. 未知當初有發端事耶. 抑末後主張. 都在於台監耶. 何故獨任其咎也. 全不知首末. 可鬱可鬱. 然事已至此. 言出人口. 則在我應之之道. 只宜引咎自責. 期於謝退. 庶幾無拂於輿情. 自安於私分. 近有言台監深怒李臺云. 此言決知其不然. 而如或有勞騷者. 恐未深思. 愚意不但不可怒. 雖丁疏他人尙可論其用心之公不公. 而在我似不當詆斥言者. 蓋遇變處謗. 道理如此. 不然恐輾轉層激. 漸至不好境界. 將無以收殺. 幸須商量焉."

265. 『숙종실록』 1704년(숙종 30) 2월 23일

266. 『숙종실록』 1704년(숙종 30) 6월 30일

267. 『승정원일기』 1704년(숙종 30) 7월 5일

268. 『숙종실록』 1704년(숙종 30) 7월 8일, 『승정원일기』 1704년(숙종 30) 7월 8일

269. 『숙종실록』 1704년(숙종 30) 8월 26일

270. 이 간찰은 녹천공 종손이 소장하고 있다. 김상환이 탈초, 번역했다. "昨奉迨依. 夜來令啓居如何. 湖儒之疏. 今始得見. 則尊號事. 雖不如宗疏. 語意之危險. 此亦觀其一篇所論. 則亦不可謂不深峻 可怕. 方在縮伏之中. 又復陳章自列. 亦涉難便. 姑爲泯嘿爲可耳. 下款事. 令將一陳辭疏耶. 旣令試讀不通. 而至有究問之請. 則只命停擧. 誠亦太緩矣. 餘不宣. 卽日, 病從."

271. 『숙종실록』 1705년(숙종 31) 2월 12일, 2월 18일, 2월 19일, 2월 21일, 2월 30일

272. 『숙종실록』 1705년(숙종 31) 4월 30일

273. 『숙종실록』 1710년(숙종 36) 11월 9일

274. 이제李濟(1654~1714) : 자는 경인景仁, 호는 성곡星谷. 할아버지는 장령공 이형, 아버지는 군수 이영휘 공이다. 녹천공의 사촌 동생이며, 어머니는 반남潘南인 대사헌 박정朴炡의 따님이다. 어려서부터 박세당의 문하에 들어가 학문을 닦았다. 1687년(숙종

13) 사마시에 합격했으며, 1699년(숙종 25) 식년 문과에 장원했다. 1704년(숙종 30) 충청감사에 임명되었으나 사직을 청했으며, 곧 황해감사에 임명되었다. 승지를 거쳐 대사성이 되었다. 이때 '시무책時務策 10조'를 올려 인사의 공정, 성균관 운영의 혁신 등을 논했다. 1710년(숙종 36) 평안감사가 되었고, 2년 뒤 예조참판을 거쳐 대사간이 되자 과거의 부정과 처리 문제를 통렬하게 논하다가 왕의 노여움을 사 해직되었다. 경기도 광주의 집으로 돌아가 경사 연구에 몰두했다. 당시 대표 청백리의 한 사람이었다.

275. 『숙종실록』 1711년(숙종 37) 3월 5일, 4월 22일, 5월 26일, 6월 6일
276. 『숙종실록』 1711년(숙종 37) 4월 23일
277. 『숙종실록』 1711년(숙종 37) 7월 28일, 8월 18일
278. 『숙종실록』 1712년(숙종 38) 2월 24일
279. 『비변사등록』 1712년(숙종 38) 3월 7일
280. 『비변사등록』 1712년(숙종 38) 3월 9일
281. 『승정원일기』 1712년(숙종 38) 3월 8일, 『숙종실록』 1712년(숙종 38) 3월 8일
282. 『승정원일기』 1712년(숙종 38) 3월 23일, 『숙종실록』 1712년(숙종 38) 3월 23일
283. 홍세태洪世泰,「백두산기白頭山記」, 서영보徐榮輔·심상규沈象奎 등 편저, 『만기요람萬機要覽』/군정편 5/백두산 정계. "判中樞李某獨建議曰, 此當分白頭山頂地一半爲界."
284. 이범관 등,「백두산정계비의 역할과 재평가에 관한 연구(상) –백두산정계비 건립 과정에 나타난 문제점 분석을 중심으로-」,『한국지적학회지』 25권, 2호, 한국지적학회, 2009, 209~226쪽.
285. 양태진,『한국국경사연구』, 법경출판사, 1992, 32쪽.
286. 「KBS HD 역사 스페셜–신년 기획, 백두산정계비 무엇을 말하는가」, 2006년 1월 13일 방송
287. 『숙종실록』 1712년(숙종 38) 5월 23일
288. 『숙종실록』 1712년(숙종 38) 10월 20일. 실제로 응령은 그대로이나 체발은 70개, 주석은 10근으로 감하여 보냈다.
289. 『숙종실록』 1712년(숙종 38) 11월 20일
290. 『숙종실록』 1712년(숙종 38) 12월 7일
291. 『숙종실록』 1713년(숙종 39) 4월 10일
292. 이중하李重夏(1846~1917) : 자는 후경厚卿, 호는 규당圭堂·탄재坦齋. 현감 이인식李寅植의 아들로, 녹천공의 사촌 동생인 이제 공의 6대손이다. 1882년(고종 19) 증광 문과에 병과로 급제, 홍문관 교리가 되었다. 1885년 안변부사가 되었다가 토문감계사로서 청나라 덕옥德玉·가원계賈元桂·진영秦瑛 등과 백두산에서 정계비와 토문강 지계地界를 심사했다. 이때의 국경 문제 회담은 청나라와의 견해차가 심하여 실패했으며, 1887년 다시 토문감계사가 되어 회담을 재개했다. 청나라가 조선의 주장을 거절, 위

협하자 "내 머리는 자를 수 있을지언정 국경은 줄일 수 없다."고 하며 끝내 양보하지 않았다. 1898년(고종 35) 만민공동회의 요구로 성립된 중추원에서 무기명투표로 11명의 대신 후보자를 선출할 때 2위로 천거되기도 했다. 1903년(고종 40) 외무부 협판 칙임 2등勅任二等이 되었다. 그 뒤 평안남도 관찰사·경상북도 관찰사·궁내부 특진관을 거쳐 장례원경掌禮院卿이 되었다. 1909년(순종 2) 일진회一進會가 대한제국과 일본의 '정합방론政合邦論'을 주장하자 민영소閔泳韶·김종한金宗漢 등과 국시유세단國是遊說團을 조직하여 12월 5일 원각사에서 연설회를 열고, 그 주장이 부당함을 알렸다. 1910년 규장각 제학으로 한일합방에 극렬하게 반대했다. 지방관리로 재직할 때 청렴하고 강직한 인품으로 이름이 높았다.

293. 『고종실록』1885년(고종 22) 7월 30일, 1887년(고종 24) 3월 4일
294. 『숙종실록』1713년(숙종 39) 윤 5월 27일
295. 『숙종실록』1713년(숙종 39) 6월 2일
296. 『숙종실록』1713년(숙종 39) 6월 4일
297. 『승정원일기』1713년(숙종 39) 6월 13일. "君臣一體相須, 倚毗方篤, 宰相百責所萃, 進退矣輕. 惟卿體國之深誠, 實爲救時之賢相. 國家之昇平蓋久, 眷眷乎陰雨之綢繆, 東南之民力已窮, 孜孜乎軍保之變革. 所ել啓心而沃朕, 以盡輔導之方, 倘欲袖手而旁觀, 誰任經濟之策. (後略) 知製教李觀命製進."
298. 『승정원일기』1713년(숙종 39) 6월 15일. "王若曰, 予旣勉諭備申, 言不欲再, 卿胡勤請不已, 辭又至三. 未深思耶, 尤所望者. 惟卿以棟樑之良具, 爲予之股肱者多年. 論議公平, 務去偏黨之習, 謨猷密勿, 思盡啓沃之方. 故寡人倚毗之特隆, 畀元輔匡弼之大任. 反復思惟, 初無引退之義, 聯翩章牘, 何乃巽避之勤. 辭榮釋位, 計雖便於優閑, 論道經邦, 責誰任於匡濟. 非卿縝密之見, 則無以區畫百爲, 非卿綜理之才, 則無以釐整衆瘼. 宜思鞠躬而盡瘁, 詎合袖手而旁觀. 於戱, 惟君臣之相須, 庶諒眷注之意, 念機務之難曠, 此豈休致之時. 亟斷遜辭, 以副至懇. 所辭宜不允, 故玆敎示, 想宜知悉. 知製教任堅製進."
299. 『숙종실록』1713년(숙종 39) 6월 16일
300. 『숙종실록』1713년(숙종 39) 6월 18일. "彼人忽擧白山水派, 求見其地圖, 故臣等以白山, 旣是荒絶之地, 曾無所圖之意陳達, 則自上以此爲答. 彼人詣館後, 出示所持來地圖, 仍求我八道地圖. 若竝與此而諉以本無, 則不近事理, 亦欠誠實, 況渠旣出示一本, 則我雖隱祕, 亦無所益, 而徒爲見疑之歸. 彼之前後所言旣殊, 則我所以應之者, 自不得不如此. 此豈有失言之歎, 而亦不覺其有損於國體矣. 卒加以權臣之目, 陷之叵測之地, 吁亦慘矣."
301. 『승정원일기』1713년(숙종 39) 6월 18일
302. 『승정원일기』1713년(숙종 39) 6월 25일, 26일, 27일, 28일, 29일

303. 『숙종실록』 1713년(숙종 39) 7월 4일

7. 북한산성을 완성하고 탕춘대 축성을 주장하다

304. 김우진, 상게서, 216쪽.
305. 『숙종실록』 1674년(숙종 즉위년) 11월 13일
306. 『숙종실록』 1674년(숙종 즉위년) 11월 23일
307. 『숙종실록』 1675년(숙종 1) 1월 24일
308. 『숙종실록』 1675년(숙종 1) 5월 25일
309. 『숙종실록』 1675년(숙종 1) 10월 8일
310. 『숙종실록』 1675년(숙종 1) 10월 13일
311. 『숙종실록』 1685년(숙종 11) 1월 9일
312. 『숙종실록』 1691년(숙종 17) 11월 29일
313. 『숙종실록』 1691년(숙종 17) 12월 3일
314. 『숙종실록』 1702년(숙종 28) 8월 11일
315. 『숙종실록』 1702년(숙종 28) 10월 5일
316. 『숙종실록』 1703년(숙종 29) 3월 25일, 『승정원일기』 1703년(숙종 29) 3월 25일
317. 『숙종실록』 1703년(숙종 29) 3월 30일
318. 『숙종실록』 1703년(숙종 29) 4월 4일, 『승정원일기』 1703년(숙종 29) 4월 4일
319. 『숙종실록』 1704년(숙종 30) 1월 29일
320. 『숙종실록』 1704년(숙종 30) 2월 15일
321. 『숙종실록』 1704년(숙종 30) 3월 25일
322. 『숙종실록』 1704년(숙종 30) 9월 2일
323. 『숙종실록』 1705년(숙종 31) 1월 15일, 2월 6일, 4월 13일
324. 『숙종실록』 1705년(숙종 31) 8월 21일, 8월 30일
325. 『숙종실록』 1705년(숙종 31) 11월 8일
326. 『승정원일기』 1706년(숙종 32) 5월 29일, 6월 25일, 7월 20일
327. 『승정원일기』 1706년(숙종 32) 5월 21일, 6월 27일
328. 『숙종실록』 1705년(숙종 31) 3월 1일. 대전大殿의 진연은 4월 20일, 중궁전中宮殿의 진연은 4월 21일로 정했다.
329. 『숙종실록』 1706년(숙종 32) 8월 27일
330. 이광종李光鍾 편저, 『청계당집聽溪堂集』 하권, 무지개사, 2004. 한문 원문 223쪽. '삼촌 숙부의 상'은 녹천공의 일곱째 숙부님 이우휘 공이 1707년(숙종 33) 1월 27일 별

세했음을 말한다. 녹천공이 숙부를 추도한 제문을 저자가 번역했다. "때는 정해(1707년) 4월 12일, 조카 대광보국 숭록대부 행판중추부사 유濡는 일곱째 숙부님 통훈대부 한성부 서윤 영전에 술과 과일을 올리며 삼가 제사를 지냅니다. 오호라! 돌아보건대 저 소자는 이미 부모님을 잃었으며, 아버님과 숙부님들이 오래 사시는 복을 누리지 못했습니다. 수십 년 사이에 모두 노쇠하여 돌아가시니 하늘을 우러러보나, 땅을 굽어보나 사람의 슬픔이 끝이 없습니다. 돌아가신 할머님만 병 없이 장수했습니다. 숙부님은 항상 거느리는 밑의 사람들을 서로 주선해서 그 근심과 기쁨을 한 식구처럼 똑같게 했습니다. 혹 홀로되신 어머님을 큰 가마에 모실 때에도 반드시 멀고 가까움 없이 늘 따르시어 하루라도 떨어지지 않았습니다. 할머님께서 돌아가신 뒤에 이르러서는 외롭고 보잘것없는 여생을 천명으로써 깊게 의지한 유일한 분이 숙부님이었습니다. 아끼고 사랑하는 마음이 어찌 깊고 도탑지 않았겠습니까. 먹은 나이를 비교하면 조카인 저보다 원래 세 살이 어리고, 수염과 머리카락은 비록 노쇠했으나 정력은 오히려 왕성했습니다. 지난가을에 멀리서 일을 보실 때도 역시 빠뜨리는 바가 없었으나 요량껏 하지 않다가 급기야 한 가지 병을 얻어 문득 먼저 세상을 떠나셨습니다. 이제 다시 흰 머리를 들어 둘러보니 겨우 붙어 있는 목숨은 넓은 들 가운데 몹시도 외로우며, 옛날이나 지금을 찬찬히 생각해보니 몸과 마음이 모두 부서지고 찢어집니다. 오호통재라! 생각해보면 숙부님의 효심과 우의는 더없이 착한 성품으로부터 나온 것입니다. 돌이켜 보면 친가나 외가의 친척들에게 돈독하고 화목한 정을 다하지 않음이 없었습니다. 선대 조상님에 관한 일에 대해서는 더욱 정성을 다하여 공경함을 극진히 했습니다. 이는 일가친척의 자제들이 보고 느끼도록 하기 위함이었습니다. 일찍이 어진 선비들의 문하에 출입하며 덕을 존중하고 선함을 즐기신 뜻은 잠시라도 학문을 같이하는 친구들이 헤아리고 따르도록 하기 위함이었습니다. 조정의 품계는 4품에 지나지 않고 연세는 예순을 지나지 않았으나, 남에게 베푸는 마음의 도리는 가히 헤아릴 수가 없었습니다. 여기에 오니 친구들의 슬퍼하는 마음은 끝이 없습니다. 하물며 자제들의 마음에 있어서는 마땅히 어떠하겠습니까. 청계당 집은 그저 고요하고 적적하며, 총총히 이루어 놓은 것과 지난날의 자취를 눈으로 보니 슬픈 마음 금할 길 없고, 한없이 눈물만 흘릴 따름입니다. 어느덧 장례일이 다가와 장차 상여가 떠나게 되면 영원히 이별하게 됩니다. 이제 오늘 저녁에 있어 저에게 수개월째 오래된 병이 있고 또 많은 근심이 있어 정신이 어지럽고, 생각이 혼미해지고 슬픔이 아득히 밀려오며 가슴이 미어집니다. 이 애달픈 마음을 글로 다 쓰기 어렵습니다. 오호통재라! 적지만 흠향하소서."

〔維歲次丁亥四月癸未朔十二日甲午. 姪大匡輔國崇祿大夫行判中樞府事濡. 謹以酒果之尊敬祭于第七叔父通訓大夫漢城府庶尹府君之靈. 曰嗚呼顧余小子旣失怙恃諸父又不克享遐齡. 數十年間週謝殆盡俯仰人間抱痛無涯然而先祖母壽考無恙. 我叔父恒侍膝下相與周旋於一室之內同其憂樂. 或時板輿便養亦必無遠近相

陏未嘗一日離也. 逮至祖母下世之後孤露餘生依倚爲命者惟一. 叔父則親愛之情
豈不弈篤而行年較姪旣少三歲鬚髮雖衰精力尙旺. 前秋遠役亦無所損不料遽因一
疾奄先棄背從玆以徃. 更何所仰白首殘喘踽踽中野撫念今昔心肝摧裂. 嗚呼痛哉.
惟我叔父孝友之行出於至性推而及於內外親黨無不盡其敦睦之誼, 事有關於先世
尤極其誠敬爲一家子弟之所觀感. 又嘗出入於先正之門尊德樂善之志爲一時士友
之所推許. 而位不過四品壽不過六旬報施之理有不可測到此. 而士友之悼惜靡極.
矧在子弟之心當復如何. 溪堂閴寂怳成陳跡觸目悲凉有隕如瀉. 邇日斯須素車将
駕百年長訣. 只在今夕淹病數朔且多憂撓神思迷茫悲. 又塡臆未可爲文馨此哀悃.
嗚呼痛哉. 尙 饗.]

331. 『승정원일기』 1707년(숙종 33) 2월 3일. "臣於病伏田廬之中, 遽遭三寸叔之喪, 不
勝驚痛, 蒼黃入城, 少得伸哀於就木之前, 而觸冒風寒, 賤疾添劇, 旋卽昇還, 方在
委頓昏昏之境矣. 不意辱近侍傳宣, 辭意勤懇, 仍令安心入來. 自惟無狀賤臣, 何
以得此於聖明. 念臣前秋所蒙恩數, 實非尋常, 而終不能仰承勉留之旨者, 蓋緣私
義之有所難安, 而旣退之後, 區區至願, 惟在於守分養痾, 沒齒畎畝, 以卒被天地
生成之惠而已. 以臣屛處之蹤跡, 非敢乍往乍來於京輦, 已甚悚恧. 因此而致勤聖
諭, 又復冒昧入城, 則揆以私義, 亦非所安. 不但爲疾病之難强, 坐違恩命, 罪積辜
負, 只自伏地隕越, 不知所達."

332. 『승정원일기』 1707년(숙종 33) 10월 17일. "伏以, 臣千萬夢寐之外, 忽叨新命, 驚
惶震悸, 精爽亂越, 罔知所以自措也. 噫, 臣之頃年負犯, 爲如何, 而得免刑杖, 偃
息田間, 實賴天地之至仁, 及至今夏, 又被敦召之旨, 重入脩門, 復廁周行. 不意聖
眷, 愈往愈深, 乃有此誤恩, 無狀賤臣, 何以得此於君父. 第念臣本至庸極陋, 無所
肖似, 而過蒙聖上殊遇, 猥玷三事之列, 區區一念, 未嘗不在於祛私恢公, 竭誠圖
報, 而祗緣見識昏暗, 智慮淺短, 蔑效涓埃, 自速顚沛, 辜負之罪, 萬殞難贖. 伏乞
聖慈, 察臣已試罔功之狀, 諒臣瀝血崩迫之懇, 亟許鐫改臣新授職名, 以便公私,
不勝幸甚."

333. 『숙종실록』 1707년(숙종 33) 10월 17일
334. 1708년(숙종 34) 1월에 작성된 이 문서는 세로 36cm, 가로 길이 1,506cm인 방대한 분재기分財記다. 숙종 시대의 사회상과 생활상을 알아볼 수 있는 귀중한 자료다.
335. 『숙종실록』 1708년(숙종 34) 7월 14일
336. 『숙종실록』 1708년(숙종 34) 7월 16일
337. 『승정원일기』 1708년(숙종 34) 7월 27일, 9월 8일
338. 『승정원일기』 1708년(숙종 34) 9월 10일
339. 『승정원일기』 1712년(숙종 38) 2월 4일
340. 『숙종실록』 1710년(숙종 36) 4월 25일, 『승정원일기』 1710년(숙종 36) 4월 25일

주 **319**

341. 「숭정전 진연도」는 세로 162.1cm, 가로 123.6cm의 종이에 그린 그림이다. 동반東班 51명 신료의 명단이 그림 중앙에 기록되어 있다. 국립중앙박물관 소장.
342. 『숙종실록』1710년(숙종 36) 9월 28일
343. 『숙종실록』1710년(숙종 36) 10월 13일
344. 『숙종실록』1710년(숙종 36) 10월 16일
345. 『숙종실록』1710년(숙종 36) 10월 26일
346. 『숙종실록』1710년(숙종 36) 12월 1일, 『비변사등록』1710년(숙종 36) 12월 7일
347. 『숙종실록』1711년(숙종 37) 2월 5일
348. 『숙종실록』1711년(숙종 37) 2월 10일, 3월 21일
349. 백종오, 「조선 후기 북한산성의 축성과 운영체계」, 『한국사학보』50, 2013, 124쪽.
350. 『숙종실록』1711년(숙종 37) 10월 19일, 『비변사등록』1711년(숙종 37) 10월 18일
351. 『숙종실록』1712년(숙종 38) 4월 9일
352. 『숙종실록』1712년(숙종 38) 4월 10일; 김우진, 상게서, 246쪽.
353. 『숙종실록』1712년(숙종 38) 8월 23일
354. 『숙종실록』1712년(숙종 38) 9월 26일
355. 『숙종실록』1712년(숙종 38) 9월 29일, 『승정원일기』1712년(숙종 38) 9월 29일, 10월 3일, 7일. "伏以臣, 猥叨重負, 憂悸罔措, 略暴血懇, 冀蒙鐫改, 伏奉聖批, 不惟不賜開許, 辭旨尋常, 臣誠惶隕感激, 益不知置身之所也. 況此元輔之任, 尤是百責所萃, 決非如臣庸駑癃殘者, 所可濫膺, 其何以鎭壓衆情, 酬應庶務, 以稱塞聖上之恩義哉. 伏乞聖慈, 俯察危悃, 亟收成命, 以安愚分, 千萬幸甚. 伏以臣, 再陳肝膈之懇, 輒承勤勉之批, 恩數愈隆, 狼狽益甚, 揣分量力, 終不可以冒進, 辭窮意竭, 莫知所以控籲, 只自惶殞縮伏, 而且緣感寒之疾, 轉輾添苦, 數日之間, 昏昏不省, 不得更入文字, 蓋由於此. 昨伏見右議政臣金昌集之箚, 復論相避一款, 則其所引嫌, 彼此無異, 在臣私義, 亦安得一刻自安於心乎. 況臣才分之不稱, 衰癃之已甚, 實不敢復玷台鼎, 重誤國事, 雖非親嫌, 在所宜遞. 伏乞聖慈, 亟賜鐫改, 以安微分, 千萬幸甚."
356. 이 간찰도 녹천공 종손이 소장하고 있다. 김상환이 탈초, 번역했다. "伏承下書, 伏慰之至. 右相箚, 雖有稟處之令, 而隨亦陳箚, 似不可已, 趁今日申控, 不害爲自處之道矣. 文字有何可議, 而況出以下, 改以才分之不稱, 衰疾之已甚, 實不能復玷台鼎, 重誤國事. 雖非親嫌, 理宜先遞云爾, 則如何. 弟之狼狽至此, 固已料之. 而參判病疏又入, 如有調理之批, 則此後敦迫, 將必益甚, 罔知所措也. 幸速再牌寫疏欲呈. 而此則入啓, 未可必. 尤爲悶窘. 一向在家, 雖似未安, 就闕下陳疏而歸, 亦涉文具, 而猶有變動之意, 欲觀今明而爲之, 未知果如何. 然終歸無益, 出仕如未易, 則或以一箚陳, 此必遞之勢, 請卽變通, 亦無不可耶. 餘姑不備, 卽從弟 上書."

357. 『숙종실록』 1712년(숙종 38) 10월 7일. "況臣才分之不稱, 衰癃之已甚, 實不敢復玷台鼎, 重誤國事, 雖非親嫌, 在所宜遞."
358. 『숙종실록』 1712년(숙종 38) 10월 20일
359. 『숙종실록』 1713년(숙종 39) 2월 20일
360. 『숙종실록』 1713년(숙종 39) 3월 9일
361. 『비변사등록』 1713년(숙종 39) 3월 18일
362. 『숙종실록』 1713년(숙종 39) 4월 10일, 『비변사등록』 1713년(숙종 39) 3월 18일, 4월 23일
363. 『숙종실록』 1713년(숙종 39) 4월 25일
364. 『승정원일기』 1713년(숙종 39) 8월 23일
365. 『숙종실록』 1713년(숙종 39) 10월 30일
366. 『승정원일기』 1714년(숙종 40) 5월 24일
367. 『승정원일기』 1714년(숙종 40) 7월 17일. "噫, 昨年卿之去國, 遽出意外, 不惟予心之缺然, 適足以中其敲撼之計, 故前後之批, 備盡開釋, 日者面諭, 又不啻縷縷矣. 君臣之間, 貴在情志之交孚, 則蹤跡二字, 卿不宜復言也. 矧今年齡, 雖高, 精力尙旺, 此豈大臣謝事恝視國事之時乎. 箚末引嫌, 亦非大段矣. 玆遣承宣, 以手書申詰, 卿其體量, 勿復控辭, 安心留在, 勉副至望. 噫, 君臣猶父子, 予之諭敎, 愈往愈懇, 則卿必不終孤予意, 故諭."
368. 숙종 친필 편지글 각석은 세로 40cm, 가로 28cm, 두께 9cm의 암회색 대리암 2개로 되어 있다. 〔https://www.gogung.go.kr/gogung/pgm/psgudMng/view.do.menuNo=8000 65&psgudSn=357796〕
369. 『숙종실록』 1714년(숙종 40) 9월 19일
370. 『비변사등록』 1714년(숙종 40) 9월 22일
371. 『승정원일기』 1714년(숙종 40) 9월 25일
372. 『숙종실록』 1715년(숙종 41) 7월 25일
373. 『숙종실록』 1715년(숙종 41) 9월 15일
374. 『숙종실록』 1715년(숙종 41) 10월 30일, 『비변사등록』 1715년(숙종 41) 11월 6일
375. 『숙종실록』 1717년(숙종 43) 2월 12일
376. 『승정원일기』 1717년(숙종 43) 4월 27일
377. 『최근첩㝡近帖 : 선인들의 편지 모음집』, 경상대학교 도서관, 2012. "內翰 侍史, 頃日委訪, 追荷, 卽承惠翰, 尤慰. 但病憂方劇, 馳慮萬萬. 示藥料, 家間數月刀圭, 今猶未已. 而樞府朔用人蔘, 不過四錢. 以此何能及他. 玆未奉副, 可歎. 其餘兩種帖送, 餘不宣. 卽日, 再從 碁服人 濡."
378. 체하첩下 : 관아에서 사용하는 문서 양식의 하나. 물품 지령서에 나무 도장을 찍어 보

내면 관아에서 일꾼·상인에게 돈이나 물건을 내주었다.
379. 『숙종실록』 1718년(숙종 44) 8월 23일
380. 『숙종실록』 1718년(숙종 44) 윤 8월 5일
381. 『숙종실록』 1718년(숙종 44) 윤 8월 13일
382. 『승정원일기』 1718년(숙종 44) 윤 8월 21일
383. 『숙종실록』 1718년(숙종 44) 11월 2일
384. 『비변사등록』 1718년(숙종 44) 11월 8일
385. 『숙종실록』 1718년(숙종 44) 12월 18일
386. 한원漢院 : 오늘날 충주 지역을 말한다. 권상하가 홍사능洪士能에게 쓴 편지에서 "북으로 황강黃江까지가 40여 리, 남으로 문경이 30리입니다. 동쪽에는 월악산, 서남쪽에는 조령鳥嶺이 있는데 이곳은 다른 곳에는 없는 승지勝地입니다."고 했다.〔권상하, 「서」, 『한수재선생문집』 권8〕
387. 『비변사등록』 1718년(숙종 44) 12월 20일
388. 『숙종실록』 1719년(숙종 45) 2월 2일, 『승정원일기』 1719년(숙종 45) 2월 4일, 5일, 6일
389. 『숙종실록』 1719년(숙종 45) 4월 3일
390. 김우진, 상게서, 240쪽. 북한산 향로봉에서 홍지문까지 이어지는 탕춘대성의 길이는 문헌자료마다 약간 다르게 되어 있다. 영조 대의 총융청摠戎廳 보고에 의하면, "탕춘 서성은 향림봉香林峰에서 한북문漢北門 서쪽까지의 거리는 2,400보다."로 되어 있다.〔『비변사등록』 1754년(영조 30) 9월 1일〕. 2016년 한울문화재연구원에서 편찬한 보고서에는 탕춘대성의 북한산 부분의 길이가 2,937.87m로 나와 있다.〔한울문화재연구원 편찬, 『탕춘대성 보존·관리 종합계획』, 서울특별시, 2016, 38쪽〕. 총융청은 서울 부근을 지키던 군영의 하나다. 1624년(인조 2)에 설치하고 경기 수원·광주·양주·장단·남양 등의 다섯 외영을 두고, 1영에 3부, 1부에 3사, 1사에 3초의 편제로 했다. 1674년(숙종 즉위년) 서울에 내영을 두어 좌부·우부로 편성하여 2부의 내영과 남양·파주·장단의 3외영 체제가 갖추어졌다.
391. 『동국여도東國輿圖』, 규장각한국학연구원.
392. 『승정원일기』 1719년(숙종 45) 4월 13일

8. 많은 후학이 공의 별세를 애도하고 추모하다

393. 『숙종실록』 1719년(숙종 45) 4월 18일
394. 김문식, 「1719년 숙종의 기로연 행사」, 『사학지』, 2008, 36~37쪽. "『기사계첩耆社契帖』에 수록된 「경현당 석연도」는 경현당에서 세자가 열 명의 기로신과 함께 국왕에게

전문箋文을 올리는 장면을 그린 기록화다. 그림을 보면 무대 중앙의 양쪽으로 열 명의 기로신이 앉아 있다. 동쪽에 네 사람, 서쪽에는 여섯 사람이 앉아 있다. 동쪽의 네 사람은 정1품 관리인 이유, 김창집, 김우항, 황흠이다. 최규서는 이날 모임에 불참했다. 서쪽의 여섯 사람은 종1품 관리인 강현, 정2품 관리인 홍만조, 이선부, 정호, 신임, 임방이다. 이러한 구분은 품계가 높은 사람이 동쪽에 앉고 낮은 사람이 서쪽에 앉았기 때문이다."

395. 『숙종실록』 1706년(숙종 32) 8월 1일. 김창집은 숙종 32년 8월, 장희빈이 인현왕후를 저주한 사건에 연루되어 처형된 궁녀 윤순명尹順命의 옥사와 관련하여 잘못이 있었음이 드러나 파직당했다. 따라서 같은 달 있었던 진연에는 참석할 수 없었다.
396. 김우진, 상게서, 219쪽.
397. 『승정원일기』 1719년(숙종 45) 9월 6일.
398. 『승정원일기』 1720년(경종 즉위년) 8월 29일.
399. 『간찰첩 : 조선시대 명인』, 순천대학교 박물관, 2010. "歲律倏改 瞻望 喬山益切抱弓之痛 卽承 問書 仍審新元 政履增福 慰荷倍常 僕 年愈深 而病愈痼 逢春百○○ ○六種 歲儀之惠 感領 眷眷之意 無以爲謝 餘不宣 統惟情照 謝狀上. 辛丑 正月 十八日 濡."
400. 『경종수정실록』 1721년(경종 1) 7월 29일.
401. 『승정원일기』 1721년(경종 1) 10월 3일.
402. 송상기, 『옥오재집玉吾齋集』 권4, 한국고전종합DB(https://db.itkc.or.kr)에 실려 있는 원문과 번역문을 인용했다.
403. "자낭처럼 … 깊었지": 녹천공이 세상을 뜰 때까지 임금에 대한 충성심을 가졌다는 말이다. 자낭은 춘추 시대 초나라 사람으로 장차 죽을 때 왕에게 유언하기를 "꼭 영郢에 성을 쌓으십시오."라고 했다. 이에 대해 평하기를, "자낭은 충성스럽다."고 했다.(『춘추좌씨전』 양공襄公 14년.)
404. "누공의 … 만했네": 공의 덕과 인을 칭송한 것이다. 누공은 당나라 측천무후則天武后 때의 명재상 누사덕婁師德이다. 범공范公은 송나라의 범중엄이다. 범중엄이 "천하 사람보다 근심은 먼저하고 즐거움은 뒤에 한다."는 말을 했다. 이로 인해 '인인군자仁人君子'의 평가를 받았다.
405. "장막으로 …… 다행이지": 공께서 송상기를 감싸주었다는 말이다. 병몽幷幪은 부비覆庇와 같은 말이다. 곁에 있는 것을 '병幷', 위에 있는 것을 '몽幪'이라고 한다.
406. 이건명, 『한포재집寒圃齋集』 권2, 한국고전종합DB에 실려 있는 원문과 번역문을 인용하고, 저자가 일부 윤문했다.
407. "솥의 음식 조리하며": 솥 국의 간을 맞춘다는 뜻. 재상의 국정 수행을 비유하는 말이다. 『서경』 「열명說命 하下」. 은고종殷高宗이 부열傅說을 재상으로 임명하며 "내가

술이나 단술을 만들려고 할 때는 그대가 누룩이 되어 주고, 내가 솥에 국을 끓이려 할 때는 그대가 소금과 매실이 되어 주오〔若作酒醴, 爾惟麴蘗; 若作和羹, 爾惟鹽梅〕."라고 했다.

408. "주무의 계책": 환란을 당하지 않도록 미리 조처하여 예방하는 것을 말한다. 『시경』「치효鴟鴞」. "하늘에서 장맛비가 아직 내리지 않을 때, 저 뽕나무 뿌리를 거두어 모아다가 출입구를 단단히 얽어서 매어 놓는다면, 지금 이 아래에 있는 사람들이 혹시라도 감히 나를 업신여길 수 있겠는가〔迨天之未陰雨, 徹彼桑土, 綢繆牖戶, 今此下民, 或敢侮予〕."는 말에서 나온 것이다.

409. "진나라 절구질 멈추니": 녹천공의 서거를 말한 것이다. 조량趙良이 상앙에게 이르기를 "오고대부五羖大夫 백리해百里奚가 죽고 나자, 진나라 백성들이 눈물을 흘렸고 방아를 찧던 자들이 절구질하지 않았다."고 했다.〔『사기』 권68, 「상군열전商君列傳」〕

410. "삼청동 댁을 방문해": 이의현은 녹천공 시장에서, "병이 더욱 심해지자 더욱 시끄러운 세속에 염증을 느껴 삼청동에 오두막을 짓고서 가서 숙병을 치료하려고 계획했다〔及病劇, 益厭塵喧, 結茅棟於三淸之洞, 以爲就靜養痾之計〕."고 했다. 이를 보면 녹천공은 식구들이 사는 수진방 간동계에서 멀지 않은 삼청동에 작은 집을 짓고 가끔 머문 것을 알 수 있다.

411. 이의현, 『도곡집陶谷集』 권2, 한국고전종합DB에 실려 있는 원문과 번역문을 인용하고, 저자가 일부 윤문했다.

412. "묘령의 … 같았네": 묘령은 젊은 나이, 부채符采는 아름다운 옥의 무늬와 색채로, 뛰어난 문예와 재화才華를 비유한 것이다.

413. "도의를 … 이어받았고": 파곡巴谷은 우암 송시열을 가리킨다. 파곡은 파곶이〔巴串〕로 지금의 충청북도 괴산에 있는 화양구곡華陽九曲의 마지막 절경이다. 우암이 말년에 이곳에서 강학했다. 파수巴水·파계巴溪 등으로도 불린다. 모두 우암을 이르거나, 우암의 거처를 이른다.

414. "아름다운 … 받았네": 영가永嘉는 안동의 옛 이름. 녹천공의 외조가 청음 김상헌의 아들인 광찬으로 안동김씨 가문임을 말한 것이다.

415. "계적에 … 쉬웠고": 녹천공께서 쉽게 문과에 급제했음을 말한 것이다. 계적은 문과에 급제한 사람의 명적名籍이다. 옛날 대과 문과에 급제한 자에게는 월계화月桂花를 하사하고, 소과인 사마시에 합격한 자에게는 연꽃을 하사했으므로 문과 급제를 계방桂坊, 사마시 합격을 연방蓮榜이라고 한 데서 유래했다.

416. "난파에서 … 피웠네": 난파는 한림원의 별칭. 조선조에서는 예문관이나 홍문관에 해당한다. 난파는 당나라 덕종德宗 때 학사원學士院을 금란전金鑾殿 곁의 금란파金鑾坡 위로 옮긴 뒤 한림원의 별칭이 되었다. 꽃을 피운다는 것은 훌륭한 문장을 비유한다. 이백이 어렸을 때 붓에 꽃이 피는 꿈을 꾸었는데, 뒤에 천하에 문명을 떨치게 된 고사

에서 유래했다.〔『개원천보유사開元天寶遺事』,「몽필두생화夢筆頭生花」. 여기서는 녹천공이 홍문관에 재직하며 임금의 말씀 등을 초안할 때 문장이 아름다웠음을 말한 것이다.

417. "호섬에서 … 드러나고": 호湖는 호남(전라도), 섬陝은 평안도를 가리킨다. 녹천공이 전라도관 찰사와 평안도 관찰사가 되어 청백한 위엄이 크게 드러났음을 말한 것이다.

418. "동전과 … 아름다웠네": 동전은 동반인 문신을 전형하는 이조, 서전은 서반인 무신을 전형하는 병조를 가리킨다. 녹천공이 이조판서와 병조판서가 되어 전형을 맡아 인물을 잘 선발함으로써 고상한 명망이 있었음을 말한 것이다.

419. 황마: 제왕의 조칙을 쓰는 종이의 하나. 내사內事에는 백마지白麻紙, 외사外事에는 황마지를 사용했다. 여기서는 녹천공을 정승으로 임명한 교서를 가리킨다.

420. "만과 … 다툼": 『장자』「칙양則陽」의 "달팽이의 왼쪽 뿔(더듬이)에는 만씨蠻氏의 나라가 있고 오른쪽 뿔에는 촉씨觸氏의 나라가 있어, 서로 땅을 차지하려고 싸워서 시체가 수만이었다."는 우화를 당겨와 쓴 것이다. 지극히 작고 하찮은 일을 가지고 서로 다툼을 비유한다. 여기서는 당파를 달리하는 사람들끼리 벌이는 정쟁을 가리킨다.

421. "질장구 … 일으키랴": 늙어서 생사의 도리를 알아 편안한 마음으로 죽음을 맞이했음을 말한 것이다. 원문의 대질大耋은 80세가 되어 해가 완전히 넘어가듯 인생이 얼마 남지 않은 노년기를 이른다. 『주역』「이괘離卦」구삼九三에 "서산에 해가 기우는 형상이다. 질장구 치고 노래 부르지 않는다면 이는 노년을 한탄함이다. 흉하다〔日昃之離, 不鼓缶而歌, 則大耋之嗟, 凶〕."는 말을 당겨와 쓴 것이다.

422. "치씨의 친척": 사위를 이르는 말. 왕희지王羲之가 치감郗鑑의 사위가 된 데서 유래했다. 여기서는 도곡의 조부인 이정악과 녹천공의 아버지 이중휘 공이 청음 김상헌의 아들 김광찬의 사위임을 말한 것이다.

423. "이군의 … 있었다오": 이군은 원래 후한의 명사 이응李膺을 가리킨다. 여기서는 녹천공을 빗대어 말한 것이다. 이응은 당시 명망이 높아 선비들 가운데 그의 인정과 대접을 받은 자가 있으면 사람들이 등용문登龍門이라고 말했다. 후한 말기의 명사인 순상荀爽이 일찍이 이응을 찾아가 뵙고 그의 수레를 몬 뒤 집에 돌아와 기뻐하며 말하기를 "오늘에야 비로소 이군의 수레를 몰게 되었다〔今日乃得御李君矣.〕"고 말한 고사를 당겨와 쓴 것이다. 등용문은 물고기가 황하의 상류인 용문 폭포에 오르면 용이 된다는 전설에서 나온 것으로, 출세의 길이 열림을 비유한다.〔『후한서』권62「순숙열전荀淑列傳」〕

424. "두터웠던 교분": 원문의 교칠膠漆은 우정이 돈독함을 뜻한다. 후한 때 뇌의雷義와 진중陳重이 우정이 두터웠다. 당시 사람들이 말하기를 "아교와 옻칠을 섞어 놓으면 굳게 합하지만, 뇌의와 진중 두 사람의 우정처럼 굳지는 못하다〔膠漆自謂堅, 不如雷與陳〕."고 했다.〔『후한서』권81「독행열전獨行列傳 뇌의」〕

425. "운니처럼 … 몰랐네": 운니는 하늘의 구름과 땅 위의 진흙으로 서로 멀리 떨어져서

차이가 매우 심함을 비유한다. 원래 『후한서』 「일민전逸民傳」 교신矯愼에 "한 사람은 하늘 위의 구름에 올라타고, 한 사람은 땅 위의 진흙탕을 밟고 다닌다[乘雲行泥]."는 구절에서 유래한 말이다. 이제는 두 사람의 지위가 예전과 현격히 차이가 남을 뜻한다.

426. "하인을 바꿔가며 이야기했나": 원문의 경복更僕은 하인을 차례로 교대시키는 것이다. 오랫동안 서로 이야기를 나누었음을 뜻한다. 노나라 애공哀公이 공자에게 선비의 행실에 대해 물었다. 공자가, "갑자기 세자면 그 수를 다 말하지 못하고, 다 세자면 오랫동안 앉아 있어 모시는 하인을 바꾸어도 마칠 수 없습니다[遽數之 不能終其物 悉數之 乃留更僕 未可終也]."고 대답한 말에서 유래했다. 『예기』 유행儒行 이후로 이 말은 오랫동안 만나 이야기함을 비유하는 말로 쓰이게 되었다.

427. "수명은 … 징험했고": 강공康公은 소강공召康公이다. 본래의 성이 희씨姬氏, 이름이 석奭, 강康은 시호다. 주나라 종실로, 무왕武王이 은나라 주왕紂王을 토벌한 뒤에 연나라에 봉해졌다. 주공周公과 함께 무왕과 그의 아들 성왕成王을 보필했다. 평격平格은 공평하여 하늘에 통함을 이른다. 『서경』 「군석君奭」에 의하면 주공이 군석에게 말하기를, "군석아! 하늘은 공평하여 하늘에 통하는 자를 장수하게 한다."고 했다. 군석은 소공의 이름에 군자를 붙여 높여 부른 것이다. 녹천공이 소공처럼 지극히 공정하여 장수를 누렸음을 말한 것이다.

428. "영혼은 … 시종했네": 영고寧考는 나라를 편안히 한 선왕으로 영왕寧王이라고도 칭한다. 녹천공의 죽음이 1년 전에 승하한 숙종을 뒤이어 마치 시종하기 위해 죽은 것 같다고 말한 것이다.

429. "원우 … 보고": 원우는 북송 철종의 연호로 1086년부터 1093년까지다. 이때의 완전한 명성은 이 시기에 온갖 고난을 겪고도 끝내 무사했던 유안세劉安世를 가리킨다. 유안세는 사마광司馬光의 문인이다. 철종 즉위 뒤 사마광이 집권하자 그의 천거로 관직에 나갔으나, 간신인 장돈章惇에 의해 광동·광서 등 먼 곳으로 일곱 번이나 유배 가서 오랫동안 떠돌던 인물이다. 휘종 선화宣和 연간에 환관 양사성梁師成이 권력을 잡고 관직에 나오라고 권했으나, 그는 "나는 원우의 완인完人으로 남고 싶으니 그 마음은 절대 바뀌지 않을 것이다."며 거절했다. 왕안석의 신법新法에 반대하여 사마광을 따른 자들을 원우당인元祐黨人이라고 한다. 완인完人은 덕행이 완미함을 이르는 동시에 어려운 고비를 겪고도 죽지 않은 사람이란 뜻이다. 『송명신언행록후집』 권12.

430. "마씨 … 싹이네": 원문의 마가馬家는 당나라 때 진중소감殿中少監을 지낸 마계조馬繼祖의 집안을 이른다. 한유韓愈가 지은 「전중소감마군묘지명殿中少監馬君墓誌銘」에 마계조의 할아버지인 장무왕莊武王과 그의 아버지인 마창馬暢의 인품을 높이 평하고, 마계조에 대해서는 "어린 아들이 예쁘고 빼어나 아름다운 옥과 같고 난초가 싹이 돋아나는 것과 같아 그 집안의 자제에 걸맞았다[幼子娟好靜秀 瑤環瑜珥 蘭苕其芽 稱其家兒也]."고 했다.[『창려집昌黎集』 권7]. 이후 아름다운 옥과 난초 싹은 훌륭한 자제

를 가리키는 말로 쓰인다.
431. "화옥과 산구" : 화옥은 화려한 집, 산구는 산의 언덕으로 죽어서 산언덕에 묻힘을 이른다. 삼국 시대 위나라 조식曹植의「공후인箜篌引」에 "살아서는 화려한 집에 있으나, 죽어서는 쓸쓸한 산언덕 무덤으로 돌아가는구나[生在華屋處 零落歸山丘]."고 한 말에서 유래했다.
432. "서주의 … 흐르네" : 녹천공에 대한 애절한 추모를 이른다. 『진서晉書』권79「사안열전謝安列傳」. "양담은 태산 사람으로 어려서 사안謝安에게 사랑을 받았는데, 사안이 죽은 뒤 1년 동안 음악을 그치고 길을 갈 때도 서주西州의 성문을 경유하지 않았다. 일찍이 석두石頭에서 크게 취하여 노래를 부르며 길을 걷다가 자신도 모르게 서주의 성문에 이르렀다. 주위 사람들이 이곳은 서주의 성문이라고 알려주자, 양담은 슬퍼해 마지 않고 채찍으로 문짝을 두드리며, 조식의 "살아서는 화려한 집에 있으나, 죽어서는 쓸쓸한 산언덕 무덤으로 돌아가는구나."는 시를 읊고 통곡하며 지나갔다."
433. 『영조실록』1726년(영조 2) 7월 2일,『승정원일기』1726년(영조 2) 7월 2일
434. 『승정원일기』1726년(영조 2) 10월 9일
435. 이재는 한성부 우윤을 지낸 녹천공의 손자 이시중李時中(1707~1777) 공의 부탁을 받고 녹천공 신도비문을 지었다.
436. 서울특별시 올림픽준비단,『서울 금석문대관金石文大觀』, 삼성출판인쇄(주), 1987.

부록

녹천공 연보

참고 문헌

인명 찾아보기

녹천공 연보

연도		연세	내용
서기	왕력		
1645	인조 23, 을유	1	5월 1일 출생 6월 증조모 풍양조씨 별세
1655	효종 6, 을미	11	12월 조부 장령공 별세
1656	7, 병신	12	5월 모친 안동김씨 별세
1661	현종 2, 신축	17	10월 증조부 첨지공 별세
1662	3, 임인	18	함종어씨咸從魚氏와 혼례를 올리다.
1668	9, 무신	24	12월 별시 문과 급제(병과 제8인)
1669	10, 기유	25	1월 사변가주서事變假注書 8월 시강원侍講院 설서說書
1672	13, 임자	28	6월 사간원司諫院 정언正言 8월 사헌부司憲府 지평持平
1673	14, 계축	29	8월 홍문관弘文館 수찬修撰
1674	15, 갑인	30	6월 홍문관 교리校理 7월 갑인예송甲寅禮訟
	숙종 즉위년		8월 현종 승하, 숙종 즉위 9월 사간원 정언
1675	숙종 1, 을묘	31	3월 이조좌랑吏曹佐郎
1676	2, 병진	32	6월 이조정랑吏曹正郎 8월 홍문관 응교應敎
1677	3, 정사	33	1월 계모 안동김씨 별세

연도		연세	내용
서기	왕력		
1678	4. 무오	34	5월 부친 금산공 별세
1680	6. 경신	36	4월 경신환국 9월 성천부사成川府使
1681	7. 신유	37	3월 가례도감嘉禮都監 도청都廳 4월 홍문관 부응교副應敎 7월 동부승지同副承旨 11월 우부승지右副承旨
1682	8. 임술	38	2월 양주목사楊州牧使 11월 아들 현응顯應 공 출생
1683	9. 계해	39	12월 명성대비明聖大妃 고부사告訃使로 청나라에 가다.
1684	10. 갑자	40	7월 좌부승지左副承旨 10월 진휼賑恤 담당 비국당상備局堂上에 임명되다. 아들 현숭顯崇 공 출생
1685	11. 을축	41	9월 강양도 관찰사江襄道觀察使
1687	13. 정묘	43	1월 전라도 관찰사全羅道觀察使
1688	14. 무진	44	10월 대사간大司諫
1689	15. 기사	45	2월 기사환국己巳換局
1694	20. 갑술	50	4월 갑술환국甲戌換局 평안도 관찰사平安道觀察使
1696	22. 병자	52	5월 대사간 10월 도승지都承旨 11월 관서 지방의 심한 기근을 해결하기 위하여 청나라로부터 쌀 구매를 제안하다. 대사헌大司憲
1697	23. 정축	53	1월 한성부漢城府 좌윤左尹 5월 한성부 판윤判尹 7월 살아 있는 소나무 베는 것을 엄금하도록 주청하다. 8월 대사헌 10월 호조판서戶曹判書

연도		연세	내용
서기	왕력		
1698	24, 무인	54	1월 서울에서 소 도살屠殺 금지를 주청하다. 2월 중강 개시에서 청나라 쌀이 매매되다. 8월 부호군副護軍 9월 형조판서刑曹判書 11월 병조판서兵曹判書
1699	25, 기묘	55	2월 지의금부사知義禁府事(겸직) 4월 정몽주의 후손 정보鄭保를 신원시킬 것을 주청하다. 10월 승중상承重喪, 조모 경주이씨 별세
1702	28, 임오	58	4월 병조판서 5월 구포법口布法 시행을 건의하다.
1703	29, 계미	59	1월 양역구관당상良役句管堂上 6월 이조판서吏曹判書 9월 손자 존중存中 공 출생 　　이정청釐整廳 설치되고 양역 변통變通을 주관하다.
1704	30, 갑신	60	6월 정언 김만근의 탄핵 상소로 인하여 사직을 청하다. 7월 우의정右議政 9월 고을마다 진휼청賑恤廳을 설치, 곡식을 비축하여 흉년에 대비할 것을 주장하다. 12월 이정청에서 오군문五軍門 군제軍制 개혁, 수군水軍 변통 방안을 발표하다.
1705	31, 을유	61	11월 세 차례의 복상卜相이 채택되지 않으므로 물러나기를 청하다. 11월 판중추부사判中樞府事
1706	32, 병술	62	8월 창덕궁 인정전 진연에 참석, 임금에게 다섯째 잔을 바치다.
1707	33, 정해	63	1월 손자 시중時中 공 출생 10월 좌의정左議政
1708	34, 무자	64	9월 판중추부사
1710	36, 경인	66	4월 경덕궁 숭정전 진연에 참석하다. 10월 북한산성 수축을 청하는 차자箚子를 올리다.

연도		연세	내용
서기	왕력		
1711	37, 신묘	67	9월 양역을 변통하는 일로써 상소하다.
1712	38, 임진	68	4월 임금의 북한산성 행행行幸에 동행하다. 5월 손자 명중明中 공 출생 8월 경리청經理廳 설치되고 북한산성 운영을 주관하다. 9월 영의정領議政 10월 탕춘대蕩春臺에 창고 설치를 주장하다.
1713	39, 계사	69	6월 장령 서명우의 무고誣告 상소를 논박하고 사직을 청하다. 7월 판중추부사
1714	40, 갑오	70	7월 판중추부사 사직을 만류하는 임금의 친필 글을 받다. 9월 경덕궁 숭정전 진연에 참석하다. 호조판서 조태구趙泰耉와 같이 환곡還穀 중에서 오래된 것에 한해 1년분을 탕감하고, 대동미는 1두斗를 한정하여 적당히 감봉減捧하기를 청하다. 12월 기로소耆老所에 들어가다.
1715	41, 을미	71	9월 북한산성 경영 방안을 제시한 책자冊子를 올리다. 10월 탕춘대에 토성을 쌓고 도성 백성들을 위한 식량을 저장해둘 것을 주청하다. 12월 손자 최중最中 공 출생
1717	43, 정유	73	1월 ① 부자들을 타일러 관가官家에 곡식을 바치게 하여 굶주린 백성에게 나누어 먹이고 ② 공사公私의 토목 일에 있어 사가私家의 역사는 금하지 말고 황정荒政의 한 단서로 삼을 것과 ③ 탐라耽羅의 재황災荒을 구제하기 위해 진청賑廳과 강화도에 있는 쌀 3, 4천 석을 보낼 것을 건의하다. 2월 임금이 온천에 거둥하면서 공을 유도대신留都大臣으로 삼다.
1718	44, 무술	74	8월 재해를 입은 고을에 대한 전재全災 문제점을 지적하다. 11월 영중추부사領中樞府事
1719	45, 기해	75	4월 경현당 기로신 잔치에 참석하다.

연도		연세	내용
서기	왕력		
1720	46, 경자 경종 즉위년	76	6월 숙종 승하, 경종 즉위하다.
1721	경종 1, 신축	77	7월 29일 별세
1726	영조 2, 정미		7월 경종 묘정에 배향되다. 10월 '혜정惠定'이라는 시호가 내려지다.
1753	29, 계유		묘 앞(현재 필경재 후원)에 신도비를 세우다.

참고문헌

■ 고전 문헌

『국조보감國朝寶鑑』
『동국여도東國輿圖』, 규장각한국학연구원.
『비변사등록備邊司謄錄』
『숙종인현후가례도감도청의궤肅宗仁顯后嘉禮都監都廳儀軌』, 규장각한국학연구원.
『승정원일기承政院日記』
『조선왕조실록朝鮮王朝實錄』

권상하權尙夏,『한수재선생문집寒水齋先生文集』, 한국고전종합DB.
박세당朴世堂,『서계집西溪集』, 한국고전종합DB.
성능聖能,『북한지北漢志』(1745년), 규장각한국학연구원.
송시열宋時烈,『송자대전宋子大全』, 한국고전종합DB.
이광종李光鍾 편저,『청계당집聽溪堂集』하권, 무지개사, 2004.
이유李濡,『가보家寶』(1677년).
이의현李宜顯,『도곡집陶谷集』, 한국고전종합DB.
이재李縡,『도암선생집陶菴先生集』, 한국고전종합DB.
이주李週·이선李選·이중휘李重輝 등,『사창의社倉議』, 1674.
이현응李顯應,『가장家狀』(1723년).
전주이씨 광평대군파廣平大君派 지호공芝湖公 종중宗中,『한글 지호집』제1권, 도서출판 문진, 2015.
홍세태洪世泰,「백두산기白頭山記」, 서영보徐榮輔·심상규沈象奎 등 편저,『만기요람萬機要覽』군정편 5/백두산白頭山 정계定界, 한국고전종합DB.

■ 단행본

김우진,『숙종의 대청對淸 인식認識과 수도권 방어정책防禦政策』, 민속원, 2022.

양태진, 『한국국경사연구韓國國境史硏究』, 법경출판사, 1992.
이규봉, 『세종대왕 며느리는 왜 절에 들어갔을까』, 이엔지미디어, 2018.
이덕일, 『당쟁으로 보는 조선 역사』, 석필, 1997.
한울문화재연구원 편찬, 『탕춘대성 보존·관리 종합계획』, 서울특별시, 2016.
『간찰첩 : 조선시대 명인』, 순천대학교 박물관, 2010.
『조선시대명현간찰첩朝鮮時代名賢簡札帖』, 수원박물관, 2010.
『최근첩㝡近帖 : 선인들의 편지 모음집』, 경상대학교 도서관, 2012.

■ **논문**

김문식, 「1719년 숙종의 기로연 행사」, 『사학지』, 2008.
김향숙, 「지호芝湖 이선李選의 생애와 사상」, 공주대학교 석사학위논문, 2005.
백종오, 「조선 후기 북한산성의 축성과 운영체계」, 『한국사학보』 50, 2013.
이범관 등, 「백두산정계비의 역할과 재평가에 관한 연구(상) -백두산정계비 건립 과정에 나타난 문제점 분석을 중심으로-」, 『한국지적학회지』 25권, 2호, 한국지적학회, 2009.
한희숙, 「조선 초 광평대군가廣平大君家의 불교신행佛敎信行과 왕실 불교」, 『한국사학보』 79, 2020.

■ **사이트**

국립고궁박물관
국립중앙박물관
규장각한국학연구원
조선왕조실록 홈페이지
한국고전번역원 한국고전종합DB

인명 찾아보기

ㄱ

강현姜鋧 259, 260
강희제康熙帝 174, 202
경종景宗 82, 199, 261, 276, 280
경주이씨慶州李氏 19, 91, 145
경주최씨慶州崔氏 17
곽세건郭世楗 52, 53, 54
광평대군廣平大君 15, 17
광해군光海君 18
구만리具萬理 225, 227
권대운權大運 103
권상유權尙游 253
권상하權尙夏 61, 125, 146, 190
권유權愈 48, 212
권익평權益平 194, 196
권첨權詹 141
금성대군錦城大君 15
금천군錦川君 194
김구金構 148
김덕원金德遠 86, 103
김만근金萬謹 127, 192, 193
김만기金萬基 212
김사형金士衡 15
김석연金錫衍 231
김석주金錫胄 55, 68, 198

김세익金世翊 119
김수항金壽恒 34, 37, 47, 55, 56, 63, 65, 68, 71, 74, 75, 77, 87, 92
김수흥金壽興 47, 71, 85, 86, 87
김신중金信重 212
김우석金禹錫 75, 173
김우항金宇杭 234, 238, 245, 253, 259, 260
김유金楺 163, 253
김장생金長生 84
김제군부인金堤郡夫人 15
김종서金宗瑞 69, 70
김주신金柱臣 245
김중기金重器 231, 233
김진귀金鎭龜 215
김진규金鎭圭 137, 231
김창집金昌集 157, 160, 162, 235, 238, 245, 252, 259, 260, 276
김창협金昌協 276, 282
김춘택金春澤 103

ㄴ

남구만南九萬 55, 63, 77, 103
남천군南川君 15
능원대군綾原大君 194

ㄷ

단종端宗, 魯山君 70, 135, 136, 138
도신징都愼徵 47

ㅁ

명성왕후明聖王后 58, 76, 173
명주明珠 173, 174
목극등穆克登/穆差 197, 202, 203
목내선睦來善 86, 103
민암閔黯 24, 86, 103
민유중閔維重 56, 63
민정중閔鼎重 56, 64, 73, 76
민진원閔鎭遠 253
민진장閔鎭長 137
민진주閔鎭周 104, 181
민진후閔鎭厚 152, 154, 163, 165, 204, 219, 230, 233, 280
민홍도閔弘道 24

ㅂ

박권朴權 163, 199
박세당朴世堂 98, 146
박세채朴世采 103
박지손朴之遜 143
박태규朴泰逵 20
박태상朴泰尙 104
박태순朴泰淳 190
박팽년朴彭年 69, 70
범중엄范仲淹/范公 130, 214
복선군福善君 62
복창군福昌君 58, 62
복평군福平君 58

ㅅ

서명우徐命遇 206
서문유徐文裕 112
서문중徐文重 104, 215
서종태徐宗泰 196, 231, 235, 238, 245
선조宣祖/宣廟 17, 46, 156
성삼문成三問 69, 70
성수침成守琛 64, 65
성혼成渾 64, 84
세조世祖 69, 70
세종世宗 15, 72, 101, 198, 269, 285
송규렴宋奎濂 41, 43
송상기宋相琦 86, 125, 238, 240, 253, 271
송시열宋時烈 20, 26, 35, 40, 52, 54, 56, 58, 63, 73, 84, 86, 101, 102, 198
송준길宋浚吉 26, 27, 35, 40, 65, 70
숙종肅宗 13, 37, 51, 53, 54, 58, 60, 62, 63, 65, 68, 69, 70, 75, 76, 78, 81, 84, 87, 91, 93, 94, 98, 99, 100, 102, 110, 112, 115, 121, 125, 127, 128, 129, 135, 140, 142, 143, 145, 150, 152, 162, 165, 168, 173, 175, 178, 181, 185, 194, 196, 197, 198, 203, 211, 212, 217, 222, 224, 227, 231, 233, 238, 243, 246, 247, 251, 256, 259, 261, 263, 271, 274, 275, 276, 282
신여철申汝哲 74, 104, 116, 212
신완申琓 153, 156, 158, 163, 191, 211, 213, 217, 220
신유申鍒 116, 117
신임申銋 240, 252, 253, 259, 260
신자수申自守 15
신정하申靖夏 222

신종神宗 57, 85
심의겸沈義謙 17

ㅇ
악무목岳武穆 117
안동김씨安東金氏 13, 19, 44, 60
여성제呂聖齊 74
연령군延齡君 245
영가부부인永嘉府夫人 15
영순군永順君 15
영순군靈順君 194
영신군靈愼君 194
영조英祖, 延礽君 70, 245, 273, 276, 280, 282
예종睿宗 70
오도일吳道一 115, 180, 190
오명항吳命恒 197
오시복吳始復 212
오시수吳始壽 212
오정창吳挺昌 35, 36, 37, 55
원명일元命一 20
원몽익元夢翼 20
유득일兪得一 83, 113, 164, 194
유복명柳復命 250
유상운柳尙運 37, 104, 118, 119, 123, 136, 179, 180
유성룡柳成龍 144
유집일兪集一 163
유척기兪拓基 285
유태명柳泰明 207
유혁연柳赫然 211
윤경교尹敬敎 37, 38, 39
윤계尹堦 31, 80, 98
윤선거尹宣擧 84, 86

윤세기尹世紀 163
윤양래尹陽來 206
윤이제尹以濟 212
윤증尹拯 86
윤지선尹趾善 43, 104, 179, 215
윤지완尹趾完 20, 54, 94, 103
윤헌尹憲 20
윤휴尹鑴 56, 62, 212
이건명李健命 185, 187, 190, 252, 273, 274
이기하李基夏 230, 231
이단석李端錫 125
이단하李端夏 56, 76, 77, 271
이담李湛 19
이덕주李德周 26
이상李翔 35, 36, 83
이상진李尙眞 56, 65, 68, 69, 71
이선李選 69, 70, 94
이선부李善溥 259, 260
이세백李世白 86, 104, 140, 142, 213, 275, 276
이세화李世華 104, 118, 120, 179
이숙李翻 75, 282
이순신李舜臣 126
이시만李蓍晩 173
이시발李時發 18
이야李壄 139
이언강李彦綱 81, 106
이여李畬 104, 165, 192, 217, 227
이염李濂 19
이우항李宇恒 252
이우휘李遇輝 146
이욱李郁 17
이원익李元翼 19
이원정李元禎 41

인명 찾아보기 **341**

이의건李義健 17
이의현李宜顯 78, 275, 276, 280
이이李珥 84, 144
이이명李頤命 197, 198, 204, 230, 235, 238, 241, 252, 276
이인건李仁健 17
이인엽李寅燁 153, 154, 157, 159, 161, 163, 213, 251
이인환李寅煥 45, 137
이재李縡 93, 282
이제李濟 196
이중하李重夏 203
이중휘李重輝 13, 19
이최중李最中 285
이한李漢 17
이현숭李顯崇 20
이현응李顯應 20
이형李逈 19
이홍의李弘毅 126
이후근李厚根 19
이후배李厚培 19
이후원李厚源 19, 69
이후재李厚載 19
이희무李喜茂 143, 144, 220
인경왕후仁敬王后 63, 91
인선왕후仁宣王后 44, 47, 48
인순대비仁順大妃 46
인조仁祖/仁廟 19, 47, 58, 194, 211
인평대군麟坪大君 58
인현왕후仁顯王后 63, 65, 75, 87, 103, 268
임방任埅 259, 260
임영대군臨瀛大君 15
임원성任元聖 189
임정부정臨汀副正 15

임홍망任弘望 137

ㅈ

장렬왕후莊烈王后 47
장성현부인長城縣夫人 15
장수황씨長水黃氏 19
장씨張氏(소의昭儀/희빈禧嬪) 81, 82, 86
정순왕후定順王后 135, 136
정시윤丁時潤 185, 187, 189, 191
정안부정定安副正 15
정유악鄭維岳 41
정재륜鄭載崙 245
정재숭鄭載嵩 74
정종定宗 71
정지화鄭知和 63, 71
정치화鄭致和 24, 32, 53, 55
정탁鄭鐸 45
정호鄭澔 186, 187, 189, 259, 260
제갈무후諸葛武侯 117, 272
조광조趙光祖 64
조근趙根 45, 48
조정위趙正緯 148
조태구趙泰耉 129, 204, 245
조태채趙泰采 221, 235
주자朱子 85, 101, 102

ㅊ

청송심씨青松沈氏 17
청안군清安君 15
청주한씨清州韓氏 17
최규서崔奎瑞 137, 221
최사강崔士康 15
최석정崔錫鼎 142, 179, 181, 184, 187, 189, 196

최석항崔錫恒 197
최승녕崔承寧 15

ㅍ

파평윤씨坡平尹氏 19
풍양조씨豊壤趙氏 19

ㅎ

한성우韓聖佑 81
한세량韓世良 254
함녕군諴寧君 15
함종어씨咸從魚氏 20, 246, 281
허견許堅 62
허목許穆 59

허적許積 28, 34, 40, 47, 55, 62, 212
현종顯宗 37, 40, 44, 51, 52, 58, 110, 188
홍만조洪萬朝 73, 253, 259, 260
홍만종洪萬鍾 45, 81
홍세태洪世泰 200
홍수헌洪受瀗 20, 221
홍정랑洪正郎 148, 149
홍중기洪重箕 20
홍치중洪致中 203, 253
홍하상洪夏相 271
황흠黃欽 259, 260
회원군會原君 15
효종孝宗/孝廟 44, 47, 186, 230